中学生心理与辅导

主　编　贾林祥

副主编　石　春　刘晓峰

南京大学出版社

图书在版编目(CIP)数据

中学生心理与辅导/贾林祥主编. —南京:南京
大学出版社,2024.1
ISBN 978-7-305-28009-2

Ⅰ.①中… Ⅱ.①贾… Ⅲ.①中学生-心理辅导-高
等学校-教材 Ⅳ.①G444

中国国家版本馆 CIP 数据核字(2024)第 011652 号

出版发行 南京大学出版社
社 址 南京市汉口路 22 号 邮 编 210093
书 名 **中学生心理与辅导**
ZHONGXUESHENG XINLI YU FUDAO
主 编 贾林祥
责任编辑 钱梦菊

照 排 南京开卷文化传媒有限公司
印 刷 常州市武进第三印刷有限公司
开 本 787 mm×1092 mm 1/16 印张 17.75 字数 380 千
版 次 2024 年 1 月第 1 版 2024 年 1 月第 1 次印刷
ISBN 978-7-305-28009-2
定 价 45.00 元

网 址:http://www.njupco.com
官方微博:http://weibo.com/njupco
官方微信号:njupress
销售咨询热线:(025)83594756

前　言

　　2011年,教育部颁布了《教师教育课程标准(试行)》,该标准体现了国家对教师教育机构设置教师教育课程的基本要求,是制定教师教育课程方案、开发教材与课程资源、开展教学与评价以及认定教师资格的重要依据。2012年,教育部又颁布了《中学教师专业标准(试行)》,该标准是国家对合格中学教师的基本专业要求,是中学教师开展教育教学活动的基本规范,是引领中学教师专业发展的基本准则,是中学教师培养、准入、培训、考核等工作的重要依据。2017年教育部颁布的《高校思想政治工作质量提升工程实施纲要》,将"心理育人"纳入"十大育人"体系,强调坚持育心与育德相结合,加强人文关怀和心理疏导,深入构建"五位一体"的心理健康教育工作格局,促进师生心理健康素质与思想道德素质、科学文化素质协调发展。2023年,教育部等十七部门印发了《全面加强和改进新时代学生心理健康工作专项行动计划(2023—2025年)》,要求切实把心理健康工作摆在更加突出位置,统筹政策与制度、学科与人才、技术与环境,贯通大中小学各学段,贯穿学校、家庭、社会各方面,培育学生热爱生活、珍视生命、自尊自信、理性平和、乐观向上的心理品质和不懈奋斗、荣辱不惊、百折不挠的意志品质,促进学生思想道德素质、科学文化素质和身心健康素质协调发展,培养担当民族复兴大任的时代新人。为了促进教师专业化发展,提高教师教育专业化水平,保证中学教师了解和掌握中学生的心理发展特点、中学生可能出现的身心问题以及处理这些问题的方法和策略,进一步贯彻课程思政要求,我们在认真学习上述文件精神的基础上,编写了高等师范院校心理学公共课教材《中学生心理与辅导》。

　　在编写本教材时,我们遵循的原则是:(1)坚持用辩证唯物主义和历史唯物主义的观点阐述和分析中学生心理发展的基本规律、可能出现的身心问题及其原因以及解决之道。(2)注重思政性与专业性相结合,切实保证教材内容的思想性和专业性。(3)注重专业知识与辅导案例相结合,力求使师范生既掌握中学生心理发展的相关专业知识、技能和方法，又能够运用这些知识、技能和方法解决中学生可能出现的心理问题。(4)力求使章首语与章小结首尾呼应，确保教材体系的完整性和一致性。(5)力求使每章正文后的思考训练题突出本章的重要知识点，方便学生复习、掌握和应用。

本教材共分3篇12章，分别是：上篇"中学生心理发展"，具体包括中学生认知发展、中学生情绪情感发展、中学生人格发展、中学生自我意识发展4章；中篇"中学生心理与辅导的基本理论与方法"，具体包括中学生心理辅导的基本理论、中学生心理辅导的基本方法2章；下篇"中学生常见的心理问题与辅导"，具体包括中学生发育中的身心问题与辅导、中学生学习心理问题与辅导、中学生情绪情感问题与辅导、中学生社会交往问题与辅导以及中学生行为适应不良问题与辅导5章。参与编写本教材的人员有：贾林祥(第一章)、王娟(第二章)、陈武英(第三章)、李广政(第四章)、石春(第五章)、尹月阳(第六章)、焦小燕(第七章)、刘晓峰(第八章)、罗婷(第九章)、王艳丽(第十章)、孙配贞(第十一章)、于战宇(第十二章)。最后由贾林祥统稿。

在编写本教材的过程中，我们参考和借鉴了国内外许多研究成果和材料，从中受益良多。在此，我们表示衷心的感谢。

本教材的顺利完成和出版，得到了江苏师范大学教务处、教科院以及教科院心理学系教师的大力支持，也得到了南京大学出版社领导与编辑的热情指导和帮助。在此，我们一并表示衷心的感谢。

由于我们的水平所限，加上编写的时间紧迫，因此教材中难免有疏漏和不妥之处。敬请读者不吝指正，提出宝贵意见。

编　者

2023年10月于江苏师范大学教育科学学院

目 录 ■■■■

微信扫码
配套数字资源

上篇　中学生心理发展

中篇　中学生心理辅导的基本理论与方法

下篇　中学生常见心理问题与辅导

第1章 导　论

章结构

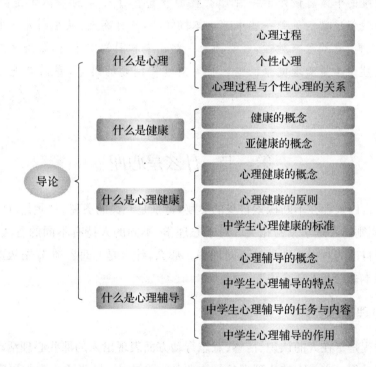

导论
- 什么是心理
  - 心理过程
  - 个性心理
  - 心理过程与个性心理的关系
- 什么是健康
  - 健康的概念
  - 亚健康的概念
- 什么是心理健康
  - 心理健康的概念
  - 心理健康的原则
  - 中学生心理健康的标准
- 什么是心理辅导
  - 心理辅导的概念
  - 中学生心理辅导的特点
  - 中学生心理辅导的任务与内容
  - 中学生心理辅导的作用

章首语

　　为认真贯彻党的二十大精神,深入贯彻落实《中国教育现代化 2035》《国务院关于实施健康中国行动的意见》,全面加强和改进新时代学生心理健康工作,提升学生心理健康素养,2023 年 4 月,教育部等十七部门印发了关于《全面加强和改进新时代学生心理健康工作专项行动计划(2023—2025 年)》的通知,要求切实把心理健康工作摆在更加突出位置,统筹政策与制度、学科与人才、技术与环境,贯通大中小学各学段,贯穿学校、家庭、社会各方面,培育学生热爱生活、珍视生命、自尊自信、理性平和、乐观向上的心理品质和不懈奋斗、荣辱不惊、百折不挠的意志品质,促进学生思想道德素质、科学文化素质和身心健康素质协调发展,培养担当民族复兴大任的时代新人,要贯彻这一精神就必须有相应的教材和方法。本章拟就什么是心理、什么是健康、什么是心理健康、什么是心理辅导等问题展开论述,以期能够为未来的教师在学校中开展心理健康教育和心理辅导提供知识储备。

关键词

心理健康;心理辅导;中学生

情境导入

心理健康的个体应该处于一种什么样的状态? 什么样的个体才是心理健康的呢? 在学校我们经常能见到一些中学生体格健壮,身材高大,从小到大从未进入过医院,但不太合群,喜欢独来独往,经常因为一些小事和同学闹矛盾,很难适应中学的集体生活。这些学生是心理健康的吗? 带着对这一问题的思考,我们走进心理健康的世界。

第一节　什么是心理

人类自古以来都在不断探索自身的奥秘,特别是心灵的奥秘。"我是谁?"这个问题看似简单,实则与心理学紧密相关。对于心理学,不同的人持有不同的看法,或许每个人都有属于自己的对于心理学的不同理解。那么,什么是心理? 本节先从这些看似简单实则贯穿本书的基本概念说起。

一、心理过程

心理过程是指在人的认识、情感、意志行动方面表现出来的那些心理活动所处于的动态变化的过程。它是人的心理现象最重要的一个方面,是普通心理学研究的一个重要组成部分。心理过程从其活动结构和机制来看,具有人类的共同性、普遍性。心理过程包括以下三个方面:

(一) 认知过程

认知过程是指人获得知识或应用知识的过程,或信息加工的过程,这是人的最基本的心理过程。认知过程主要包括感觉、知觉、记忆、思维和想象等。个体接受外界输入的信息,并将这些信息经过神经系统的加工处理,转换成内在的心理活动,进而支配人的行为,这个过程就是信息加工过程,也就是认知过程。

个体获得知识或应用知识的过程开始于感觉与知觉。感觉是人脑对事物个别属性和特性的认识和反映,如感觉到颜色、明暗、声调、香臭、粗细、软硬等。而知觉是人脑对事物的整体及其之间联系的认识和反映。人通过感知觉所获得的知识经验,在刺激物停止作用后,并没有马上消失,还被保留在人脑中,并在需要时能再现出来。这种积累和保存个体经验的心理过程,就叫记忆。在记忆的基础上,个体在头脑中对已储存的表象进行加工改造并创造出新形象的心理过程叫想象。个体不仅能直接感知个别、具体的事物,认识事物的表面联系,还能运用人脑中已有的知识和经验去间接地、概括地认识事物,揭示事物的本质及其内在的联系和规律,形成对事物的概念,进行推理和判断,解决面临的问题,这就是思维。

(二)情绪情感过程

情绪、情感是伴随着认知过程而产生的心理过程,是人对客观事物是否符合人的需要而产生的态度体验,它是人对客观事物反映的另一种形式,即人对客观事物与人的需要之间关系的反映。

情绪、情感与人的需要有着直接的关系。一般而言,需要的满足会引起肯定的情绪、情感;需要的不满足则会产生否定的情绪、情感。但是需要的满足也可能产生消极的体验,而需要的不满足,也可能产生积极的体验,这是由人的观点、信仰、世界观决定的。由于客观事物与人的需要的复杂性,同一事物与人的需要的关系可能是多方面的。人类最基本的或原始的情绪包括喜、怒、哀、惧四种。人的情绪、情感极其复杂,有时甚至会同时拥有相反的或相对立的情绪、情感体验。如"悲喜交加""百感交集",这说明人在满意中有不满意,不快中有快感的矛盾体验;或者在不同的时间内对同一事物具有不同的情绪、情感体验。

情绪和情感是有区别的,具体来说:从需要的角度看,情绪是和有机体的生理需要相联系,情感是同人的高级的社会性需要相联系的。从发生的角度看,情绪发生较早,为人类和动物所共有;无论从种系或是个体发展来看,情感体验发生较晚,是人类所特有的。从稳定性程度看,情绪是反应性、活动性的过程,会随着情境的改变以及需要满足情况的变化而变化,具有情境性;情感具有稳定性、深刻性和持久性。从强度和外部表现看,情绪表现有明显的冲动性和外部特征,面部表情是情绪的主要表现形式;情感多以内在感受、体验的形式存在。

情绪和情感的联系表现在:一方面,情绪依赖于情感,即情绪的各种不同的变化一般都受制于已形成的情感及其特点。另一方面,情感也依赖于情绪,即人的情感总是在各种不断变动着的情绪中得以表现。从某种意义上说,情绪是情感的外在表现,情感是情绪的本质内容。

(三)意志过程

意志是指个体自觉地确定目的,并根据目的来支配、调节自己的行动,克服各种困难,从而实现预定目的的心理过程。人对客观世界的反映并非是消极被动的,而是积极的、能动的。人在反映客观世界的过程中,不仅接受内外刺激的作用,产生认识和情绪情感,而且还要采取行动,反作用于客观世界。人根据对客观事物的认识,先在头脑中确定行动的目的,然后根据这个目的来支配自己的行动,并力求实现此目的,这种心理活动就是意志,由意志支配的行动称为意志行动。人有了意志,就能够积极地改造世界、改造自身,从而成为世界的主人。

课程思政

　　李时珍年轻时就立下了雄心壮志,以救天下病人为己任,走遍万水千山,尝遍百草,历经了 27 年的艰辛,毫不动摇,完成 195 万字的巨著。意志行动是在一定的思想动机的支配下产生的,而正确高尚的动机来自崇高的理想、坚定的信念和科学的世界观。在人的行为活动过程中,行为的目的则是克服一切困难的力量源泉,目的越正确、崇高,就越能激起克服困难的力量。

　　相对于个性心理来说,心理过程是不断变化着的、暂时性的。认知、情感和意志都有其自身的发生和发展的历程,但它们又不是彼此独立的,而是相互影响和相互作用的:认知过程是基本的心理过程,情感和意志是在认识的基础上产生的;情感和意志过程含有认知的成分,两者都是在认知过程的基础上产生的;情感与意志均能对认知过程产生影响,它们是统一的心理活动的不同方面。认知、情感、意志过程作为心理学研究对象的一部分,被统称为心理过程。

二、个性心理

　　个性心理是指个体所具有的稳定的心理现象。个性具有以下特点:第一,整体性。即个性是一个统一的整体结构,是一个人整体的精神面貌,各特征都统一在每个具体人身上;各个组成部分互相依存、相互影响,某一部分发生变化,其他部分也会相应地发生变化。第二,稳定性。这是指一个人经常表现出来的心理倾向和心理特征。因此,个人在行为中的偶然表现不能表征他的个性,只有在行为中比较稳定的经常表现出来的心理倾向和心理特征才能表征他的个性,如江山易改,禀性难移。第三,可塑性。发展性原则指出人的心理处于相对的稳态和绝对的动态之中,所以个性也不例外,个性的稳定性是相对的,它也具有可塑性。一般来说,儿童的个性还不稳定,受环境影响较大,但他们的可塑性高;而成年人的个性比较稳定,受自我意识的调节和控制,他们的可塑性相对较低。总的来说,个性是稳定性和可塑性的统一。例如,一个平时很乐观的人,可能因一次重大的打击而变得郁郁寡欢。应当指出,个性的变化不同于行为的变化。行为变化是由情境引起的、暂时的变化,而个性的变化是内在特质的变化,具有永久性。再如,一个很温和的人,也会偶尔因急躁而发脾气。这是行为的暂时变化。如果他从原来宽松的环境中来到一个充满压力的环境中生活,他就会变得急躁,经常发脾气。这就是个性变化。第四,独特性。人与人之间没有完全相同的心理面貌,即便是同卵双生子,他们的心理面貌也不尽相同。当然,独特性并不意味着人与人之间毫无共同之处,即共性。如民族性、阶级性等都是从每个人个性中表现出来的共性。第五,社会性和生物性。人的个性不仅受生物因素的制约,还受到社会因素的制约。一方面,生物因素为个性发展提供了可能性,人的生物属性特别是神经系统的类型特征对个性是有影响的,它影响着个性形成的难易和速度,也使个性的某些特征表现出一定的差异性。如气质类型。另一方面,社会因素可以将可能性转化为现实性。人的个性是在社会生活中形成和发展起来的,通常我们会说父母是孩子的第一任老师,意味着父母的教养方式以及家庭气氛对儿童个性的形成有着重要影响。研究表明,在民主型的教养方式下,孩子容易形成独立、协作、亲切、爽直等性格特征;在溺爱型的教养方式下,孩子容易形成任性、自私、幼稚等性格特征;在专制型的教养方式下,孩子容易形成依赖、反抗、自我中心等性格特征。

个性的心理结构包括个性倾向性和个性心理特征两个方面。

(一) 个性倾向性

个性倾向性是个体对活动稳定的趋向与选择,决定个体对事物的态度和行为的内部动力系统,是具有一定的动力性和稳定性的心理成分。内容包括需要、动机、兴趣、理想、信念和世界观等。个性倾向性使个体在活动中有目的地对客观现实做出选择性反应,例如一味追求物质需要的人在追求物质享受中,可能会置人格、国格于不顾;相反,强调精神需要的个体,在强烈的物质利益利诱下一般也不会做出有损国家利益和人格的事情。成就动机高的学生,在课堂上会认真听课,积极思考、主动记忆,勇于克服学习中的各种困难;相反,成就动机低的学生,上课则往往不认真听课,不主动记忆和动脑筋思考,在困难面前打退堂鼓。对数学感兴趣的学生,其心理活动的积极性更多地表现在与数学有关的事情上;对物理感兴趣的学生,其心理活动的积极性更多地表现在与物理有关的事情上。具有不同的理想、信念、世界观的人,其对心理活动的组织和引导也各不相同。

个性倾向性是个性心理的重要组成部分,它对相关的心理活动起着支配和控制的作用。

(二) 个性心理特征

个性心理特征是个体经常表现出的、本质的、稳定的心理特点。个性心理特征的内容主要包括能力、气质和性格等几个方面。

能力是直接影响活动效率、使得活动得以顺利进行的个性心理特征,表现在完成某种活动的潜在可能性方面的特征。气质是表现在心理活动的动力方面的特征。性格是表现在完成活动的稳定的态度和行为方式方面的特征,是个性的核心成分。个性心理特征影响着个体的行为举止,集中体现了个体心理活动的独特性。个体在观察的深刻性、全面性方面,在记忆的敏捷性、巩固性方面,以及在思维的灵活性、敏捷性方面的差异,属于能力上的差异。个体在脾气、内外向方面的差异,属于气质上的差异。个体在待人处事的态度及克服困难的决心和毅力上的差异,属于性格上的差异。

个性倾向性与个性心理特征在某一个人身上独特的稳定的有机结合,就构成了这个人不同于其他人的个性。个性心理是指在一定的社会历史条件下,人所具有的个性倾向性和个性心理特征的总和,其中性格是个性心理的核心。

三、心理过程与个性心理的关系

心理过程和个性心理两者联系密切。一方面,个性心理以心理过程(认知、情感、意志)为基础。没有心理过程,个性心理就无法形成;人的个性心理的形成和发展过程是个体社会化的过程,是在一定的社会影响和教育下,通过心理过程反映客观现实而逐渐定型化的结果。另一方面,已经形成的个性心理又反过来制约每个人的心理过程,并在心理过程中表现出来。例如,具有不同兴趣、不同能力的人,对同一件事、同一首歌、同一幅画的评价会各不相同。

目前也有人提出,在心理过程与个性心理之间还存在着特定的"心理状态",认为心理状态是在心理活动的进程中,在一定的时间出现的某种相对持续的状态,是从心理过程到个性心理的一个过渡环节。

上述对于心理现象的分类,只是为了便于学习与研究。在实际生活中,人们所表现的各种心理现象都是密切联系、交互影响的,具有高度的整合性。

真 题 链 接

1. 人的心理现象包括(　　)和个性心理。

A. 认知过程　　　　　　　　B. 情感过程

C. 意志过程　　　　　　　　D. 心理过程

2. 个性的核心成分是(　　)。

A. 需要　　　　　　　　　　B. 气质

C. 性格　　　　　　　　　　D. 能力

第二节 什么是健康

一、健康的概念

过去很长一段时期，人们普遍认为"没有疾病和不适，就是健康"。这种"无病即健康"的传统健康观念一直影响着人们的医疗保健乃至政府的公共卫生政策。健康观是指人们对健康的看法与认识。受不同文化的影响，人类对健康的认识的发展演变也有所不同。以中国文化为代表的东方文化历来看重身体与心理的关系，而西方文化中对健康的认识经历了从传统医学模式向生物—心理—社会模式转变的过程。

中国传统文化对健康观的阐述主要集中在各种养生理论中，而古代养生著作中谈及保健养生则以心理保健为主，如魏晋时期的著名学者嵇康在《答向子期难养生论》中指出："养生有五难，名利不灭，此一难也；喜怒不除，此二难也；声色不去，此三难也；滋味不绝，此四难也；神虑消散，此五难也。"嵇康提到的五难，有四难是属于心理方面的。因此，在中国古人看来影响健康长寿的因素几乎全部与心理因素有关。在其他文化中也存在类似的观点，如生活在美洲的纳瓦霍人认为，伤痛疾病和健康要归因于社会的和谐程度以及交互作用。从以上论述中我们不难看出，东方文化中的健康观一贯强调身心合一，认为健康应该是躯体和心理的双重健康。

现代西方的健康观经历了如下的演变历程：古希腊以肌肉发达、体态健美、活力充沛作为健康的标志；20 世纪 40 年代以前，健康的传统定义为"人体生理机能正常，没有缺陷和疾病"；1948 年，世界卫生组织（World Health Organization，WHO）提出了全新的健康三维概念，即健康不仅是没有疾病和不虚弱，而是身体、心理和社会的完满状态；1985 年，英国《简明不列颠百科全书》对健康的定义是"健康是指使个体能长时期地适应环境的身体、情绪、精神及社交方面的能力""疾病，是以产生症状或体征的异常生理或心理状态"，是"人体在致病因素的影响下，器官组织的形态、功能偏离正常标准的状态"。"健康可用可测量的数值（如身高、体重、体温、脉搏、血压、视力等）来衡量，但其标准很难掌握。"这一概念虽然在定义中提到心理因素，但在测量和疾病分类方面没有具体内容。可以说，这是健康概念初步从生物医学模式向生物—心理—社会医学模式过渡过程中的产物；1989 年，WHO 在健康概念中又增加了"道德标准"，认为 21 世纪人类的健康应该是躯体健康、心理健康、社会适应良好和道德健康的完美整合。总之，完整的健康概念已不再是单纯关注躯体健康，而是把健康视为"躯体健康、心理健康、社会适应良好和道德健康的完美整合"。

事实上，对于如何界定健康，人们至今依然莫衷一是。现有的关于健康的诸多定义，都有其合理之依据，但也都有其不完善之处。在众多有关健康的定义中，WHO 章程序言中提出的定义比较权威："健康是体格上、精神上、社会上的完全安逸状态,而不只是没有疾病、身体不适或不衰弱。"换言之,健康的人要有强壮的体魄、乐观向上的精神状态、良好的心理素质,并能与其所处的社会及自然环境保持协调的关系。

WHO 在对健康人群进行大量的调查后,对健康的概念做出了如下阐述:"健康就是精力旺盛地、敏捷地、不感觉过分疲劳地从事日常活动,保持乐观、蓬勃向上及具有应激能力。"美国学者杜巴认为:"真正的健康并不是完全没有疾病的理想境界,而是在一个现成的环境中有效运作的能力。环境是在不断地变化,所谓健康便是不断适应无数每日威胁人们的微生物、刺激物、压力和问题。"因此,现代人应有的健康观包括:能对抗紧张,经得住压力和挫折,能积极安排自己的各种活动,使自己的智慧、情感融为一体,生活和精神充满生机,且富有文明意义。

二、亚健康的概念

20 世纪 80 年代初,WHO 提出了亚健康的概念。亚健康是一种介于健康与疾病之间的生理功能低下的状态,又称为"第三状态""次健康""疾病前状态""灰色状态""潜临床状态"和"半健康人"等。亚健康具有以下特征:生理、心理、躯体均存在活力减低、适应能力呈不同程度减退,即有自觉症状,但做全面的生理检查又未能发现异常或处于临床状态,没有出现功能性或器质性病变。

亚健康状态主要表现为身体各项指标无异常,但与健康人相比,生活质量低、学习工作效率低、注意力分散、生活缺乏动力、学习没有目标,有些茫然不知所措,感觉生活没有意义。躯体反应为睡眠质量不高,容易疲劳,身体乏力,食欲不振。

尽管亚健康状态并非严重的心理问题,但如果不给予高度重视,极易引发相应的心理问题。

第三节　什么是心理健康

一、心理健康的概念

从对"健康"这一概念的讨论中可以看出,为了实现完满康宁的健康状态不仅要讲究生理健康,还要讲究心理健康。那么,究竟什么是心理健康呢?

《简明不列颠百科全书》在"心理健康与心理卫生"(mental health and hygiene)条目中说:"心理健康指个体心理在本身及环境条件许可的范围内所能达到的最佳功能状态,不是指绝对的十全十美状态。心理卫生包括一切旨在改进及保持上述状态的措施,诸如精神疾病的康复、精神病的预防、减轻充满冲突的世界带来的精神压力,以及使人处于能按其身心潜能进行活动的健康水平等。"

我国著名心理学家潘菽指出:"我们应注意身体的健康,故研究生理卫生;我们若要使心理得到健全的发展,则必须注重心理卫生。"著名社会学家费孝通也撰文指出:"讲究心理健康及社会功能良好之道,即心理卫生。""讲究心理卫生以达到心理健康和社会功能良好,非仅能预防诸种心理疾病,而且能预防一些不良的社会现象。例如,心理健康往往具有较高的道德品质,不致违法乱纪、触及法律;而有许多犯罪者往往是心理不健康者或不很健康者,故为了预防青少年失足和成人犯罪,自幼就讲究心理卫生、注重心理健康,这是一个积极的有效措施。"由此可见,心理健康对个体健康成长和社会和谐发展具有极为重要的价值和意义。

我们认为,心理健康可分为广义和狭义两种。广义的心理健康是指一种满意的、持续的心理状态;狭义的心理健康是指人的基本心理活动的过程内容完整、协调一致,即知、情、意、行协调发展,人格完整,能适应社会。具体可从以下两个方面来理解:

第一,心理健康是一个过程,而不是结果。没有人能够一直处在心理健康的状态之中,我们可以将个体心理用三个区域来表示:白色区、灰色区和黑色区(如图1-1)。白色区代表心理健康,黑色区代表心理异常,灰色区则代表介于上述两者之间的亚健康状态。三个区域之间是可以相互转换的,灰色心理调节得当就会恢复为白色心理,如果调节不当就会发展为黑色心理。

图1-1 心理健康状态分区

第二,心理健康不是没有心理问题,而是能否有效解决心理问题。

课 程 思 政

一位智者家中被盗,丢失了很多东西。一位朋友得知后写信安慰他。这位智者在给朋友的回信中写道:"亲爱的朋友,谢谢你来安慰我,我现在很平安,感谢生活! 因为:第一,贼偷去的是我的东西,而没有伤害我的生命;第二,贼只偷去我的部分东西,而不是全部;第三,最值得我庆幸的是,做贼的是他,而不是我。"从故事中,我们不难看出,只有用积极的心态去看待和解决问题,才有助于心理健康。

二、心理健康的原则

心理健康作为一种良好的心理状态,必须符合三个基本原则:同一性原则、协调一致性原则和相对稳定性原则。

（一）同一性原则

同一性原则是指心理活动与客观环境的同一，即任何正常的心理活动在形式和内容上必须与客观环境保持一致。如果失去同一，就失去了平衡，心理就会出现异常。例如，如果一个人坚信他看到或听到了什么，而客观环境中并不存在相应的刺激物，那么他的心理活动就处于异常状态，即他产生了幻觉。再如，如果一个人的心理冲突与现实环境不相符，且长期持续而无法自拔，那么，他的心理活动也处于异常状态，即他出现了神经症性问题。

（二）协调一致性原则

协调一致性原则是指心理过程之间协调一致，即个体的知、情、意三者保持自身的完整统一，协调一致，能够准确有效地反映客观现实。如果失去这种协调一致，就会出现心理异常。例如，正常人对痛苦的事会做出伤心、难过甚至泪流满面的反应，但当一个人对痛苦的事做出快乐的反应，他的知、情、意三者之间就失去了协调一致性，这就是心理异常的表现。

（三）相对稳定性原则

相对稳定性原则是指人格的相对稳定性，即一个人在长期的生活经历中形成的人格特征，具有相对稳定性，一般是不易改变的。但如果在外部环境没有巨大变化的情况下，一个人的个性出现明显变化，就应考虑其心理活动是否出现异常。例如，一个用钱很仔细的人，突然挥金如土，或者一个待人接物很热情的人，突然变得很冷漠，如果我们在他的生活环境中找不到足以促使他发生改变的原因，那么我们就可以说他的心理活动已经偏离了正常轨道。

三、中学生心理健康的标准

（一）智力正常

智力是以抽象思维能力为核心的认知能力的综合，其构成要素有观察力、注意力、记忆力、想象能力和思维能力。智力正常是个体从事一切活动的最基本的心理条件，是中学生胜任学习任务、适应环境变化的心理保证，是中学生心理健康的首要标准。衡量中学生的智力发展状况，关键要看中学生的智力能否正常、充分地发挥。对于中学生来说，衡量其智力正常的关键在于能否充分发挥其智力优势。乐于学习、善于学习，有强烈的求知欲和浓厚的学习兴趣，能够愉快、高效地完成学习任务，是中学生心理健康的表现；反之，如果学习成为沉重的负担，厌学情绪严重，学习效率低下，甚至不能坚持正常的学习，这则是中学生心理不健康的表现。

（二）情绪积极稳定

积极稳定的情绪是心理健康的重要标志。情绪健康在心理健康中起核心作用,情绪异常是众多心理疾病的共同表现。心理健康的学生能经常保持积极、愉快的心境,热爱生活,对未来充满希望,善于控制和调节自己的情绪,遇到挫折时,情绪反应适度并且能积极调整、乐观面对。总之,一个情绪健康的中学生同样会有喜怒哀乐的情绪变化,在遭遇不良生活事件打击时也会产生消极情绪,但是他们能有效控制自己的消极情绪,并善于从不良情绪状态中调整过来,尽量避免消极情绪对自身产生的伤害。反之,如果一个中学生喜怒无常,遇到一点小事,情绪就大起大落,难以保持情绪的稳定,或长时间处于消极情绪状态不能自拔,则是心理不健康的表现。

（三）意志健全

意志是人在行动中自觉地克服困难以实现预定目的的心理过程。一个人意志水平的高低体现在自觉性、果断性、坚持性和自制力四大意志品质上。自觉性是指一个人是否认识到自己的行动目的,并调整和控制自己行动的意志品质;果断性是一种明辨是非,迅速而合理地进行判断,并迅速做出决定的意志品质;坚持性指人能克服外部和内部困难,坚持完成任务的意志品质;自制性是指能够自觉、灵活地控制自己的情绪,约束自己行为的意志品质。

意志健全的中学生自觉性强,有明确的学习目的和生活目标,有坚定的信念和自觉的行动,在各项活动中都表现出良好的意志品质,具有充分的自信心、高度的责任感和使命感,能克服不良习惯,克制不良欲望,抵制不正当的诱惑。反过来,没有目标、行动盲目,优柔寡断、动摇不定,一遇到困难就垂头丧气,放弃或改变自己的决定,冲动、任性,无法控制自己做出适度反应,则是心理不健康的表现。

（四）人格完整

心理学上的人格是指一个人独特的相对稳定的行为模式,是个体比较稳定的心理特征的总和。人格的结构复杂,包括个人的才智、价值观、态度、愿望、感情和习惯等,这些因素以独特的方式结合,构成了多样化的人格。

人格完整是指人格的各个方面有机结合,形成协调统一的整体,能够对人的行为进行有效的调节和控制。这种协调统一性保证了个体在反映客观世界的过程中的高度准确性和有效性,是确保一个人具有良好的社会功能和有效地进行活动的心理学基础。人格完整是中学生心理健康的核心要素。如果一个人经常发生强烈的内心冲突,行为与态度不一致,看问题只看表面而看不到本质,一切以自我为中心,情绪情感不稳定,自信心低,责任感差,该个体的人格就没有形成协调统一的整体,属于不良人格,这种人格的人很容易陷入心理危机状态。

（五）恰当的自我评价

恰当的自我评价是中学生心理健康的主要表现之一。一个心理健康的中学生能够体验到自己存在的价值，对自己所处的状态和环境、自我未来的发展方向都有清醒的认识，并能正确地认识自己、客观地评价自己，为自己确定适宜的生活目标，制定切合个人实际的要求。同时也能悦纳自己，既能接受自己的优点，也能坦然面对自己的缺点，不妄自尊大，也不妄自菲薄。如果一个中学生没有明确的发展目标，整日浑浑噩噩，或者妄自尊大、好高骛远，或者自轻自贱、悲观失望，甚至试图逃避现实，则是心理不健康的表现。

（六）人际关系和谐

人际关系和谐是心理健康的重要保证，也是衡量中学生心理健康的一个重要指标。心理健康的中学生交往态度端正，能较好地把握人际交往的基本原则和方法，他们既有广泛的人际关系，又有稳定的知心朋友，人际关系和谐发展。他们在交往中保持积极、真诚、宽容、理解、信任的态度，既维护自身独立而完整的人格，有自知之明，也能客观评价别人，乐于助人；既能理智地接受他人，也愿意被他人接受；既能正确处理人际冲突、化解矛盾，也与集体保持协调的关系。心理不健康，就会自我封闭，或在与他人的交往中经常发生冲突，或者因缺乏交往技巧而无法建立良好的人际关系。

（七）社会适应良好

社会适应能力包括正确认识社会环境及处理个人和环境关系的能力。心理健康的中学生能与社会保持良好的接触，对社会现状和未来有较清晰、正确的认识，在个人与社会现实发生矛盾冲突时，能主动调整自身行为，顺应社会要求，与社会保持协调一致。相反，中学生如果不敢正视社会现实，逃避社会现实，与社会格格不入，或是怨天尤人，或是悲观失望，则是心理不健康的表现。

（八）心理行为符合年龄特征

人的生命发展会经历数个不同年龄阶段，每一年龄阶段都有相对应的不同的心理行为表现，从而形成不同年龄阶段独特的心理行为模式，心理学中称为"年龄特征"。我国儿童心理学家陈鹤琴曾用"五好"（好奇、好问、好动、好游戏、好模仿）简洁、形象地描述了学前期儿童的心理年龄特征。中学生处于青春期和青年初期，心理健康的中学生具有与自己年龄相符的认知、情感和行为反应模式，他们朝气蓬勃、精力充沛、勤学好问、反应敏捷、独立自主、乐于探索，而过于老成或过于幼稚、过度依赖、过分封闭都是心理不健康的表现。

值得注意的是，我们在此讨论的心理健康标准，只是心理健康的一种理想尺度。通过这种讨论,一方面可为中学生提供衡量自己的心理是否健康的依据,另一方面也为中学生指出了提高心理健康水平的努力方向。

第四节　什么是心理辅导

一、心理辅导的概念

(一) 心理辅导

心理辅导(psychological guidance)是由心理学专业人员和具有较高心理学素养的人员,运用心理学的理论、方法和技术,对具有现实或潜在发展需求、求助需求的个体乃至群体所提供的心理帮助和引导。心理辅导是一项特殊的、专业化的和职业化的助人活动,是帮助个体学会以发展、辩证的眼光看待其生活、学习中面临的各种问题,并通过心理辅导的过程来增强对自我的认识和信心,寻求克服困难的有效方法,最终成为有充分自主自助能力的人。心理辅导使人能以积极、达观的态度面对人生道路中的障碍,并通过妥善解决其人生道路上所遇到的障碍来促进个人的不断成长。

总之,心理辅导主要是对心理健全的人而言的,当然对亚健康状态的人也可以进行辅导,它的主要任务是促进成长,强调发展,帮助辅导对象发挥最大的潜力,为自己的正常发展清除"拦路虎"。心理辅导重在预防,在"危机"到来之前,打好预防针,使个体有一定的心理免疫力。

(二) 相邻概念

1. 心理咨询

心理咨询(psychological counseling)是一个涵盖非常广的概念,涉及职业指导、教育辅导、心理健康咨询等各个方面,但它们都具有共同的特征。首先,咨询的最根本的核心条件就是共情、理解和尊重来访者。咨询的过程是建立在咨询者与来访者良好的人际关系基础之上的,因此我们说咨询体现着咨询者对来访者进行帮助的一种人际关系。其次,咨询是一系列心理活动的过程。从咨询者角度来看,通过咨询活动,使来访者能够更全面地了解自己,增强适应环境的能力,从而更有效地生活,其中包含一系列心理活动在内。从来访者角度来看,通过咨询活动要接收新信息,学会解决问题的技能及做出某种决定,这也涉及一系列心理活动。再次,咨询属于一个特殊的服务领域。在咨询过程中,咨询者可以帮助来访者认识自己、确定目标,并做出决定、解决问题。此外,根据咨询的不同种类,还可为来访者提供有关价值观、职业、学业、疾病康复、心理卫生、婚姻家庭等多方面的信息咨询服务。综合以上咨询的共同特征,我们可以将心理咨询界定为:心理咨询是通过建立良好的关系,运用心理学方法帮助来访者解除心理上的困扰,助人自助的过程。

心理咨询的工作对象基本上是心理正常或处于亚健康边缘状态的人,针对的问题是如何处理正常人与正常人之间的各种各样的问题;心理咨询耗时很短,一般一次或两次即可,而心理治疗费时长,有些要数次或数月才能完成治疗任务;在处理问题的角度上也有区别,心理咨询具备教育性、支持性、指导性,主要是在浅层次的意识领域进行。

2. 心理治疗

心理治疗(psychological therapy)是指训练有素及有心理治疗工作经验的人,有目的地与受困于心理问题的求助者建立关心、尊重、了解、诚恳和帮助的关系,并依据求助者的需要,使用适当的心理学方法,试图减轻或消除求助者的不适应心理现象,包括心理症状、习惯性情绪、动作、思维、态度、信念或价值系统,并进一步培养更好的适应性习惯及促进健全或成熟的个性发展的过程。从广义上讲,心理治疗是关于人格和行为的改变过程,这里有两个问题:改变什么,用什么方法来改变。心理治疗的最理想的过程就是某个问题 X,用最好的方法 Y。但是实际上并没有这样简单,两者的关系也不是直截了当的。人类的心理行为问题极为复杂,其中有许多因素和关系都在起作用。治疗者为之努力的工作并不是简单易成的。因此可以说,心理治疗并没有一种单一的最好方法。

心理治疗主要是针对有心理问题或者正在康复中的心理行为障碍者,心理治疗费时长,需要数次或数月才能完成。在处理问题的角度上,心理治疗主要是向无意识领域挖掘致病因子,重塑人格,有时还要辅以催眠,放松或采用系统脱敏,甚至是多种心理疗法相结合等才能治愈。但在具体实施过程中,心理咨询和心理治疗应结合进行,只不过是各有侧重罢了。

3. 心理健康教育

心理健康教育是根据学生生理、心理发展特点,运用有关心理学的理论、方法和手段,通过心理健康教育课程、心理健康教育活动、学科渗透、心理辅导与咨询以及优化教育环境等途径和方法,帮助学生解决成长过程中的心理问题,促进学生心理素质的提高。

心理健康教育作为学校教育的一项重要内容,是心理学在学校教育中的具体运用,是直接服务于学校心理健康的一门独特的理论与技术。它不等同于单项的心理辅导、心理咨询或心理治疗,也不等同于思想品德教育,其目的是通过动态的心理教育活动来影响、启发、引导、提高学生对自身探索的自知力、对自身调节的自控力,进而维护学生心理健康,促进学生心理健康发展。

(三)心理辅导与相邻概念之间的关系

心理辅导、心理咨询、心理治疗、心理健康教育是既有联系又有区别的概念。吴武典教授比较了教育、辅导、咨询与治疗的概念,指出这四个术语的目的都是助人成长或解决问题,其功能与性质颇有重叠,但是在范围(服务对象)和程度上有所差别,可以用图1-2和图1-3来表示。

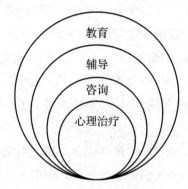

教育
辅导
咨询
心理治疗

图1-2　四种助人方式作用范围的比较

教育	辅导	咨询	心理治疗
常态的 ←		→	异常的
团体的 ←		→	个别的
认知的 ←		→	情感的
预防的 ←		→	治疗的
一般的 ←		→	特殊的
结构的 ←		→	非结构的
终身的 ←		→	定时的

图1-3　四种助人方式作用程度的比较

就服务对象而言(图1-2),显然教育的对象最广,包括所有发展中的学生,辅导次之,咨询又次之,心理治疗则仅限于有严重适应问题者。但是彼此有相当程度的重叠,即一个人可以同时接受两种或两种以上的专业服务。

就程度而言(图1-3),在对象方面,教育这一端比较注重常态的,心理治疗这一端比较注重异常的;在功能方面,教育这一端比较注重预防,心理治疗这一端比较强调治疗;在内容方面,教育这一端以认知活动为主,治疗这一端强调情感活动比较多;在重点上,教育这一端比较重视团体发展,治疗这一端比较强调个人状况;在方法上,教育这一端比较重结构,治疗这一端比较有弹性;在时间上,教育这一端强调终身的历程,治疗这一端则为短期的服务。

心理辅导、心理咨询和心理治疗三者的差异主要表现在服务对象、服务功能、干预方法的侧重点以及服务人员等方面。心理辅导是以一般正常人为对象(在学校里以全体学生为对象),通过各种辅导活动,提高其心理素质,促进其心理健康,主要由学校心理辅导人员和教师承担。心理咨询是以有心理问题者为对象,主要由临床心理医生和其他心理咨询专业人员来承担。心理治疗是以心理障碍患者为对象,经由精神医学的治疗计划,达到治愈的目的,主要由精神病医生和临床心理医生来承担。当然,这三者也不能截然分开,承担心理咨询的专业人员有时也进行心理治疗的工作,学校心理辅导教师有时在处理个案时,也在一定程度上扮演着心理咨询者的角色。

心理辅导、心理咨询与心理治疗之间的共同点在于:其一,都是帮助当事人解决心理的问题,使当事人获得认知、情绪和行为的改变;其二,都需要在受助者与助人者之间建立良好的关系;其三,涉及的理论、技术和方法基本相同。因此,可以把心理辅导、心理咨询和心理治疗看作一条线上的不同点,是连续的,而不是割裂的,其间的差异是程度上的,而非本质上的。

学校心理健康教育与心理辅导、心理咨询及心理治疗各自以一个连续体的不同区段作为自己的工作重心,它们的区别只是相对的。事实上,这四种助人活动在连续体的分布上存在着部分重叠与交叉。此外,如果以服务范围而言,心理健康教育、心理辅导、心理咨询及心理治疗依次存在包含关系(图 1-2):四者外延间的关系是"包含于"关系,即心理治疗包含于心理咨询,心理咨询包含于心理辅导,心理辅导包含于心理健康教育。

申荷永曾用三个打鱼人的故事对心理教育、心理辅导、心理咨询和心理治疗之区别进行了形象的说明,对我们理解心理健康教育、心理辅导、心理咨询和心理治疗的关系具有重要的启迪。如下所示:

> 有三个人,聚在一个河潭边钓鱼,常发现有人在上游被冲进水潭挣扎着求救,于是,有一个人便跳入水中将人救起,并用人工呼吸方法进行抢救,但接着第二个、第三个、第四个、第五个落水者……,使得这三个人手忙脚乱,难于应付。此时,有一个人似乎是想到了什么,他离开现场去了上游,想去劝说人们不要在这里游泳,并且想在上游的入水处插上一块木牌以示警告。他这样做了,可是,仍有无视警告者被冲进水潭,三个人仍然不得不忙于水中救人。后来,其中一个人终于醒悟了,他说这样仍然不能从根本上解决问题。他要去做另一项工作,去教人们游泳。这才是问题的关键,因为有了好的水性,即使被冲进深水或激流之中,也可以从容应付,不至于付出生命……

如果以此比喻心理学,那么,第一个跳入水中抢救落水者的人的工作就好比"心理治疗",这是一项艰巨而充满意义的工作,往往需要花费太多的时间和精力,被治疗者也感受着深刻的痛苦和不安。第二个人到上游对人们进行劝说,好比心理咨询和心理辅导,也是一项有意义的工作,但作用仍然有限。最终,那位立志要教人们游泳、锻炼人们"水性"的人所做的工作就好比"心理教育"了。他找到了落水者需要被抢救的根本原因——水性不好,并着眼和致力于锻炼和提高人们的水性来解决问题。

二、中学生心理辅导的特点

中学生心理辅导是专职或兼职的心理辅导人员，依据学生身心发展的规律和特点，运用心理学、教育学、医学等相关学科的专业知识和专门技能为中学生健康心理的形成和发展提供所需要的帮助和指导的过程。具体有以下几个特点：

第一，中学生心理辅导面对的是需要帮助的正常学生。中学生心理辅导是以身心发育正常的中学生为对象，面向全体中学生，以全面提高其心理素质为目的，而不在于心理障碍或心理疾病的诊断和治疗。

第二，中学生心理辅导是为中学生提供一种心理帮助。中学生心理辅导的过程，是专业人员依据中学生身心发展的规律和特点，运用心理学及相关学科的专业知识和专门技能为中学生提供所需要的心理健康帮助和指导的过程。尽管在中学生心理健康辅导的过程中，也要适当介绍和普及有关心理健康的基本知识，但重点不在于学科理论的系统讲授，也就是说，不能把中学生心理辅导作为一门学科理论的知识体系来讲授。

第三，中学生心理辅导是一种新型的、平等的关系建立的过程。尽管在心理辅导过程中，也要体现教育性原则，但辅导者与辅导对象之间并非教育者与被教育者之间的关系，也不同于医生与患者之间的关系。因而，在中学生心理辅导过程中，一般不提批评意见，不搞泛泛的说教，不可以不负责任地出主意，更不能把自己的观点、看法和意见强加于学生，只能通过平等、民主、讨论的方式帮助、鼓励、启发和引导中学生面对现实，自己思考，自己去分析问题、认识问题和解决问题，任何包办代替的做法都是不可取的。

第四，中学生心理辅导的实质是促进中学生健康心理的形成与发展。心理辅导的宗旨是面向全体中学生，关注中学生心理和行为上的困扰与难题，有针对性地帮助中学生排解学校生活中的适应问题，学习中的态度、方法、习惯和能力培养问题，情感、意志、交往以及人格发展中的问题。

三、中学生心理辅导的任务与内容

（一）中学生心理辅导的任务

心理辅导的基本任务是通过多种心理辅导方式，满足学生的实际心理需要，提高学生的心理健康水平，增强学生的心理素质，为社会经济发展和精神文明建设提供心理学的支持。具体包括以下几个方面：

第一，通过心理健康教育创造有利于中学生心理健康的良好社会心理条件，增强学生的心理保健意识，提高学生的自我心理保健能力，全面优化学生的心理素质。

第二，通过心理评估了解学生的心理特点、心理发展水平或心理问题，为中学生的潜能开发、个性培养、社会适应和心理调整提供科学依据。

第三，通过心理咨询对中学生进行具体帮助，提高学生的自知力，解决中学生的心理困扰，促进学生自立自强，获得成长与发展的更好机会。

第四，通过了解或满足中学生的实际需要，引导学生的兴趣、能力和其他个性特点与社会经济发展和社会进步的需要相适应，充分开发他们的潜能。

（二）中学生心理辅导的内容

在归纳整理国内不同版本中学生心理辅导教材的基础上，总结出我国中学生心理辅导的内容主要包括五大模块：一是中学生发育中的身心问题与辅导，涉及中学生发育中的体形、发育早晚、性方面的个体差异与辅导；二是中学生学习心理问题与辅导，涉及中学生学习动机、学习兴趣、学习效能、学习倦怠、学习困难、厌学等内容；三是中学生情绪情感问题与辅导，涉及焦虑、抑郁、强迫、孤独、自卑、暴躁、嫉妒等内容；四是中学生社会交往问题与辅导，涉及人际交往的心理效应、人际吸引的因素、人际距离、社会交往问题等内容；五是中学生适应不良问题与辅导，涉及入学适应、多动症、网络/手机成瘾、学校恐惧症等内容。

四、中学生心理辅导的作用

（一）心理辅导有助于提高中学生的心理素质

以习近平新时代中国特色社会主义思想为指导，全面贯彻党的教育方针，坚持为党育人、为国育才，落实立德树人根本任务，坚持健康第一的教育理念，切实把心理健康工作摆在更加突出位置，统筹政策与制度、学科与人才、技术与环境，贯通大中小学各学段，贯穿学校、家庭、社会各方面，培育学生热爱生活、珍视生命、自尊自信、理性平和、乐观向上的心理品质和不懈奋斗、荣辱不惊、百折不挠的意志品质，促进学生思想道德素质、科学文化素质和身心健康素质协调发展，培养担当民族复兴大任的时代新人。在这一过程中，中学生心理辅导可以发挥独特作用，尤其是在减轻中学生过重的学业负担，增强中学生心理承受力，克服多种成长、学习和交往中的障碍，发挥心理潜能，提高心理品质，培养积极的情感、良好的学习态度、健全的人格和自我意识，养成良好的行为习惯中都有重要的现实作用。

（二）心理辅导有助于提升学校的管理水平

国外将心理辅导看作"现代化管理的标志之一"。管理的本质是做人的工作，中学的管理工作也同样如此。如果中学的管理人员对教师心理和学生心理缺乏透彻了解，就不能准确地把握教育规律，制定的教育教学改革制度就缺乏针对性和实效性，学校的管理也就难以步入科学化的轨道。相反，管理人员在心理辅导的基础上加深对教师心理和学生心理的了解,就可以更好地贯彻全面发展的教育方针,围绕素质教育充分调动各个方面的积极性,不断深化学校内部的各项改革,使学校管理水平不断提高。从提高教育教学质量的角度来看,通过心理辅导可以有效地把握中学生的个性特点,将因材施教的原则落到实处。

(三)心理辅导有助于改善亲子关系和家庭教养方式

家庭是儿童成长的摇篮,是儿童从幼稚走向成熟、从自然人走向社会成员、从养成式教育走向学校系统教育的桥梁。在家庭里,子女与父母以血缘关系为纽带所建立的亲子关系,不论是在情感上还是在利益上都是师生关系和同伴关系所无法替代的,特别是家长的教养方式对儿童的健康成长具有至关重要的作用。鲍姆林德曾把家长的教养方式分为专断型、放任型、权威型和民主型四种类型,并分别比较不同类型的教养方式对子女心理健康的影响。结果发现:专断型的教养方式易使子女产生不满情绪,并且具有畏缩、不信任等人格缺陷;放任型的教养方式培养出来的孩子也具有放任的色彩,人格很不成熟,达不到同龄儿童的正常发展水平;权威型的教养方式能使子女获得足够的安全感,子女自立自信,有探索精神并心满意足;民主型的教养方式使子女有较强的独立意识,善于与人交往和取悦于人。

对中学生进行心理辅导,可以通过中学生本人或者其他渠道,了解其亲子关系以及家长对子女所持的态度和教养方式,并且通过与家长的接触向其介绍子女在校的表现和变化,使其在家庭教育和对子女进行心理辅导时能客观把握,适时调整教育行为和教养方式。这为家长恰当解决孩子在学习指导、情绪指导、人际交往指导、品德行为指导等方面的疑难提供了钥匙;为密切亲子关系、协调家庭气氛提供了指南。

总之,中学生的心理辅导在改进亲子关系、改善家庭心理环境、构建和谐的家庭关系、提高家庭教育的质量方面,具有不可低估的作用。

(四)心理辅导有助于优化社会心理环境

在全面开启中国式现代化建设的进程中,探索中学生心理辅导的有效途径和措施,把中学生心理辅导的研究成果推向有关决策部门和社会各界,使全社会形成关心青少年健康成长的强大舆论,将中学生暴露出来的心理问题在萌芽状态就予以有效解决和处理,这是从事青少年心理辅导的专业工作者义不容辞的责任,是充分发挥青少年心理辅导在优化社会心理环境方面重要作用的实际举措,也是为中国式现代化建设培养身心健康的合格人才的重要保障。

///// 章小结 /////

本章较为全面地介绍了心理、健康、心理健康、心理辅导等相关概念的内涵,分析论述了心理健康的标准以及心理辅导的任务与内容等。对于中学生来说,心理健康是一种满意的、持续的心理状态，是知、情、意、行、人格等的协调发展，并且能够良好地适应社会环境。开展中学生心理辅导就是面对需要帮助的中学生，采用相关的心理辅导技术，为他们提供一种有效的心理帮助，以提升其心理健康水平、促使其身心健康发展。

思考训练

1. 联系自身实际，谈谈对心理健康概念的理解。
2. 简述中学生心理健康的标准。
3. 如何区分心理辅导与心理咨询、心理治疗？
4. 简述中学生心理辅导的特点。
5. 简述中学生心理辅导的任务与内容。

第2章　　　　　　　　　　　　中学生认知发展

章结构

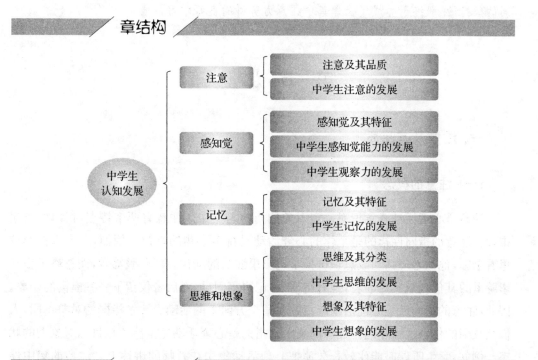

章首语

　　个体的认知发展是其心理发展的一个极其重要的方面,是个体情绪情感和人格等领域发展的基础和前提。在中学阶段,个体的认知较小学阶段发生了质的飞跃。中学生的认知发展表现出怎样的特征? 他们的注意力和记忆发展是否已经达到成人水平? 他们的思维和想象力的发展是否已经完善? 作为中学教师,准确、科学地把握中学生的认知发展特征将有利于更好地指导中学生的学习活动,开展教学工作。本章将主要介绍注意、感知觉、记忆、思维及想象等认知加工过程的基本概念、分类及特征,并梳理已有研究成果,阐述中学生认知发展的特点和规律。

关键词

　　注意;感觉;知觉;记忆;思维;想象

情境导入

小毅今年读初二,最近一段时间来,老师发现他上课有转笔、抖腿、发呆等小习惯,有时还打瞌睡,课后作业也开始拖拉,成绩下滑严重。经过了解,发现他白天的听课出了问题,上课时遇到听不懂的内容,小毅往往沉浸其中,不能主动转移注意力跟上老师的节奏,导致落下很多课程。为了弥补白天落下的功课,晚上他还熬夜学习,不能按时睡觉,导致白天出现了注意力不集中、听课效率降低的现象。老师细致分析了小毅的情况,并从注意力保持的角度给小毅提供了防止课堂走神的小技巧。经过训练和一段时间的坚持,小毅终于养成了上课集中注意力听讲的良好学习品质。

第一节 注 意

一、注意及其品质

(一) 注意的概念

注意是心理活动或意识对一定对象的指向与集中。注意有两个特点:指向性与集中性。注意的指向性指的是个体的心理活动对特定事物的选择。例如,一个人在影院里看电影,他的心理活动或意识选择了电影里演员的动作、表情、服饰等,而忽略了坐在影院里的其他观众。对前者,他看得清晰,记得牢固,而对后者仅留下一些模糊的印象。因此,注意的指向性是心理活动或意识在某个方向上的活动。注意指向的对象不同,人们接收到的信息也不相同。注意的集中性指的是心理活动完全停留在目标对象上的状态。例如,学生听课时能比较长久地把心理活动集中在教师的讲述上。注意的集中性是心理活动对一定对象进行深刻而准确反映的重要前提。

注意的指向性和集中性是同一注意状态的两个方面,分别表明了注意的方向和强度。它们是相互联系、不可分割的。指向是集中的前提和基础,集中则是指向的体现与深入。由于心理活动或意识对一定对象的指向与集中,人们才能得到对注意对象的清晰、深刻和完整的反映。

任何心理过程的活动效率,需要注意的伴随才能得以保证。注意的参与,是主体内外一切信息能够进行深加工的必备条件。这是因为注意具有以下三种功能[1]:

首先,注意具有选择功能。注意使个体从一瞬间同时作用于我们的众多事物中选定对我们有价值或意义的、符合自己兴趣或需要的、与当前活动任务和目的相一致的有

① 贾林祥.心理学基础[M].南京:南京大学出版社,2018:20.

关事物,而避开、抑制或排除那些无关的其他事物。学生在听课或考试的过程中,通常会从储存于头脑中的大量信息中选出与当前智力活动有关的信息,这是注意选择功能的具体体现。没有注意的选择功能,心理活动就会失去方向,意识将会陷入混乱状态,也不能对大量信息按先后主次、轻重缓急加以筛选和过滤,并进一步加工。

其次,注意具有保持功能。要使个体的心理活动在一段时间内保持比较紧张的状态,就需要依靠注意的保持功能。人只有在持续的紧张状态下,才能够对被选择的信息进行深入的加工与处理。注意的保持功能还体现在时间的延续上,对于复杂活动的顺利进行有重要意义。正是由于注意保持功能的影响,才能使感觉登记向知觉分析转化,进而向信息储存转化,并为高层次的思维活动奠定信息基础。如果选择的注意对象转瞬即逝,心理活动无法持久展开,也就无法进行正常的学习、工作和生活。

再次,注意具有调节与监督功能。注意还能够协调、控制和监督心理活动沿着特定方向和目标正常运行。注意的调节和监督功能,决定着注意的合理分配与转移、注意的方向等。这样,个体就能适应变化多端的环境,无效和低效的心理与行为活动减少,使得行为目标得以实现。古代教育家荀子在《大略篇》中说:"君子壹教,弟子壹学,亟成。"这里的"壹"就是专一,意为只要教师一心一意地教,学生一心一意地学,就能保证学生最终学业有成。

(二) 注意的品质

注意的品质包括注意的稳定性、注意的广度、注意的分配以及注意的转移四个方面。注意的品质与人们的学习、工作和生活都有密切关系。

1. 注意的稳定性

注意的稳定性是人的心理活动持久地保持在一定事物或活动上的特性,是注意在时间上的特征。比如,学生能够在一堂课中持久地保持对教师讲述内容的关注。注意的分散是与注意的稳定性相反的状态。注意的分散指的是注意离开了当前应该指向和集中的对象,而把注意集中在其他对象上。注意的分散主要是由无关刺激的干扰或单调刺激的长期作用引起的。

2. 注意的广度

注意的广度指的是同一时间内能清楚地把握对象的数量。课堂教学要求教师有较广阔的注意广度,这能够使教师更多地、及时地获得学生对教学的反馈信息。

3. 注意的分配

注意的分配指的是人在同时进行两种或多种活动时,能够将心理活动指向不同对象的特性。在一定条件下,注意的分配是可以实现的。教师一边讲课,一边观察学生听课的情况;司机在开车时,既能操纵方向盘,又能关注到道路上的行人、车辆以及信号灯,这些都是注意分配的实例。几乎所有的实践活动都需要一定的注意分配能力。在教学活动过程中,要有意识地增强学生的知识经验和动作技能的熟悉程度,训练学生注意分配的技巧,促进学生注意分配能力的提高。

4. 注意的转移

注意的转移指的是根据新任务,主动地把注意从一个对象转移到另一个对象或由一种活动转移到另一种活动的现象。例如,上完体育课,接下来是数学课,学生能根据新任务,从这一门课转移到另一门课。注意的转移与注意的分散有着本质的区别。注意的转移指的是根据新任务的需要,主动地把注意转移到新对象上,使一种活动合理地代替另一种活动,是一个人注意灵活性的表现。而注意的分散是由于受到无关刺激的干扰,使自己的注意离开了需要注意的对象,而不自觉地转移到无关活动上[①]。

(三) 注意的分类

根据注意指向和集中的目的是否明确,以及是否需要付出意志努力,可将注意分为无意注意、有意注意和有意后注意三种。

1. 无意注意

无意注意是指事先没有预定目的,也不需要意志努力的注意。比如,课堂上,学生们正在聚精会神地听讲,忽然从门外闯进来一个人,大家都不约而同地转向他。这种情况下,注意的产生并没有预定的目的,也不存在意志的努力,而主要取决于刺激物的突发性和新异性特点。

2. 有意注意

有意注意是指自觉而有预定的目的,需要一定意志努力的注意。比如,学生做家庭作业时,需要克服各种困难,自觉而有目的地完成任务。有意注意是在实践活动中,在无意注意的基础上发展起来的。注意过程中表现出的自觉性、积极性和主动性是意识较高水平的体现,是人类特有的心理现象。

3. 有意后注意

有意后注意是指高度自觉、目的性强且不需要意志努力的注意。它同时具有有意注意和无意注意的某些性质和特征,也是有意注意后期出现的一种特殊注意形式。比如,学生在家长的强迫下学习钢琴,刚开始并不感兴趣,不得不付出很大的意志努力,这时的注意为有意注意。随着水平的提高,他体验到音乐的美感和演奏的成就感,不需要付出意志努力也可维持注意,这时的注意就已经表现出无意注意的一些性质和特征。有意后注意既服从当前的任务要求,又可以节省意志努力、延缓疲劳,有利于完成持续性、复杂性和创造性的活动任务,因此是一种注意的高级形式。

---

① 　贾林祥.心理学基础[M].南京:南京大学出版社,2018:27 - 35.

二、中学生注意的发展

（一）注意逐渐发展和深化，从无意注意为主向有意注意过渡

个体的注意起始于无意注意，但随着个体自身兴趣爱好的发展，无意注意逐渐发展深化，直到初中二年级，无意注意发展达到巅峰，而后逐渐下降。自初中开始，儿童的有意注意逐渐发展并具有取代无意注意的优势，他们的学习目的性、计划性、自觉性均有了长足的发展。同时，初中生还能监控和调节自己的注意，摆脱外界事物的干扰，使自身的注意能够集中在学习任务上。中学生在注意上的这一发展特点能够帮助他们更高效、广泛地接受学校知识的学习。此外，引起无意注意的原因由以外部为主转变为以内部为主。有意注意逐渐向有意后注意转化，即转变为自觉的、不需要付出意志努力的自动注意。

（二）注意的品质不断改善

由于有意注意的发展，注意的稳定性和集中性以及注意转移的能力均有了相应发展。首先，注意的稳定性迅速提高，在良好的教学条件下，初中生的注意稳定性一般能保持在 40 分钟左右；其次，由于知识经验的积累和扩大，注意的广度也有了较大提高，13 岁儿童的注意广度已经接近成人；再次，中学生注意的分配能力也有了一定程度的发展，但还不够成熟。当各种技能逐渐熟练，并经过严格训练后，中学生能更好地对注意进行合理分配。最后，注意的转移能力获得长足发展。一般来说，小学二年级到初中二年级时注意转移能力迅速增长，初中二年级到高中二年级是其发展停滞期，高中二年级到大学二年级是其缓慢增长期[①]。

025

第二节 感知觉

一、感知觉及其特征

（一）感知觉的概念

感知觉是客观事物直接作用于感觉器官时在人脑中所产生的对当前事物的反映。感觉是对物体个别属性的反映，而知觉是对物体整体属性的反映。感觉是知觉的有机组成部分，是知觉的基础，知觉是感觉的深入和发展。当客观事物直接作用于人的感觉

---

① 邱莉.中学生认知与学习［M］.北京：北京师范大学出版社，2013：32 - 33.

器官的时候,人不仅能够反映该事物的个别属性,而且能够通过各种感觉器官的协同活动,在大脑中将事物的各种属性,按其相互之间的联系或关系整合成事物的整体,从而获得该事物的完整映象。感知觉是人类认识活动的开端,是一切复杂心理活动的基础。在现实生活中,人们一般以知觉的形式直接反映客观事物,感觉只是作为知觉的组成部分而存在于知觉之中,很少有孤立的感觉存在①。

(二) 感知觉的特征

1. 感觉的适应

由于刺激对感觉器官的持续作用而使感受性发生变化的现象叫感觉适应。视觉、嗅觉、味觉、温度觉和触压觉都有明显的适应现象。视觉的适应分为暗适应和明适应。当环境刺激由强向弱过渡时,由于弱光的持续作用,视觉器官对弱光刺激的感受性提高的现象称为暗适应。当白天去电影院看电影,刚进入影院时,眼前一片漆黑,但过了一段时间眼睛就慢慢地能看清周围的事物了,这一现象就是暗适应。暗适应的速度相对比较慢,一般要过 5～7 分钟才能看清周围的事物,一个小时后人的感受性基本上可以达到最高水平。当环境刺激由弱向强过渡时,视觉器官对强光刺激的感受性下降的现象称为明适应。当白天看完电影,从黑暗的电影院走到明亮的室外时,刚开始我们会被外边的光照耀地睁不开眼睛,除了一片光亮什么也看不清,但只要过几秒钟就能看清周围的事物了,这一现象就是明适应。明适应的时间很短,最初约 30 秒内,感受性急剧下降,之后感受性下降逐渐缓慢,大约 1 分钟左右明适应全部完成。

除了视觉之外,嗅觉、味觉、温度觉和触压觉也有明显的适应现象。"入芝兰之室,久而不闻其香;入鲍鱼之肆,久而不闻其臭"是嗅觉的适应。"厨师做菜,越做越咸"是味觉的适应。"忘足,履之适也"是触觉的适应。初入浴缸感觉热水太热,过一段时间就不觉得热了,其实不是水温降低了,而是我们对水温产生了适应。

2. 感觉的对比

同一感觉器官接受不同的刺激而使感受性发生变化的现象叫作感觉对比。感觉对比可分为同时对比和继时对比两类。同时对比是刺激物同时作用于感觉器官而产生的对比现象。比如,同样两个灰色小方块,一个放在白色背景上,一个放在黑色背景上,结果在白色背景上的小方块看起来比黑色背景上的小方块要暗得多,在相互连接的边界,对比特别明显。继时对比是刺激物先后作用而产生的对比,比如,吃梨会觉得梨很甜,但是吃了糖之后接着吃梨,会觉得梨很酸。

3. 知觉的选择性

知觉选择性是指个体根据自己的需要与兴趣,有目的地把某些刺激信息或刺激的

---

① 叶奕乾,何存道,梁宁建.普通心理学[M].上海:华东师范大学出版社,2016:77-78.

某些方面作为知觉对象而把其他事物作为背景进行组织加工的过程。影响知觉选择性的因素较为复杂,概括地讲主要表现在三个方面:

首先,对象和背景的差别越大,对象越容易从背景中被区分出来;对象和背景差别越小,就越不容易区分出对象。教师制作教学 PPT 时,用大号字或者黑体字排版就是为了突出重点内容。相反,为了降低对象与背景的区别,军人使用迷彩服,昆虫有自己的保护色,使自己不容易被发现。其次,在静止的背景上,运动的物体容易成为知觉的对象。比如城市里闪烁的霓虹灯等容易成为人们知觉的对象。再次,知觉者的经验和个体倾向性也明显影响知觉的选择性。饥渴难耐的人对食物和水源的知觉特别敏感;急于找份工作的人对招工信息特别容易知觉。所谓"樵夫进山只见柴草,猎人进山只见野兽",就是这样的道理。

4. 知觉的整体性

所谓知觉的整体性,指的是我们在知觉时通常将客观事物知觉为一个整体。知觉之所以具有整体性,是因为客观事物对人而言是一个复合的刺激物。由于过去经验的参与,大脑在加工来自各种感官的信息时,就会利用已有经验对缺失的部分加以整合补充,将事物知觉为一个整体。

5. 知觉的理解性

所谓知觉的理解性,指的是人在知觉某一客观对象时,总是以过去的知识经验为基础,并用语词加以概括且赋予其意义的加工过程。知觉的理解性主要受到个人的知识经验、言语指导、实践活动以及个人兴趣爱好等多种因素的影响。人们在知觉事物时,总是倾向于把新知觉到的事物与原有的知识经验进行对比,试图去理解当前的事物。

6. 知觉的恒常性

所谓知觉的恒常性,指的是人的知觉映象在一定范围内不随知觉条件的改变而保持相对稳定的现象。客观环境中的事物具有一定的稳定性,因此人类的知觉就需要有相应的稳定性,以此来真实地反映客观对象的自然属性。同时,人的知识经验在知觉恒常性中也起着重要作用。人在知觉某种对象时,总会利用过去的知识经验来解释感觉映象,反映事物所固有的特性,这样才能保证人能够以客观事物的实际意义来适应环境。

二、中学生感知觉能力的发展

中学生的感觉能力有了较大发展。研究发现,个体在 15 岁以后,其视觉和听觉的感觉能力甚至超过成人。初中生对各种颜色的区分能力比小学一年级学生高 60% 以上,对音高的分辨能力也比小学生高很多。

中学生的知觉能力也有了较大发展。研究发现,他们的空间知觉能力包括图形分解与组合能力、数学关系形象化表达能力、心理旋转能力、空间意识能力、空间定向能力、图形特征记忆能力、图形特征抽象与概括能力等都有了长足发展。高中生空间知觉能力结构中的因素数量多于初中生相应结构中的因素数量。在知觉整体性上，初中生已经具备了知觉整体性的特点，他们能对存在一定缺欠的事物进行修补。但是由于知识和生活经验所限，初中生常常忽略弱刺激而过分重视强刺激，从而做出不完全甚至错误的反映。对于恒常性，初中生很容易受到局部、片面的刺激的困扰，不能稳定不变地反映客观事物；而高中生能抓住事物的本质特征，更从容、灵活地使用各种概念、定理或规律，做到触类旁通、举一反三①。

三、中学生观察力的发展

个体感知能力的核心是观察力，因此其观察力发展的特点在某种程度上就代表了其感知能力发展的水平。中学生观察力的发展主要表现在以下几个方面：

（一）观察的目的性和自觉性不断提高

与小学生相比，初中生观察活动的目的性和自觉性有了很大提高。在没有成人陪伴的情况下，初中生能自觉排除干扰，将注意力集中在当前的认知活动中。但初中生的观察活动仍带有一定的被动性，往往需要成人的提醒或要求。高中生则能更为自觉、主动地确定观察对象和观察目的，独立完成较为细致的观察任务。

（二）观察的持续性不断增强

与小学生相比，中学生观察的持续性不断增强。研究表明，在一定的教学条件下，个体不需要较大意志力就能连续观察的时间不断延长：7～10 岁的儿童为 20 分钟左右，10～12 岁的儿童为 25 分钟左右，初中生为 40 分钟左右。

（三）观察的精确性不断提高

与小学生相比，中学生观察的精确性获得迅速发展。研究表明，初中生的视觉感受性比小学一年级学生提高 60％以上，其某些感受性甚至超过成年人，这使得他们对事物的观察更为准确。

（四）观察的概括性不断提高

中学生既能观察到事物的表面特征，也能由表及里、去伪存真、去粗取精地观察到事物的本质特征②。

---

① 邱莉.中学生认知与学习[M].北京:北京师范大学出版社,2013:28-29.
② 卢家楣.心理学基础理论及其教育应用[M].上海:上海人民教育出版社,1998:71.

第三节 记 忆

一、记忆及其特征

(一) 记忆概述

记忆是人脑对过去经验的保持和再现。记忆是通过识记、保持、再认或回忆三个基本环节在人脑中积累和保存个体经验的心理过程。识记是记忆的开端，是个体获得知识和经验的过程；保持是已获得的知识经验在头脑中储存和巩固的过程，是记忆的第二个基本过程；再认或回忆是在不同情况下恢复过去经验的过程，具体讲，再认是指过去经历过的事物再度出现时能加以确认，回忆是指过去经历过的事物不在面前，能把它重新回想起来。记忆的三个基本过程之间是相互依存、密切联系的。识记和保持是再认或回忆的前提；再认或回忆是识记和保持的结果，并能进一步巩固和加强识记和保持的内容。用信息加工的观点看，记忆是人脑对外界输入的信息进行编码、储存和提取的过程。其中，对信息的编码相当于识记过程，对信息的储存相当于保持过程，对信息的提取相当于再认或回忆过程。若储存在人脑中的信息在应用时不能提取或提取发生错误则称之为遗忘。

(二) 记忆分类

1. 根据记忆的内容进行分类

(1) 形象记忆

形象记忆是个体以感知过的事物的形象为内容的记忆。它保持的是事物的感性特性，具有鲜明的直观性，以表象形式储存。例如，我们所感知过的物体的形状、大小、体积、颜色、声音、气味、滋味、软硬、温冷以及人物的音容笑貌、自然景观等的记忆均属于形象记忆。因此，直观形象性是其显著特点。形象记忆按照主导分析器的不同，可分为视觉的、听觉的、触觉的、味觉的和嗅觉的等，一般以视觉和听觉的形象记忆为主。此外，人的形象记忆发展的水平受社会实践活动制约，如音乐家擅长听觉形象记忆，画家擅长视觉形象记忆，而大多数人的形象记忆属于混合型。人类的记忆都是先从形象记忆开始的，当婴儿能认知母亲或其他熟人的面孔，就表明他已具有形象记忆。

(2) 情景记忆

情景记忆是个体以亲身经历的、发生在一定时间和地点的事件(情景)为内容的记忆。情景记忆是由加拿大心理学家 E. 图尔文于 1972 年提出来的。在他看来，情景记忆接受和储存的信息和个人生活中的特定事件与某个特定的时间和地点相关,并以个人的经历为参照,是个人真实生活的记忆。例如,想起自己参加高考的画面,那严肃的场景和紧张的气氛历历在目。

（3）语义记忆

语义记忆又称语词逻辑记忆,是以语词所概括的对事物的关系以及事物本身的意义和性质为内容的记忆。这种记忆的组织是抽象的和概括的,它所包含的信息与特殊的地点、时间无关。例如,对概念、定律、法则、公式等的记忆,对"狗"的词义的记忆,对哥伦布发现美洲这一事实的记忆均是语义记忆。语义记忆是图尔文对应于情景记忆提出来的,受一般规则、知识、概念和词的制约,不易受各种因素的干扰,比较稳定,提取较为迅速。语义记忆是人类所特有的,与人的抽象思维密切联系。

（4）情绪记忆

情绪记忆是个体以体验过的情绪、情感为内容的记忆。当某情境或事件引起个人强烈或深刻的情绪、情感体验时,对情境、事件的感知,同由此而引发的情绪、情感结合在一起,都可保持在人的头脑中。在回忆过程中,只要有关的表象浮现,相应的情绪、情感就会出现。情绪记忆具有鲜明、生动、深刻、情境性等特点。情绪记忆既可能是积极愉快的体验,也可能是消极、不愉快的体验。积极愉快的情绪记忆对人的行为有激励作用,消极、不愉快的情绪记忆能降低人的活动效率。

（5）动作记忆

动作记忆是个体以过去经历过的身体的运动状态或动作形象为内容的记忆。例如,运动员对动作要领的记忆。动作记忆是以过去的运动或操作动作所形成的运动表象为前提,没有运动表象就没有动作记忆。因此,动作记忆具有易保持、易恢复且不易遗忘的特点。

2. 根据信息加工的方式进行分类

（1）陈述性记忆

陈述性记忆又叫事实记忆,是指个体对有关事件和事实性信息的记忆,主要回答"是什么"和"为什么"之类的问题。例如,对人名、地名、概念、定律等的记忆。陈述性记忆的特点:① 具有明显的可以言传的特征;② 记得快忘得也快;③ 陈述性记忆偏重认知;④ 从个体发展来看,陈述性记忆出现较晚。

（2）程序性记忆

程序性记忆又叫技能记忆,是指个体对具有先后顺序的活动的记忆,主要回答"如何做"之类的问题。程序性记忆是经过个体观察学习与实际操作练习而习得的记忆,主要包括对认知技能与动作技能的记忆两部分。例如,对打字、骑自行车、弹钢琴、心算等的记忆。程序性记忆的特点:① 具有难以言传的特征;② 开始习得时比较困难,但一旦掌握便很难遗忘;③ 程序性记忆是在认知的同时参与活动;④ 从个体发展来看,个体首先发展的是程序性记忆。

3. 根据再认或回忆时意识参与的程度进行分类

（1）内隐记忆

内隐记忆是指在无意识情况下，个体过去的经验自动对当前作业产生影响的记忆，有时又叫自动的无意识记忆。内隐记忆强调信息提取过程中的无意识，而并不关注识记信息的过程是否是无意识的。内隐记忆是近几十年来出现的一个较新的记忆研究领域。1974年，Warrington 和 Weiskrantz 在对遗忘症病人进行研究时发现，这些病人虽然不能回忆刚学过的词，但利用一些特殊的测验任务发现，这些词仍对病人的测验成绩有影响。例如，让患者学习一些常用的词汇，然后进行回忆或再认，他们的作业成绩很差。但如果给出那些已学过的单词的头几个字母，要求患者把这些字母补全成为一个词，结果发现，患者倾向于把这些字母填写成刚学过的词，而不是其他的词。这表明，被试存在着一种自动的、不需要意识参与的记忆。内隐记忆的特点是人们没有意识到自己有这种记忆，也没有有意识地去提取它，但它在特定的作业中表现了出来。

（2）外显记忆

外显记忆是指个体有意识地或主动地收集某些经验来完成当前作业的记忆。由于它对行为的影响是个体能够意识到的，因此又叫受意识控制的记忆。外显记忆的突出特点是强调信息提取过程的有意识性。例如，考试过程中学生对考试题目的回答。

内隐记忆与外显记忆的相同点是两者在识记和保持阶段没有什么不同，既可以是无意识的，也可以是有意识的。两者的不同之处在于回忆或再认时，外显记忆是有意识的，内隐记忆是无意识的。

4. 根据记忆对信息的编码方式及信息保持时间进行分类

（1）感觉记忆

当客观刺激停止作用后，感觉信息在一个极短的时间内被保存下来，这种记忆叫感觉记忆，又叫感觉登记或瞬时记忆，它是记忆系统的开始阶段，存储时间大约为0.25～2秒。

（2）短时记忆

短时记忆也叫工作记忆，是感觉记忆和长时记忆的中间阶段，保持时间大约为5秒至1分钟。

（3）长时记忆

长时记忆是指信息经过充分的和有一定深度的加工后，在头脑中长时间保留下来，这是一种永久性的存储。它的保持时间长，从1分钟以上到许多年甚至终身。

二、中学生记忆的发展

（一）工作记忆广度的发展

工作记忆是指在执行认知任务的过程中，暂时储存、加工信息的资源有限的系统。

工作记忆的广度是指在同时进行加工的条件下,个体能够回忆出的最大项目数量,是反映工作记忆能力的一个重要指标。

成人短时记忆的容量为 7±2 个信息单位。帕斯卡-里昂(Pascual-Leone)认为,短时记忆容量从 3 岁开始,每两年增加一个组块,直到 16 岁达到 7 个组块[1]。程灶火等人的研究表明,随着年龄的增长,数字记忆广度发展最快的阶段是在 7~8 岁,11~14 岁发展速度趋缓但仍呈上升趋势,到 14 岁时达到顶峰[2]。李德明等人对数字记忆广度的研究表明,16~19 岁左右测验的成绩最高[3]。陈国鹏等人的研究也认为,数字记忆广度在儿童期随着年龄增长而逐渐增加,并在 16 岁达到最高峰,以后开始衰退[4]。

(二) 记忆方式的发展

1. 有意识记占优势

有意识记指的是具有明确的识记目的,运用一定有助于识记的方法,需要做出意志努力的识记。无意识记指的是没有明确的识记目的,不需要任何有助于识记的方法,也不需要做出意志努力的识记。有意识记和无意识记都会随着儿童年龄的增长而发展,小学阶段是以无目的、无计划的无意识记为主导,逐渐向有目的、有计划的有意识记为主导过渡的阶段;随着儿童进入初中阶段,记忆的目的性、自觉性、主动性和积极性也随之明显增强起来。初中阶段的中后期则基本确立了有意识记为主导的地位,但有意识记还比较被动,其目的和任务还需要由成人提出;高中生能自觉地确定目的支配自己的识记活动。

2. 意义识记占主导地位

意义识记指的是通过理解材料的意义,把握材料内容的识记,其基本条件是识记者能理解识记材料并进行思维加工。机械识记指的是只根据材料的外部联系或表现形式,采取简单重复的方式进行的识记。

随着年龄增长,中学生的意义识记逐渐增强并占优势,而机械识记逐渐减弱并呈下降趋势。小学生的记忆仍以机械记忆占主导,小学生往往通过简单重复进行记忆;而初中生的意义识记开始占据优势,初中生会根据事物之间的内在联系进行记忆;到了高中阶段,学生的意义识记占据明显优势。

3. 抽象记忆逐渐占据主导地位

从记忆的内容来看,人的头脑里可以记住事物的形象,叫形象记忆;也可以用词来

---

① Pascual-Leone, J., Baillargeon, R. Developmental measurement of mental attention[J]. International Journal of Behavioral Development, 1994(1): 161-200.

② 程灶火,耿铭,郑虹.儿童记忆发展的横断面研究[J].中国临床心理学杂志,2001(4).

③ 李德明,刘昌,李贵芸.数字工作记忆广度的毕生发展及其作用因素[J].心理学报,2003(1).

④ 陈国鹏,王晓丽.短时记忆及其策略:一生发展的横断研究[J].心理科学,2005(4).

概括事物的抽象概念和思想，这称为抽象记忆。中学生的记忆内容逐渐由具体记忆过渡到以抽象记忆为主。高中生的记忆则基本上都是抽象材料，但作为理解抽象材料的感性支撑，形象记忆在高中阶段仍然发挥着重要作用。

第四节 思维和想象

一、思维及其分类

思维是人脑对客观事物间接的和概括的反映。它是借助于语言来揭示事物的本质特征及其内部规律的高级认知过程。间接性和概括性是思维过程的两大根本属性。所谓间接性，就是人凭借过去的知识经验进行推理、判断，来理解和把握那些没有感知过的或根本不能感知的事物的本质。所谓概括性，指的是在分析、研究感性材料的基础上，把一类事物共有的本质特征抽取出来，形成普遍意义的规律性认识。

思维因其复杂性，至今仍是心理学、医学等领域探究的热点问题。由于人们的认识角度不同，对其分类亦有很大不同。

（一）动作思维、形象思维和抽象思维

根据思维过程中的凭借物，可将思维分为动作思维、形象思维和抽象思维。

1. 动作思维

动作思维是以实际动作为支柱的思维，也称操作思维或实践思维。其特点是：任务是直观的，以具体形式给予的，解决的方式是具体直接的动作。比如，武术家对武术套路的探究、体操运动员对新动作的体会等都是动作思维。2 岁至 4 岁幼儿的思维活动离不开触摸摆弄，这也是动作思维，但这与成人的动作思维不同。成人的动作思维是以丰富的知识经验为中介，并且整个动作思维过程都是由内部语言进行调控的，而幼儿还没有完全掌握语言，其动作思维则是以纯粹的动作为中介的。

2. 形象思维

形象思维是用直观形象和表象解决问题的思维。其特点是具体形象性。按发展水平分三种形态：① 学龄前儿童（3 岁至 7 岁）的思维，只反映同类事物中一般的东西，不是事物所具有的本质特点。② 成人在接触大量事物的基础上，对表象进行加工的思维。③ 也称"艺术思维"。作家、艺术家在创作过程中对大量表象进行高度的分析、综合、抽象、概括，形成典型性形象的过程。形象思维是艺术家在创作活动中从发现和体验生活到进行艺术构思、形成艺术意象，并将其物化为艺术形象或艺术意境的整个过程中所采取的一种主要的思维方式。从信息加工角度来说，可以理解为主体运用表象、直

观、想象等形式,对研究对象的有关形象信息,以及贮存在大脑里的形象信息进行加工,从而从形象上认识和把握研究对象的本质和规律。形象思维的基本特点是形象性、想象性、粗略性、非逻辑性。

3. 抽象思维

抽象思维,也叫逻辑思维,是人们在认识活动中运用概念、判断、推理等思维形式,对客观现实进行间接的、概括的反映的过程,它是人类特有的一种思维方式。抽象思维凭借科学的抽象概念对事物的本质和客观世界发展的过程进行反映,使人们通过认识活动获得远远超出依靠感觉器官直接感知的知识。科学的抽象是在概念中反映自然界或社会物质过程的内在本质的思想,它是在对事物进行分析、综合、比较的基础上,抽取出事物的本质属性,撇开其非本质属性,使认识从感性的具体进入抽象的规定,形成概念。空洞的、臆造的、不可捉摸的抽象是不科学的抽象。科学的、合乎逻辑的抽象思维是在社会实践的基础上形成的。抽象思维深刻地反映着外部世界,使人能在认识客观规律的基础上科学地预见事物和现象的发展趋势。抽象思维对科学研究具有重要意义。

(二)聚合思维和发散思维

根据思维探索目标的方向,可将思维分为聚合思维和发散思维。

1. 聚合思维

聚合思维又叫求同思维、集中思维、辐合思维、会聚思维,是指把问题所提供的各种信息聚合起来,朝着同一个方向得出一个正确答案的思维,其主要特点是求同。这种思维是利用已有的知识经验或传统方法来解决问题的一种有方向、有范围、有组织、有条理的思维形式。例如,学生从书本的各种定论中筛选一种观点或寻找问题的一种答案;理论工作者依据许多现成的资料归纳出一种结论。

2. 发散思维

发散思维又叫求异思维、分散思维、辐射思维,是指从一个目标出发,沿着不同途径去思考,探求多种答案的思维,其主要特点是求异与创新。如把与"海"有关的词组找出来,人们就要沿着不同的方向去思考,这种思维无一定方向和范围,不墨守成规,不囿于传统方法,是由已知探索未知的思维。

聚合思维和发散思维是统一的。其统一性特别表现在创造性活动上。由于创造性思维中创造性产物不可能在原有的经验和办法中产生,所以它既需要发散思维,又需要聚合思维。只有通过发散思维,才能开阔思路、拓宽视野,从而提出多种新设想、新办法。因此,创造性首先表现在发散性上。但是创造性活动并非只有发散思维才能完成。其目的是要从中找到正确的新答案、最佳的新方案、最后的新结论等,这必须用聚合思维才能达到。创造性的产物,往往是发散思维和聚合思维共同发挥作用的结果。从这个意义上讲,发散思维是聚合思维的基础,而聚合思维则是发散思维的出发点和归宿,所以聚合思维是创造性思维的重要组成部分。

(三)直觉思维和分析思维

根据思维的结果是否经过明确的思考步骤和对过程是否有清晰的意识,可将思维分为直觉思维和分析思维。

1. 直觉思维

直觉思维是一种非逻辑思维,它是人脑对于突然出现的新问题、新事物和新现象迅速理解并做出判断的思维方式。如小高斯求和、牛顿从苹果落地而发现万有引力定律、阿基米德在浴缸中发现浮力定律、魏格纳在看地图时突然出现"大陆漂移"观念等。在一定程度上,直觉思维是逻辑思维的凝聚和简缩,具有敏捷性、直接性、简缩性、突然性、不可解释性等特点。

2. 分析思维

分析思维也称逻辑思维,它严格遵循规律、定理、原则等,做出判断分析与推导,最后得出合乎逻辑的结论或做出合理的解释和说明,是人们在认识过程中借助于概念、判断、推理等思维形式能动地反映客观现实的理性认识过程。只有经过分析思维,人们才能达到对具体对象本质规律的把握,进而认识客观世界。

(四)常规思维和创新思维

根据思维的创新程度,可将思维分为常规思维和创新思维。

1. 常规思维

常规思维也称再造性思维,是指人们运用已获得的知识经验,按现成的方案和程序,用惯常的方法、固定的模式来解决问题的思维方式。如学生运用刚学会的公式来解决问题。这种思维只是对原有知识进行简单加工,无须进行明显的改组,也不产生新的思维成果。

2. 创新思维

创新思维是指以新颖独创的方式来解决问题的思维。创新思维是人类思维的高级过程,是多种思维的综合表现。通过这种思维不仅能揭露客观事物的本质及其内部联系,而且能够产生新颖、独创、具有明显社会意义的思维成果。创新思维是人类创造力的核心和思维的最高级形式,是人类思维活动中最积极、最活跃和最富有成果的一种思维形式。人类社会的进步与发展离不开知识的增长与发展,而知识的增长与发展又是创新思维的结果。所以,创新思维比上述思维的其他形式,更能体现人的主观能动性。

二、中学生思维的发展

中学生思维发展的基本模式是由形象思维、抽象思维逐渐过渡到辩证思维,主要特点是思维逐渐符号化。根据皮亚杰认知发展阶段理论可知,中学生正处于形式运算思维阶段(11、12 岁及以上)。这个阶段的思维特点是:能在头脑中将事物的形式和内容分开,可以离开具体事物,根据假设进行逻辑推演;思维活动中的自我意识成分增多,思维的反省性和监控性明显提高;辩证思维能力增强;思维的创造性也迅速发展。

(一)青少年形式逻辑思维的发展特点

形式逻辑思维是个体抽象逻辑思维发展的初级形式。在青少年阶段,其形式逻辑思维的发展主要表现在概念、推理和逻辑法则的运用能力这三个方面。

1. 青少年的"概念"发展

概念是人脑对客观事物本质特征的认识,是抽象思维的基础。研究表明,进入青少年期之后,个体日益掌握了更多的抽象概念和更复杂的概念系统。

初、高中学生理解字词概念的能力存在着明显的年龄特征。大多数初中一年级学生是从功用性的定义或具体的描述水平,向接近本质的定义或做具体的解释水平转化。大多数初中二、三年级学生达到接近本质的定义或做具体的解释水平,或者是由这两类水平向对概念做本质定义的水平转化。这说明,初中二年级是掌握字词概念的转折点。进入高中阶段后,达到接近本质定义和本质定义水平的人次要比初中阶段多,掌握字词概念的数量也比初中多;同时,高中生还能较正确地对社会概念、哲学概念和科学概念做出定义。这说明,在正常的教学条件下,高中生能够对他们所理解的概念做出比较全面的、反映事物本质特征和属性的、合乎逻辑的定义。

初、高中生的分类能力可以分为四级水平。一级水平:不能正确分类,也不能说明分类的依据;二级水平:能够正确分类,但不能确切地说清分类的依据;三级水平:能够正确分类,但不能从本质上说明分类的依据,仅能从事物的某些外部特征或功用特点来说明分类的依据;四级水平:能够正确分类,并能从本质上说明分类的依据。研究表明,初中生对有关概念的分类处于从第三级水平向第四级水平过渡的状态中;高中生的分类能揭露事物的本质、理论性较强,其分类水平达到第四级水平的居多。所以,高中生所掌握的概念逐步摆脱了零散、片段的现象,日益成为有系统的、完整的概念体系。

2. 推理能力的发展

从 11 岁开始,青少年就已经具备各种逻辑推理能力。研究表明,初、高中学生在形成推理能力的发展上存在着一定的年龄特征。从初中一年级起,学生已具备了各种推理能力,但是不同年级间在推理发展水平和推理运用水平上具有明显差异:初一学生虽然已经开始具备各种推理能力,但还属于初级水平,特别是在直言、选言、复合、连锁等演绎推理方面的能力还比较差；初三学生的推理有了明显的发展，演绎推理的正确率已有显著提高。从高中一年级开始，学生的推理能力则有了明显的进步，各种推理能力都得到了较好的发展；高中二年级以后，学生的推理能力已基本达到成熟，各种推理能力都达到了比较完善的水平。

初中生逻辑推理能力的发展是不平衡的。总体来讲，归纳推理的能力高于演绎推理的能力。初中生在对各种演绎推理的掌握上有一个发展顺序，最先掌握的是直言推理，其次是复合推理和选言推理，最后是连锁推理。初中生推理运用水平的发展顺序：最先掌握的是排除推理中的干扰，其次是改正错误，最后是运用推理去解决问题。逻辑推理能力发展的不平衡性还表现在个体差异方面。

3. 运用逻辑法则能力的发展

初中生已经基本上掌握并能运用逻辑法则，他们对各类逻辑法则的掌握主要表现在对于矛盾律、排中律和同一律的认识上。我国的研究表明，在掌握以上三类逻辑法则的总平均得分的正确率上，初一学生为 68.26%，初三学生为 72.78%。而且，初中生掌握不同逻辑法则的能力也存在着不平衡性。在三类逻辑法则中，对矛盾律和同一律的得分明显高于在排中律上的得分；他们对逻辑法则运用的水平也不一样，在正误判断问题上的成绩最高，在多重选择问题上的成绩次之，最差的是回答问题的总成绩。到高中二年级，学生在掌握和运用逻辑法则方面已趋于成熟。同时，他们在掌握不同逻辑法则的能力上也存在着不平衡性，且其差异也表现在对逻辑法则的掌握以及应用水平上，与初中生的不平衡性相似。

（二）青少年抽象逻辑思维的发展特点

抽象逻辑思维是一种假设的、形式的、反省的思维。其基本特征是通过假设进行思维；思维具有预计性；思维具有形式化；思维活动中自我意识和监控能力显性化。在整个中学阶段，青少年的抽象逻辑思维得到了迅速的发展。

初中阶段，抽象逻辑思维的发展特点在其运用假设的能力上有所体现。皮亚杰认为，在形式运算阶段，"现实性"和"可能性"在个体思维中的主导地位发生了逆转。"可能性"已不像形式运算阶段之前那样，仅仅是个体行为或经验的延伸，它可能先于"现实性"的出现。事实和实验均表明，初中生在面临智力问题时，并不是直接去抓结论，而总是通过首先挖掘出隐含在问题材料情境中的各种可能性，再用逻辑分析和实验证明的方法对每种可能性予以验证，最后确定哪种可能性是事实。因此，对于初中生来说，他们已认识到了现实只是包含于由事实和假定构成的总体中的一个子集，它通常并不直接出现在我们面前，而需要用逻辑方法去搜寻。正是由于初中生已具有这种建立假设及检验假设的能力，才使得他们的思想相对于童年期更具有深度、广度、精确性和灵活性。虽然处于具体运算阶段（7～11 岁）的儿童在解决问题时也能产生一些初步的、与实际经验密切联系的假设,但他们运用假设、检验假设的能力具有极大的局限性。最明显的表现是一旦他们产生了一个对问题情境的可能性解释,就会立刻将它认定为事实。而初中生的情况恰恰相反,他们常用十分怀疑的态度认真地检验每个假设,甚至对那些看起来很怪异的假设也不放过,决不轻易承认任何一种可能性。中学生的形象思维趋于成熟,抽象逻辑思维开始占优势。

到了高中二年级,经验型向理论型的转化也初步完成,标志着他们的抽象逻辑思维趋于成熟。因此,逻辑思维的发展是中学生思维发展的重要内容[①]。高中生抽象逻辑思维的发展为其学业发展提供了必要条件。高中生能够将高级推理过程和逻辑思维过程运用到社会问题和伦理道德问题上。他们开始思考抽象的问题,包括政治问题、人际关系问题、哲学问题以及伦理道德问题等。

在初中一年级这个阶段,青少年已经开始接受形式逻辑推理方面的训练,比如代数运算、几何课上的定理等,这些知识都脱离了具体的情景,高度抽象,其获取依赖于演绎推理能力。对高中生的研究发现,高中生逻辑推理比较成熟,分析综合能力较强,抽象概括能力最好,高三学生的物理抽象思维优于高二学生。

整个青少年期,个体的抽象逻辑思维逐渐发展并进入成熟期。其标志为,从初中二年级到高中二年级,学生的抽象逻辑思维初步完成从经验型水平向理论型水平的转化。主要表现在下述三个方面:首先,各种思维成分基本趋于稳定状态,基本上达到了理论型抽象逻辑思维的水平;其次,个体的思维差异,包括在思维品质和思维类型上的差异已基本上趋于定型;最后,从整体上来看,思维的可塑性已大大减少,与成年期的思维水平基本保持一致,甚至在某些方面的思维能力还高于成人。

(三) 青少年辩证逻辑思维的发展特点

辩证逻辑思维是个体抽象逻辑思维发展的高级形式。辩证逻辑思维是个体通过概念、判断、推理等思维形式对客观事物辩证关系的反映,是个体抽象思维发展的高级形式,即对客观辩证法的反映。处于青年初期的高中生,辩证逻辑思维的发展与其自身的实践活动有密切的关系。随着年龄的增长,他们在学习、生活、活动及人际关系等方面,都需要有新的思维形式和思想方法,需要他们用对立统一的观点去分析问题,需要他们发展辩证逻辑思维。

在高中生的思维过程中,抽象与具体获得了一定程度的统一。其理论型的抽象逻辑思维迅速发展,在这种思维过程中,既包括从特殊到一般的归纳过程,也包括从一般到特殊的演绎过程,也就是从具体上升到理论,又用理论指导去获得具体知识的过程,这是辩证逻辑思维发展的重要表现。而且,高中生在实践与学习中,逐渐认识到一般和特殊、归纳和演绎、理论和实践的对立统一关系,并逐步发展以全面的、运动变化的、统一

① 林崇德.发展心理学[M].北京:人民教育出版社,2019:12.

的观点认识问题、分析问题和解决问题的能力,这都是高中生辩证逻辑思维发展的标志。

研究表明,青少年辩证逻辑思维发展的趋势是:初中一年级学生已经开始掌握辩证逻辑的各种形式,但水平较低;初中三年级学生的辩证逻辑思维处于迅速发展阶段,是一个重要的转折时期;高中学生的辩证逻辑思维已趋于优势地位。

(四)思维的自我监控能力显著增强

思维的监控是指为了保证达到预期的目的,在思维过程中将思维个体作为意识的对象,不断对其进行积极主动的定向、控制、调节的能力,是元认知能力的重要成分。

对中学生自我监控能力发展特点的研究发现,随着年龄的增长,其水平不断提高,表现为:在计划性方面,初步思考时间延长,停顿次数减少;在监视性方面,悔步次数逐渐减少;在有效性方面,认知操作的总时间减少,错误次数也逐渐减少;自我监控中的计划性和监视性也影响认知操作的速度和准确性[1]。对数学学科自我监控能力的研究发现,中学生数学学科自我监控能力随年龄增长及数学知识的积累而不断发展,这种发展具有阶段性特征,符合从局部监控到整体监控、从他控到自控、从不自觉到自觉再到自动化的基本规律,敏感性、迁移性逐渐增强[2]。

初中生思维的自我监控能力开始发展,能根据思维活动的结果,对简单的思维活动进行一定的调节,但这种调节只是初步的,这与其思维的计划性不够完善有关;另一方面,他们主要依靠思维活动结果的反馈信息调节思维活动,不善于在思维过程中对思维活动进行控制。在高中阶段,随着高中生对思维方法和相应逻辑规则的掌握日益熟练,他们思维的自我监控能力有了明显的提高,能够根据需要确定解决问题的思路,并在思维过程中对思维活动进行监控,以确保思维活动的正确性和高效率。

(五)思维的创造性的发展

创造性思维是重新组织已有的知识经验,提出新的方案或程序,并创造出新的思维成果的思维活动。创造性思维是人类思维的高级过程,是人类意识发展水平的标志。创造性思维的过程有五个阶段:① 定向阶段:创造性思维的开始阶段,对问题进行定义和确定问题中的重要维度。② 准备阶段:搜集有关资料和信息,积累知识经验。③ 酝酿阶段:对问题和资料进行深入的探索和思考。④ 顿悟阶段:思想火花的闪现阶段,顿悟或一系列顿悟的产生标志着酝酿阶段的结束,一下子发现问题解决的办法。⑤ 验证阶段:检验并批判性地评价在顿悟阶段获得的问题解决方案[3]。

我国青少年创造力从小学四年级起呈上升发展趋势,六年级到初一时水平明显提

① 沃建中,林崇德.青少年自我监控能力的发展研究[J].心理科学,2000(1).
② 章建跃,林崇德.中学生数学学科自我监控能力的发展[J].中国教育学刊,2000(4).
③ [美]D.库恩.心理学导论——思想与行为的认知之路[M].郑刚,等译.北京:中国轻工业出版社,2004:4-8,409.

升，到初三时达到最高峰，进入高中后，其水平有所下降并呈稳定状态①。

三、想象及其特征

想象是人脑对已有表象进行加工改造而创造新形象的过程。想象在人类的认识和实践活动中意义重大，人类的创造性活动往往伴随着想象的过程。想象是人们改造现实的创造性活动的前奏。

形象性和新颖性是想象活动的基本特点。形象性是指想象处理的对象主要是直观生动的图像信息，而不是词和符号。新颖性是指想象产生的新形象不同于个体亲身感知过的、简单再现于人脑中的记忆表象，而是在已有表象的基础上通过加工改造而产生的有关事物的新形象。例如，当我们读马致远的《天净沙·秋思》时，我们会根据头脑中已储存的枯藤、老树、昏鸦、小桥、流水、夕阳、瘦马等表象，加工组合而形成一幅凄凉凝重的"秋暮羁旅图"。宋代画院的考题"踏花归来马蹄香""深山藏古寺""野渡无人舟自横"等，使我们想起的又是另外一些画面。所有这些"图景""画面"都是我们的头脑中过去所没有的，完全是新的形象，它们都是通过想象来实现的。

按照想象时是否具有目的性和自觉性，可将想象分为不随意想象和随意想象。根据想象内容的独立性、新颖性和创造性程度的不同，又可将有意想象分为再造想象和创造想象。再造想象是创造性水平较低的一种想象。创造想象是指不依据现成的描述而独立创造出新形象的过程。创造想象是人类创造性活动的一个必不可少的因素，是创造活动顺利开展的关键。

四、中学生想象的发展

（一）中学生的想象具有较强的随意性

想象的随意性主要表现为有预定的目的、能在一定的意志努力下自觉地确定想象的目的和任务，并能围绕目的展开想象。这种想象活动具有一定的预见性和方向性。小学生能够按照教师的要求进行想象，并表现出一定的随意性。例如，小学生能围绕一定的主题进行构思并作文。但小学生的想象往往是被动的，容易受到外界环境的干扰而脱离想象主题。初中生则能较好地围绕主题进行想象，同时排除其他因素的干扰，但是其想象还是具有一定的被动性，不善于主动提出想象的任务。到了高中阶段，高中生不仅能够完成内容复杂的想象任务，还能主动地提出想象任务。

（二）中学生想象的创造性逐渐占据优势

随着想象的认知操作能力的提高，中学生想象的创造性得到了很大发展，并逐渐占

---

① 沃建中，王烨晖，刘彩梅，林崇德.青少年创造力的发展研究[J].心理科学，2009(3)：5.

据优势。但是,中学生想象的创造性得到普遍提高的同时,其创造性水平也出现较大的分化,有些中学生想象的创造性发展较快,水平较高;而有些中学生想象的创造性发展较慢,水平较低。这主要与学生缺乏创造意识、缺乏必要训练以及积累的表象内容过于贫乏有关。

(三) 中学生的想象更富于现实性

中学生的想象能更精确、完整地反映客观现实,具有较高的现实性。这不仅表现在中学生能更为精确地反映对象细节,还能更好地反映对象的整体与结构。此外,中学生能主动抑制不符合现实的想象,其想象中的虚构成分逐渐减少。同时,由于生活经验的积累,特别是科学知识的积累,中学生能较好地区分什么是现实的,什么是虚构的。比如,中学生对童话类故事的兴趣大大降低,而更喜欢富于现实性的文艺作品。

章小结

中学阶段,个体认知发展进入质的飞跃的阶段。在这一阶段,注意逐渐发展和深化,从无意注意为主向有意注意过渡,注意的品质得到了改善,主要表现在注意的稳定性迅速提高,注意的广度也有了较大提高,注意的分配能力也有了一定程度的发展,但还不够成熟。中学生观察的目的性和自觉性不断提高,观察的持续性、精确性和概括性不断提高。在记忆的发展上,中学生的有意识记占优势,意义识记占主导地位,抽象记忆逐渐占主导地位。中学生的思维也有了较大的发展,他们能根据假设进行逻辑推演;思维活动中的自我意识成分增多,思维的反省性和监控性明显提高;辩证思维能力增强;思维的创造性也迅速发展。在想象的发展上,中学生的想象具有较强的随意性,想象的创造性逐渐占据优势,也更富于现实性。

思考训练

一、名词解释

注意　感知觉　记忆　思维　想象

二、简答题

1. 简述中学生注意力的发展特征。

2. 中学生的观察力表现出怎样的发展特征?

3. 中学生记忆方式的发展表现出怎样的特征?

4. 根据思维过程中的凭借物,思维可以分为哪些类别?

5. 简述中学生思维能力的发展特征。

三、论述题

1. 结合学科特点论述如何提高中学生的观察能力。

2. 联系实际论述如何提高中学生的创造性思维能力。

拓展阅读

人工智能

从感觉到记忆再到思维这一过程,称为智慧。智慧的结果就产生了行为和语言,对行为和语言的表达过程就是能力,两者合称"智能"。人工智能(Artificial Intelligence,简称 AI),是通过设计计算机系统来模拟人类思维进行智能活动的一门科学。也就是用人为的方法模仿人类的智能。简单地说,人工智能就是让机器去思维,去解决问题。人工智能是计算机科学的一个分支,它是研究、开发用于模拟、延伸和扩展人的智能的理论、方法、技术及应用系统的一门新的技术科学。它企图了解智能的实质,并生产出一种新的能以与人类智能相似的方式做出反应的智能机器,该领域的研究包括机器人、语言识别、图像识别、自然语言处理和专家系统等。现在,人工智能专家面临的最大挑战就是如何构建一个庞大的系统,去模拟数以百亿计的神经元组成的人脑所具有的功能。

人工智能的真正开始是 1943 年计算机的发明。其理论先驱是心理学家郝伯特·西蒙(Herbert Simon)。该理论的研究内容就是通过对能够模仿或匹敌于人类思维过程的计算机系统的设计,在理论上弄清楚人是如何思维的。其目的就是建立一套能够处理信息、解决问题、学习经验和储存记忆的认知的统一理论(unified theory of cognition)。随着技术的快速进步,人类现在已经使得机器确实可以仿真人类的很多智能行为,而且这种模仿的进步速度越来越快。高性能的智能机器人已经深入各种领域,可以进行机器证明、机器翻译、机器管理、机器教学、语音识别,甚至可以对复杂的疾病进行诊断,我们的生活已经深深受到人工智能的影响。

第**3**章 中学生情绪情感发展

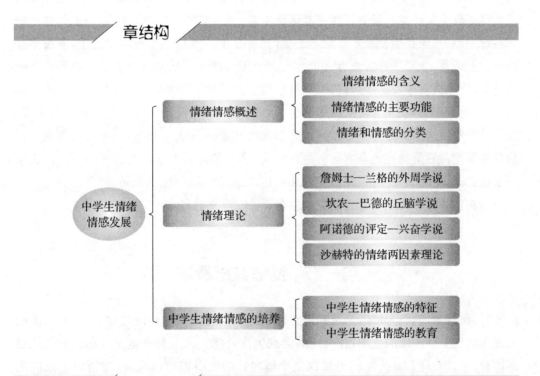

中学生情绪
情感发展
- 情绪情感概述
  - 情绪情感的含义
  - 情绪情感的主要功能
  - 情绪和情感的分类
- 情绪理论
  - 詹姆士—兰格的外周学说
  - 坎农—巴德的丘脑学说
  - 阿诺德的评定—兴奋学说
  - 沙赫特的情绪两因素理论
- 中学生情绪情感的培养
  - 中学生情绪情感的特征
  - 中学生情绪情感的教育

章首语

我们每天都体验着这样或那样的情绪,但是情绪对我们的影响存在极大的个体差异,这与我们对自身情绪的认识、调节水平有关。本章围绕情绪情感的心理学知识展开。首先我们会了解情绪情感的定义,情绪与情感的区别与联系,情绪情感产生时伴随的机体内部和外部变化。然后,我们将学习有关情绪情感的四个基本理论,分别是詹姆士—兰格的外周学说、坎农—巴德的丘脑学说、阿诺德的评定—兴奋学说以及沙赫特的情绪理论。在本章的第三节,我们将立足于中学生这个特定的教育对象,分析总结中学生情绪发展的主要特征,针对这些特征谈谈如何进行针对性的教育引导。作为教师,首先应了解良好情绪的标准是什么,然后根据这些标准尝试帮助中学生培养良好的情绪,同时也教会中学生一些情绪调节的方法来控制和有效应对不良情绪。

━━ **关键词** ━━

情绪；情感；面部表情；情绪调节

━━ **情境导入** ━━

在很多年以前，有一个叫爱地巴的人。他每次生气要和人起争执的时候就赶紧跑回家绕着自己的房子和土地跑三圈。他很勤劳努力，所以房子越来越大，土地也越来越多。但是他生气时跑三圈的习惯一直保持多年，让大家都很疑惑。直到有一天，他已经老得跑不动，只能拄着拐杖艰难地走三圈，他的孙子问道："您年纪这般大了，周围谁也没您的土地多，您可不可以告诉我为什么一生气就绕着土地跑三圈呀？"他禁不住孙子的恳求，终于说出来心里的想法："年轻时，我生气了就跑三圈，边跑边想，'我的房子这么小，土地这么少，我哪有时间和资格去跟人家争执斗气哟？'这么一想我就消气了，把所有时间都用来努力劳动。"孙子问："那您现在已经是最富有的人，为什么还要跑呢？"他笑着答道："可是我还是会有生气的时候呀，我年纪大了生气时跑三圈，就会想'我的房子这么大，土地这么多，又何必与人斤斤计较呢？'这么一想，气就消了。"

请在完成本章的学习后谈谈故事中蕴含的心理学思想。

第一节 情绪情感概述

"人非草木，孰能无情"，情绪和情感是心理学研究的三种心理过程之一，为人类的心理活动染上了不同的色彩，让人们品尝到生活百味。人人都有这样或那样的情绪情感体验，但是心理学家关注的不仅仅是个体独特的情绪情感体验，还对情绪情感的内涵、特征、功能、种类等问题进行了深入研究，这些研究为我们深入认识这种心理过程提供了机会。

一、情绪情感的含义

（一）情绪和情感的概念

情绪情感在日常生活中虽然极为普遍，给它下一个普遍接受的定义却并不容易。事实上，哲学家和心理学家为此已经争论了 100 多年，但仍然没有达成一致。由于各自关注的视角不同，或者关注的成分与特征不同，因此情绪情感的定义也存在很大的取向差异，比较有影响力的就有身体知觉取向、进化论取向以及认知主义取向等[1]。为了便

---

[1]　傅小兰.情绪心理学[M].上海:华东师范大学出版社,2016:2-4.

于理解,我们选取表述更为简洁且在国内同类教材中普遍认可的定义:情绪情感是人脑对客观刺激的态度体验,反映了客观刺激与主体需要之间的关系。

在这个定义中,有两层意思应该重点把握。第一,情绪情感的产生源于客观刺激。心理是人脑对外部世界的反映,情绪情感作为心理现象也符合这一界定。离开了具体的外部客观刺激,情绪情感就像是无源之水,无从产生。换句话说,正常个体情绪情感的产生总是有客观原因的,即使这个客观原因有时可能没有被个体自身明确意识到。

第二,情绪情感的产生与个体需要有密切关系,以个体的需要为基础,以个体的需要是否能得到满足为前提。具体来说,当客观刺激能够满足个体的需要时,就可以令个体产生积极的体验和感受;当客观刺激不能满足个体的需要时,则令个体产生消极的体验和感受。譬如一个榴莲,可以让喜欢吃它的个体产生积极的主观体验和感受,是因为喜欢吃榴莲的个体对榴莲有需要,吃到榴莲就会满足这种需要。同样是一个榴莲,对于讨厌吃它的人来说则极易产生消极的主观体验和感受,因为讨厌吃榴莲的个体对榴莲是没有需要的。当然,由于客观世界的复杂性,以及人的需要的多样性,有些时候某些客观刺激可能会令人产生多种不同的情绪情感体验,譬如“悲喜交加”就是这种情况。另外,人的需要是可以变化的,因此同样的刺激在这个时间点带给人的情绪体验和另一个时间点带给人的情绪体验可能是截然不同的。

(二) 情绪和情感的关系

虽然情绪和情感在生活中经常会被替换混用,但是在心理学研究中却是一对既有区别又有着紧密联系的概念。

1. 区别

(1) 产生基础不同。一般来说,情绪是与生理需要的满足与否有关的主观体验,而情感是与社会需要的满足与否有关的主观体验。

(2) 出现时间不同。在个体发展的过程中,生理需要的出现早于社会需要,所以情绪的发生也早于情感的发生。

(3) 存在主体不同。从种系发展的角度看,生理需要是人和动物共有的,社会需要则是人所特有的,所以情绪现象是人和动物共有的,但情感现象只有人类才会有。

(4) 稳定性、深刻性程度不同。一般来说,情绪具有情境性和动摇性。情境性和动摇性是指情绪的产生往往是由外部情境的变化而引起的,譬如漂亮的外表、美妙的味道、恶心的气味儿、凶狠的样子等都可以是引发我们情绪反应的刺激。情境中的刺激一旦发生变化,情绪也会相应地出现变化。譬如你看到一只狗跑过来,你可能因此而恐惧,怕它会攻击你,但是当这只狗跑过你身边渐渐远去,你的恐惧就消失了。情感具有深刻性和稳定性,因为情感的产生与社会性需要有关,而这类需要的满足是要经过相对长期的、深入的认识才能实现的,也就是说情感的产生往往与社会认知等复杂观念有关,一旦产生就具有相当的稳定性,保持时间要比情绪相对持久得多,不会因为一个情境的即时变化就轻易改变,譬如我们常说的"爱与恨"就是情感的典型代表。

(5) 外显程度不同。情绪具有外显性,是指情绪往往伴随着比较明显的外部表现,譬如"恐惧得瞪大了眼睛""开心得哈哈大笑""气得咬牙切齿"等;与此不同的是,情感往往具有内隐性,显得更为深沉和隐蔽,尤其是在个体不愿意表露或不擅长表露时,往往不易让人察觉。当然,情感并非完全不能被他人所觉察,而是可以通过一些具体的情绪表露出来。

2. 联系

情绪和情感虽然在产生基础、出现时间、稳定性和深刻性程度以及表现方式上有所区别,但是两者也有着密切的联系,相互之间可以转化。

情绪是情感的外在表现,而情感是情绪的本质内容;情绪变化受情感制约,而情感又在各种变化的情绪中得以体现;情绪和情感彼此难以分离,是同一事物的不同侧面。

(三) 情绪情感的主要生理特征及表达方式

在日常生活中,当情绪情感发生时,令人们印象深刻的可能就是主观体验与感受,但是,我们的机体其实也同时产生着一系列的反应,包括内部的反应和外部的变化。

1. 内部变化

首先来了解一下机体内部的反应。一般来说,明显的精神紧张和其他负性的情绪体验会伴随着交感神经系统的激活增强。[1] 交感神经系统的激活增强会导致身体的各个系统产生这样的一些变化:

血液循环系统出现心跳加快、血压升高、血液中血糖和氧气的含量明显增高等;

呼吸系统出现呼吸频率明显加快或减慢;

消化系统出现消化液分泌减少,譬如胃液、胆汁等分泌被抑制;

皮肤出现汗腺分泌增强、体温下降、皮肤表面电阻降低等;

内分泌系统出现波动,譬如肾上腺素大量分泌或抗利尿素分泌被抑制等。

正是因为情绪,特别是负性情绪有这些明显的生理反应,所以心理学在研究情绪的时候常用各种生理指标来评定个体是否处于某种情绪唤醒状态,譬如心率、皮肤电阻等。[2]

那么,积极情绪是否也会伴随着类似的或不同的生理反应呢? 对此问题的研究并

---

① [美]Michelle N. Shiota, James W.Kalat. 情绪心理学[M].2 版.周仁来,等译.北京:中国轻工业出版社,2016:82.

② [美]Michelle N. Shiota, James W.Kalat. 情绪心理学[M].2 版.周仁来,等译.北京:中国轻工业出版社,2016:87.

没有得到一致的结论,但是至少有研究发现积极情绪可以帮助那些处于负性情绪唤醒状态下的个体更快地恢复生理上的基线水平,即降低交感神经系统的激活水平,使身体机能趋于平静。[①]

2. 外部变化

情绪状态下机体通常也会有一些外部变化,这些变化因为起到了表达情绪的作用,所以通常称为情绪表达或表情,具体可分为面部表情、肢体表情和言语表情。

面部表情是指通过面部的肌肉和神经控制产生的面容变化来表达情绪,如"眉开眼笑""眉头紧锁""怒目而视""嘴角紧抿"等。

肢体表情又称身段表情或姿态表情,是指通过躯体的姿态表达情绪,如"捶胸顿足""趾高气扬""垂头丧气""捧腹大笑""手足无措"等。

言语表情是指不考虑说话内容时通过说话人在语调、语速、语气、节奏等方面的变化来表达情绪,如"慷慨激昂""厉声呵斥""吞吞吐吐""轻言慢语""柔声细语"等。

情绪表达有一定的跨文化一致性,是种系遗传的结果,有一些先天盲的个体在一些面部表情上与视觉正常的个体并无差异,这就说明一些情绪表达是不需要通过模仿学习就可以拥有的。当然,也有一些情绪表达是带有文化色彩或者说具有文化差异的,譬如"耸肩"这一肢体表情,在西方文化下表现得更普遍。

二、情绪情感的主要功能

(一) 信号功能

情绪表达在人际间具有传递信息的功能,"眉目传情"就是此意。人际交往是需要沟通和表达的,但这种沟通和表达并不是单纯依靠言语的输出和输入来实现。除了言语内容之外,情绪表达也承载着很丰富的信息,甚至在有些时候会比言语内容本身传递的信息更加真实可靠。"口是心非"或"辞不达意"都说明言语内容有些时候传递的信息并不准确,但情绪表达往往是内心真实感受的外部表现,观察力敏锐的个体往往很擅长捕捉这一类信号。因为情绪一旦产生,绝大多数个体都会有所表达,对于表达方而言,无论是面部、肢体还是言语的表达都可以成为表达方释放的信号,这些信号被接收方注意并观察和解释,从而产生对表达方当前情绪状态的推断和理解,进而决定是否要采取相应的措施来回应表达方的情绪。譬如在人际交往时,地位相对更高的个体通常会表现出更多的愤怒,地位相对更低的个体则对上位者的情绪表达十分敏感,会根据情绪表达的信号来调整自己的言行。

---

① ［美］Michelle N. Shiota，James W. Kalat. 情绪心理学［M］.2 版.周仁来,等译.北京:中国轻工业出版社,2016:96.

（二）动机功能

情绪是一种常见的动机来源,能够激发和维持个体的行为。在学习领域,情绪的动机功能极为普遍。以好奇心为例,好奇心是学习过程中很重要的一种学业情绪,对未知知识的好奇心可以促使学习者做出积极学习的行为。类似地,考试来临之际学习者往往会感到很焦虑,在这种焦虑的驱使下学习者会抓紧有限的时间做出积极复习的行为。在日常生活中,情绪也是重要的动机来源。譬如发生人际冲突时,如果产生了极度愤怒的情绪又缺乏足够的自我调节的能力,个体特别容易在愤怒的驱使下做出攻击行为。

（三）组织功能

组织功能是指情绪会对个体的其他心理过程(如记忆、感知觉、思维决策等)产生重要的影响,也可称为调节功能。这里的影响可能是积极的,也可能是消极的。一般来说,正性的情绪往往起到的是积极的影响,对其他心理过程有促进或协调的作用,而负性的情绪多数产生消极的影响,对其他心理过程有破坏、阻碍或瓦解的作用。[①]

（四）适应功能

有学者认为,情绪在本质上是个体在进化过程中对来自外部环境的各种挑战和机遇的适应[②]。通俗地说,外部环境提出了对个体的特定要求,个体则在情绪的帮助下做出恰当的应对行为,是适应外部环境的要求,从而最大限度地增加生存和发展的机会。在个体生命早期,由于还没有形成言语能力,所以新生儿或婴儿与成人之间的交流基本就是通过情绪表达来完成的,婴儿的哭泣或微笑都会引起成人的关注和回应,从而帮助婴儿得到有效的照护,提高生存的机会。同样的道理,身处危险之中时,我们会体验到恐惧,恐惧会让我们做出逃跑的行为,这样就能帮助我们远离危险。“初生牛犊不怕虎”,这意味着牛犊看到老虎时不会感到恐惧,不恐惧就不知要逃跑,那么被老虎吃掉的风险就很大。所以,情绪能够帮助我们更有效地应对生活中的各种刺激情境,帮助我们适应环境要求。

（五）感染功能

作为社会性的动物,人们在日常生活中难免受到他人的影响,其中有一种影响就是他人情绪的感染。在《琵琶行》中,诗人写道“同是天涯沦落人,相逢何必曾相识……座中泣下谁最多? 江州司马青衫湿”,生动地描写了诗人及友人与素不相识的琵琶女通过

---

① Yegiyan N S, Yonelinas A P. Encoding details: positive emotion leads to memory broadening[J]. Cognition and Emotion, 2011,25(7).

② Oatley, K. & Johnson-Larid, P. N. Towards a cognitive theory of emotions[J]. Cognition and Emotion, 1987,1(1).

音乐架起的桥梁产生了情绪情感上的共鸣,这种在特定的情境中个体情绪受到周围人情绪的影响而趋于同步的现象就是情绪感染功能的表现。在日常的家庭生活中,父母作为孩子的重要他人,父母的情绪状态也对孩子有着重要的影响作用。当父亲或母亲心情不好时,家庭中其他成员的心情往往也会低落,这也是情绪感染功能的表现。

(六) 健康功能

健康功能也可以称为保健功能。由于情绪的产生总是伴随着包括自主神经系统、内分泌系统等在内的一些生理反应,所以情绪对我们的身体健康就有了不可忽视的重要影响。在我国古代医书中就有这方面的论述,认为"七情内伤"是以外界刺激引起情志异常为主因,作用于内脏导致内脏阴阳气血失调而发病。[1] 在现代医学中则有心身疾病的概念,是指心理社会因素在疾病发生发展过程中起重要作用的躯体器质性疾病。[2] 由此可见,情绪对人们的身体健康有很大的影响作用:负性情绪如焦虑、愤怒、抑郁等如果频繁产生,持续存在,或者强度过大都会损坏我们的身体健康;正性情绪则有益身体健康,正如俗话说的那样,"笑一笑,十年少"。

三、情绪和情感的分类

(一) 情绪的分类

情绪分类的观点很多,中国古代的《礼记·礼运》中提出:"何谓人情? 喜、怒、哀、惧、爱、恶、欲七者弗学而能。"这是我国"七情说"的版本之一。我国传统中医学则提出了另一版本的"七情说",即"喜、怒、忧、思、悲、恐、惊"。[3]《白虎通·情性》提出的是六分法,认为"人所外露之情感可分为'喜、怒、哀、乐、爱、恶'"。[4] 美国心理学家保罗·艾克曼(Paul Ekman,1934—)采取的也是六分法,指出六种基本情绪分别是快乐、悲伤、愤怒、恐惧、厌恶和惊奇。他的观点得到了多数情绪研究者的认可。[5] 具体来说,快乐是个体期待的目的实现后解除紧张继而产生的情绪体验,快乐程度取决于期待实现的意外程度,越意外越快乐;悲伤是个体失去了有价值的事物产生的情绪体验,价值越大越悲伤;愤怒是目的因为挫折无法实现而产生的情绪体验,挫折原因越不合理或来自他人的恶意越令人愤怒;恐惧是无法摆脱可怕刺激而产生的情绪体验;惊奇是由不符合信念或预期的刺激引发的情绪体验;厌恶是由令人反感的刺激诱发的情绪体验。

但是,我国心理学界在这一问题上更倾向于接受苏联心理学界的观点,按照强度和

---

[1]　李丹,刘俊升.健康心理学[M].上海:上海教育出版社,2014:97.
[2]　李丹,刘俊升.健康心理学[M].上海:上海教育出版社,2014:271.
[3]　贾林祥,张新立.心理学基础[M].南京:南京大学出版社,2014:131.
[4]　傅小兰.情绪心理学[M].上海:华东师范大学出版社,2016:71.
[5]　傅小兰.情绪心理学[M].上海:华东师范大学出版社,2016:71.

持续时间等维度的不同特征综合考虑,将情绪分为心境、激情和应激三种类别。

1. 心境

心境是一种微弱而持久的情绪状态,具有弥散性和渲染性。心境的强度虽然不大,但持续时间长,就像是一种情绪背景,给个体在一段时间内的各种心理现象定下了基调,类似于涂上了某种相应的情绪色彩。在不同心境的作用下,个体对外部世界的反应也会有所不同。所谓"情哀则景哀,情乐则景乐;忧者见之而忧,喜者见之而喜"描述的就是心境的作用。① 心境的产生原因很多,生活中的重大事件、生活环境的巨大变化、人际关系的状况或者自身角色与地位的转变等都是可能的原因。需要特别指出的是,身处顺境时人们的心境大多相似,身处逆境时个体的心境却可能会有极大的差异:心志坚定、目光长远或生性豁达的人可以持有更加乐观平和的心境,而脆弱敏感的人往往沉浸于消极悲观的心境之中不能自拔。

2. 激情

激情是一种强烈爆发但持续时间短暂的情绪状态,具有爆发性和冲动性。激情的形成过程往往十分迅速,且强度极大,处于激情状态中的个体自控水平下降,对行为的控制能力减弱,容易冲动行事。

根据引发的后续行为性质的不同,可以将激情区分为积极的激情和消极的激情。积极的激情能够调动个体身心的潜能,朝着正确的目标超常发挥出自己的全部实力,如打仗之前的战前动员,如果工作做得充分到位,将士们就会产生积极的激情,在战场上格外勇猛。消极的激情恰好相反,调动个体身心的潜能朝着错误的目标行事,极易造成破坏性、危害性巨大的后果,"一失足成千古恨"就是消极激情致人失去理智冲动犯错的写照。因此,我们应鼓励人们利用积极的激情,警惕和努力控制消极的激情。

3. 应激

应激是各种强烈刺激作用于有机体而引起的一系列非特异性生理反应。② 通俗地说,应激就是突发刺激引起的一种情绪状态,以猝不及防而来的高度紧张为最主要的主观感受,往往伴随强烈的生理反应。如果应激时间过长,个体会有超负荷的感觉,身心交瘁,对身体健康造成伤害。

因为应激往往是由突发的强烈刺激引起的,所以在生活中最为明显的应激源就是突然降临的天灾或人祸,如地震、车祸、暴乱等。这些灾难性事件往往会导致幸存者出现创伤后应激障碍(Posttraumatic Stress Disorder,PTSD)。这是一种延迟性、持续性的心身反应,是应激的心理与行为反应的综合体现。有此症者会对创伤情境有专注的

---

① 贾林祥,张新立.心理学基础[M].南京:南京大学出版社,2014:133.

② 李丹,刘俊升. 健康心理学[M].上海:上海教育出版社,2014:28.

记忆,不由自主地反复回想起、梦到或联想到创伤情境,伴有持续的过高警觉性或过分的惊吓反应,还有部分个体会表现出严重的情绪障碍。因此,对于经历了严重刺激事件的个体应予以高度的关注,给予及时的专业辅导救助。[1]

在日常生活和工作学习中通常不会发生天灾人祸,但也可能让个体出现应激反应。譬如领导突然的检查或下达紧急任务,老师在学生没有心理准备的情况下叫起学生当堂回答有难度的问题或突袭式的课堂测验,都可以成为应激的诱发刺激。有时诱发刺激的强度并不大,但如果频繁出现,日积月累也可能伤害健康。譬如亲子关系紧张,时常争吵发火,敏感一些的个体就可能因此持续地精神紧张,一旦累积起来的强度超过了个体能够承受的水平,就会导致心理或生理的疾病。

根据应激对个体心理和行为的即时影响不同,可以分为积极与消极两种情形。积极的应激表现为个体能在短时间内调动心理能量和生理能量做出及时恰当的应对,譬如"急中生智"就是此类情形。消极的应激表现为个体在心理层面出现意识狭窄、生理层面出现机体失控等状况,譬如头脑一片空白、两腿发软、浑身无力等就是此类情形。

真 题 链 接

当志君看到他喜欢的中国乒乓球队在 2020 年东京奥运会获胜时,欣喜若狂。这种情绪状态属于( )。

A. 心境   B. 激情   C. 应激   D. 热情

(二) 情感的种类

根据苏联心理学界的观点,情感也被分为三种类型:道德感、理智感和美感。

1. 道德感

道德感是指与人的道德需要得到满足与否有关的情感体验,譬如爱国主义情感、国际主义情感、集体荣誉感、义务感、责任感和羞耻感等。当个体形成了一定的道德观念和行为准则后,会依据这种观念或准则去评价自己和他人的言行举止,如果评价结果是符合自己的道德观念或准则的,个体就会产生积极的道德情感体验,譬如自豪感、正义感、热爱感等,反之则会产生消极的道德情感体验,如羞耻感、憎恨感、负罪感等。

道德感对个体的道德行为有很大的影响作用。但是道德感受到个体自身道德发展水平的限制,同样的行为在一些道德发展水平高的个体眼中可能是有违道德准则的,在道德发展水平低的个体眼中则可能是符合道德准则的,因此个体差异比较大。除了个

---

[1] 李丹,刘俊升. 健康心理学[M].上海:上海教育出版社,2014:35.

体间的差异以外,道德准则的形成还受到特定历史时代以及文化的影响,所以不同社会制度、历史时期、文化背景下的道德准则具有明显的差异,相同的道德行为引发的道德情感也可能会有所不同。

2. 理智感

理智感是指在智力活动中,个体的认知需要是否得到满足所产生的情感体验。人在生产生活中经常会有认知的需要,懵懂的孩童需要认识形形色色的事物、符号,学生需要认识各门学科的新知识,研发人员需要发明有价值的工具、材料、产品,科学家需要论证关键的原理或公式,老人需要了解并掌握新型家用电子产品等等。当这些认知的需要得到了满足,尤其是在经历过困难挫折后才得以满足,个体会体验到比较强烈的积极情感,如成就感。当这些认知的需要不能得到很好的满足,譬如百思不得其解,个体会体验到困惑、苦恼甚至挫败。

积极而强烈的理智感是个体能够坚持从事认知活动的重要动力来源,以科学研究为例,没有追求真理、勇于挑战、敢于质疑的情感支撑,科学家很难克服重重困难花费数年乃至数十年的宝贵时光直到取得最终的研究成果。在学习活动中,学生同样需要这种积极的理智感。正确的学习策略、有效的教学引导、宽松又不失紧张的学习氛围等都可能会影响到学生的理智感,教师应重视并巧妙利用这些因素促进学生理智感的健康发展。

3. 美感

美感是指因为人的审美需要是否得到满足而产生的情感体验。爱美是人的天性,当个体依据一定的审美标准来评价事物时,就会产生相应的美感体验。但是,人们的审美需要有极大的个体差异,有人追求自然美,有人欣赏艺术美,还有人崇尚社会美。[①]在可以自由选择的情况下,人们总是会优先选择欣赏符合自己审美需要的事物,喜欢自然美的人会对各种自然美景流连忘返,喜欢艺术美的人会积极参加各种艺术表演或展览,喜欢社会美的人会格外关注社会生活中的美好,譬如劳动之美、心灵之美等。除了审美需要有个体差异以外,审美标准也是各有不同,同样的事物在不同的人眼中可能会有不一样的美感体验。譬如浓眉大眼的长相,有人觉得美也有人觉得不够美,其实就是因为审美标准不同,各花入各眼而已。

真题链接

民辉在解答难题时产生的疑惑、惊讶和焦躁等情感体验属于(　　)。

A. 道德感　　　　　B. 理智感　　　　　C. 美感　　　　　D. 荣誉感

---

① 周冠生.审美心理学[M].上海:上海文艺出版社,2005:175.

第二节　情绪理论

心理学界关于情绪的理论假说相当丰富,目前尚处于学派林立、多种观点并存的局面。[①] 本节将选择其中有代表性的四种基本学说来介绍。

一、詹姆士—兰格的外周学说

(一) 基本观点

美国心理学家威廉·詹姆士(William James,1842—1910)和丹麦生理学家卡尔·乔治·兰格(Carl Georg Lange,1834—1900) 分别于 1884 年和 1885 年独立提出了内容相同的情绪理论,后人为此以他们二人的姓名以及最突出的观点共同命名了这一情绪理论,即詹姆士—兰格外周学说。

这一学说认为情绪是人对自己身体变化所引起的机体感觉的总和。所谓身体的变化主要是指内脏的活动以及植物性神经系统的活动。由于这里提及的身体变化并不包含中枢神经系统,主要涉及的是外周生理变化,所以这一学说才被称为"外周学说"。外周学说的主要观点如果用通俗的话来解释,就是认为情绪是由我们的生理变化引起的感受,譬如我们之所以悲伤是因为哭泣流泪,之所以恐惧是因为身体在颤栗。总结起来,外周学说认为外界刺激导致身体产生生理反应,进而引发情绪。

(二) 评价

作为较为早期的情绪理论,詹姆士—兰格的外周学说指出了情绪与有机体生理变化之间存在着紧密的联系,为后来的大量实证研究提供了理论上的启示。将情绪与身体的生理变化、生理唤醒相联系的观点是后来大量情绪理论的重要且必备的组成部分,因此外周学说被视为第一个真正的情绪学说。当然,随着越来越多的实证研究的积累,发现中枢神经系统在情绪的产生过程中有着不可忽视的作用,这意味着外周学说有一定的片面性。

二、坎农—巴德的丘脑学说

(一) 基本观点

美国生理学家沃尔特·布拉德福德·坎农(Walter Bradford Cannon,1871—1945)

---

① 傅小兰.情绪心理学[M].上海:华东师范大学出版社,2016:28.

于 1927 年提出了丘脑学说以批判外周学说。该学说后来得到了其弟子菲利普·巴德 (Philip Bard,1898—1977)的支持并加以扩充,后人同样以两人的名字和主要观点予以命名,称为"坎农—巴德的丘脑学说"。

坎农认为,假如外周学说成立,那么人为诱发内脏变化就应当引起情绪,相反,如果消除对内脏变化的感受就应当不再产生情绪;其次,内脏的变化往往并不快速,但某些情绪体验的产生是迅速发生或迅速变化的。他用一系列的实验证明上述推断不能成立,譬如切断动物内脏器官与中枢神经系统的联系,但情绪反应并不完全消失;用药物人为引起某些内脏变化,但并未产生真正的情绪体验;等等。根据这些事实,坎农认为情绪并非外周生理变化的必然结果,控制情绪的机制应当在中枢神经系统而非外周神经系统。更为确切地说,情绪的产生需要经过一系列的转化:外界刺激作用于感觉器官,感觉器官将感受到的信息传递至丘脑,丘脑同时向大脑皮层和身体的其他部分输送神经冲动,向上传递至大脑皮层的神经冲动引发情绪的主观体验,而向下传递至交感神经的神经冲动则引发机体的某些生理反应,所以,情绪的主观体验和相应的生理反应应当是同步发生且相互独立的。整个过程中,作用最为核心的就是丘脑。

(二) 评价

丘脑学说强调丘脑在情绪产生中的重要作用,有一定的实证支持。譬如丘脑与杏仁核参与的神经通路被发现是重要的恐惧反射通路,另外下丘脑也经证实与情绪有密切关系。[①] 这是其值得肯定的一面。但是该理论将丘脑作为情绪产生的生理机制的核心,并且认为主观体验和生理反应同步发生且相互独立,并没有什么研究可以提供有力的支持。

三、阿诺德的评定—兴奋学说

(一) 主要观点

美国心理学家玛吉达·B.阿诺德(Magda B. Arnold,1903—2002)从新的视角提出了情绪理论。阿诺德认为情绪产生的基本过程是"刺激情境—评估—情绪",即刺激情境并不直接引发情绪,而是以评估为中介,同样的刺激情境如果得到了不同的评估,将会产生不同的情绪反应。评估作为情绪产生的重要中介条件,依赖于个体的记忆和预期。当个体置身于特定的刺激情境中时,会诱发与当前刺激情境相关的已有记忆,这些记忆会导致个体产生一定的预期,即想象将要发生的事件与个体的利害关系。如果评估的结果是"当前情境有利",就会引发积极的情绪体验;如果评估结果是"有害",则会

---

① 傅小兰.情绪心理学[M].上海:华东师范大学出版社,2016:161.

引发消极的情绪体验；如果评估结果是"无关"，个体就会忽视当前情境。想一想本章情境导入中的故事，爱地巴从生气到气消了是不是与他对事件的认知评价有关呢？还需要补充的一点是，阿诺德并没有完全否认前人的情绪理论，她也认可生理反应在情绪中的作用，认为情绪的产生是大脑皮层和皮下组织协同活动的结果，大脑皮层的兴奋是情绪行为的最重要的条件。[①]

（二）评价

阿诺德吸取了早期情绪理论关于生理激活的部分思想，但是将生理激活从外周神经推向了大脑皮层，同时又高度强调主观认知评价的重要作用，被认为是情绪理论发展史中的重要标志性思想，如果说詹姆士的外周学说是第一代情绪理论的话，阿诺德的理论应被看作第二代情绪学说的代表。[②]

四、沙赫特的情绪两因素理论

（一）主要观点

美国心理学家斯丹利·沙赫特（Stanley Schachter，1922—1997）也提出了一种情绪理论，主要观点是，任何一种情绪的产生都需要两个不可或缺的因素：来自交感神经系统的生理唤醒以及个体对这种生理唤醒的认知评价。[③] 当个体出现生理唤醒的现象时，会尝试对生理唤醒出现的原因给出解释，而且这种解释往往是基于个体所处的即时情境来做出的，最终的解释决定了个体将会产生怎样的情绪反应。

为了支持这一观点，沙赫特等人设计了一项实验。在该实验中，被试被随机地分成了三大组，第一个环节是给所有被试注射肾上腺素。接下来，有两个实验组分别被告知接受注射后将会有怎样的生理反应，当然这里的告知做了处理，使得这两个实验组区分为正确告知组和错误告知组，剩下的第三个实验组则没有就注射的事情做任何说明，可称为未告知组。这一环节的操纵，使得三个实验组在获得信息上有所区别，这实质上就意味着三个实验组被试对自身生理反应的主观认知会存在差异。实验的最后一个环节是每一组的被试均被随机分成两半，一半进入愉快情境，一半进入愤怒情境，最后要求每一名被试报告自己的情绪体验。实验的逻辑思路是这样的：如果情绪由生理唤醒决定，三个实验组应有同样的情绪报告；如果情绪由外部环境刺激决定，那么分配到同一种情境中的被试应有相同的情绪报告；如果情绪由认知决定，三个实验组应有不同的情绪报告，同一组的被试身处不同的情境中也应有相同的情绪报告。实验结果发现，正确

① 傅小兰.情绪心理学［M］.上海：华东师范大学出版社，2016：43.
② 乔建中.当今情绪研究视角中的阿诺德情绪理论［J］.心理科学进展，2008，16(2).
③ 傅小兰.情绪心理学［M］.上海：华东师范大学出版社，2016：43.

告知组没有报告情绪体验,错误告知组和未告知组则受情境分配影响,在愉快情境中的被试报告有愉快体验,在愤怒情境中的被试报告有愤怒体验。实验结果支持了沙赫特的观点:情绪并不是由生理唤醒单纯决定的,而是受到了生理唤醒以及个体对情境的认知解释的共同影响。

(二) 评价

沙赫特的情绪理论因为得到了其设计的实验结果的有力支持,所以一度引起了巨大的反响。正是从这一理论开始,确认了认知因素在情绪理论中的重要地位,对后来以认知为取向的情绪理论有重要的启示意义。但是,正因为反响巨大,许多研究者尝试用同样的实验设计去重复却无法得到相同的实验结果,所以也遭到了批评和质疑。

第三节 中学生情绪情感的培养

一、中学生情绪的特点

中学阶段处于儿童期向成年期的过渡期,在生理上则处于一生当中的第二个生长发育的高峰期——青春期,身高体重的迅速变化以及生殖系统的发育导致的身体外形变化均带给中学生强烈的成人感,但是中学生各方面的生理机能距离真正的成熟还存在差距,尤其是中学生的神经系统发育并不平衡,与记忆、思维等认知功能相关的脑区发育相对较快,这使得中学生的学习能力较之小学生有明显的提升,但是那些与高级执行功能(如冲动控制、提前计划以及风险回避等)有关的脑区和系统却发育相对缓慢,这使得中学生与成年人相比更加易感,即更易于受到外界(特别是同伴)压力以及负性因素的影响。[①] 与小学阶段相比,中学生的烦恼明显增多,譬如因为过于重视个人形象而产生的烦恼,因为同伴关系是否顺利而产生的烦恼,因为诸多想法得不到父母的理解和支持而产生的烦恼等等。除了烦恼增多,中学生还特别容易有孤独感、压抑感等负性体验。概括地讲,中学生的情绪发展主要具有以下几个方面的特点:

(一) 爆发性和冲动性

由于中学生的神经发育具有不平衡性,尤其是自我控制和调节能力较弱,所以心理

---

① Adriana Galván. The neuroscience of adolescence[M]. Cambridge:Cambridge University Press, 2017:406.

活动往往具有冲动性,这一特征在中学生的情绪发展中同样存在。中学生情绪增强的外部原因是活动增加。进入中学阶段后,父母和其他成人对中学生的监管和照顾会相对宽松一些,不再像幼儿园和小学时期那么精细,这使得中学生在社交活动以及日常自由活动时有了更多的选择自由,特别是在没有成人陪同和监管的情形下和同龄人在一起活动。他们精力充沛,自己做出决定并承担风险和后果,因此会遇到许多更加容易引发情绪体验的场景。再加上这个年龄段的个体对社会性刺激(譬如来自同伴的评价反馈)又非常敏感,所以情绪体验往往具有爆发性和冲动性,形成速度极快,并且强度较大。

(二)不稳定性和两极性

中学生的认知能力虽然较小学阶段有明显提高,认识事物的深度也明显提升,如果给他们充足的时间去思考和权衡,在许多事情上他们其实已经可以做出和成年人类似的决策。但是,毕竟达不到成年人的水平,所以看待事物容易片面,相应地在情绪体验上也容易因为观点偏激而走向极端,一旦他们转变了对某人或某事物的看法,情绪体验也会戏剧性地发生反转。所以,中学生的情绪并不稳定,表现出明显的波动起伏变化,可以轻易地从一个极端转向另一个极端。

(三)外露性和内隐性

与小学阶段相比,中学生积累了更多的个人知识经验,与同伴交往也更加密切频繁,丰富多变的外部刺激带给中学生多样化的情绪体验。有些情绪体验会被中学生淋漓尽致地表达出来或者主观上不想表达却因为调控失败而冲动性地表达出来,从而具有外露性的一面;另一些情绪体验能够被他们有意地加以掩饰和控制,从而表现出内隐性的一面,这种内隐性在一定意义上也是中学生逐渐学会控制自己情绪的表现。

(四)心境化和持久性

中学生有时体验到某种情绪后,该情绪反应相对持久,情绪存在的时间较长。即使引发情绪的特定刺激或情境已经消失,但情绪一直存在,还会转化为心境。譬如某个学生因为考试发挥不好,可能在考试结束后很长一段时间都闷闷不乐。

二、中学生良好情绪的标准

良好的情绪是指一种积极、愉快、平和的心理状态,涉及积极的情感和情绪。良好的情绪对个体的身心健康有维护和促进作用,这一点在情绪的健康功能中有充分的论述。良好的情绪还有助于帮助个体维持和谐的社交关系进而增进幸福感。良好的情绪有助于提高个体的学习效率,因为它对认知活动可以起到明显的促进作用。总的来说,良好的情绪对于个体的生活质量、学习效率以及身心健康都有着重要的积极作用,因此培养和帮助中学生保持良好的情绪具有重要的教育价值。那么,中学生良好情绪的标准是什么呢? 具体来说,有以下四项标准。

(一) 能够正确反映一定环境和情境的影响,善于表达自己的感受

情绪由一定的环境和情境刺激引发,本质上是个体对外部刺激能否满足自身需要的态度体验。良好情绪的标准之一就是能够正确对外部情境刺激做出反应,被表扬了开心,被批评了沮丧,考得出色了自豪,做错事了羞愧,这些情绪反应都是符合社会标准的,属于人之常情,就是正确的反应。除此之外,还要善于把自己的情绪反应表达出来让他人知晓。譬如被人欺负,愤怒是正确的反应,恰当地表达自己的愤怒以便让欺凌者知晓自己的感受与底线,也是正确的做法。

(二) 能对引起情绪的刺激做出适当强度的反应

生活和学习中总有刺激能够引发我们的情绪反应,譬如被表扬了会开心,被嘲笑了会生气,这是人之常情。但是,良好情绪的重要标准之一就是情绪反应的强度要适当,不能过度。譬如钥匙不见了可能会着急或生气,但是着急或生气到要死要活的程度就是过度了。类似地,因为一点小矛盾就气急败坏甚至大打出手,也是反应强度太过了。

(三) 具备情绪反应的转移能力

良好情绪的另一条标准与情绪反应的灵活性有关。情绪产生之后长时间不能平复,令个体一直沉浸其中,尤其是长时间沉浸于消极情绪之中,并不利于身心健康和生活学习。譬如课间有 10 分钟休息,三五个好友嬉笑玩耍很开心,到了下一节课上课时应该让这种兴奋愉悦的情绪尽快平复下来进入学习状态,但是如果有的学生在下一节课上迟迟不能做到这种转移,而是持续地兴奋,就无法达到最佳的听课学习状态,这就是不恰当的。

(四) 符合学生的年龄特点

不同年龄阶段的人有不同的情绪特点。婴幼儿因为害怕打针而大声哭泣是正常的,一个成年人因为害怕打针而大声哭泣就让人无法理解和接受。中学生的情绪就如同本节内容一开始所介绍的那样,符合此年龄段的情绪特点也是良好情绪的标准之一。

三、培养学生良好情绪,教会学生情绪调节,促进学生情绪情感健康发展

人们每天都会体验到情绪,有一些是令人愉悦的,有一些是令人不愉悦的,这些

都很正常。但是，不应该让情绪控制我们，而要让我们控制情绪，做情绪的主人。中学生处于学业任务繁忙的阶段，情绪情感的健康发展不仅有益于他们的身心，而且有益于他们的学业。心境平和，积极情绪占优势的学生不仅在智力活动中信心足、专注度高、记忆和思维的效率高，而且在社会适应方面也更加顺利；心境不佳，消极情绪频繁产生的学生在智力活动中很难发挥出自己的全部潜能，而且在社会适应方面更容易遇到困难。作为教师，要高度关注学生的情绪情感发展，因为这是学生全面发展的必要组成部分。

（一）培养学生的良好情绪

通过本章介绍的情绪理论，可以知道情绪的产生虽然有外部环境的影响，更为重要的是个体自身需要的作用，以及个体主观认知评价的影响。所以，培养学生的良好情绪可以从以下几个方面来进行：

1. 形成正当、合理的需要

人人都有需要，作为社会性的动物，人的需要具有社会性的色彩。当个体的需要与社会规范以及现实要求不相符时，这样的需要就是不合理的、不正当的、不能被满足的。因此，教师和父母要帮助中学生明白这样的道理，同时引导他们形成正当的、合理的需要，以免他们的需要超出现实范围却又无法满足而使其体验到消极情绪；应以社会规范和现实要求所允许的方式去满足他们正当合理的需要，这样才能使他们体验到更多的积极情绪。

2. 培养正确的人生观

站得高才会看得远，胸中有全局才不会斤斤计较眼前的点滴得失。培养中学生树立正确的人生观、世界观和价值观，才能在面对各种具体的得与失时显得更加大气和成熟，对眼前事件和事物的认知评价才会更深刻和长远，更能做到胜不骄败不馁，相应地情绪反应也会更稳定和恰当。

3. 锻炼身体

物质是精神的基础，健康的身体是良好情绪的基础。一个身体健康的人，精力充沛，充满朝气和活力，可以轻松应对生活和学习上的许多要求，这就为良好情绪的产生奠定了基础。有规律地锻炼身体，不仅是为情绪健康提供生理基础，而且锻炼本身也是可以起到减压和释放不良情绪作用的重要途径。所以，教师和父母应当鼓励、引导学生积极参加锻炼。

4. 丰富精神世界，形成健康稳定的兴趣爱好

中学生正处于青春期，学业繁忙是一方面，精力旺盛容易冲动是另一方面，所以在其学业之余要引导、组织和鼓励他们多参加一些丰富多彩、有益身心的课外活动，开拓

视野，发掘和培养健康、良好的兴趣爱好，以恰当的方式消耗掉多余的精力，这样可以有效减少不良情绪滋生的内部条件；另一方面，当学生形成了健康稳定的兴趣爱好时，也可以成为学生调节不良情绪的有效途径，譬如心情不好时去做做自己感兴趣的事，感觉就会好很多。

5. 提高人际交往能力

随着年龄增长，引起情绪的原因越来越多地与人际交往有关。和谐的人际关系能令人心情愉悦，也可以在个体有负性情绪时提供有力的社会支持；不和谐的人际关系则令人心情不快，更无法为个体提供有力的社会支持。人与人相处除了真诚和善意之外，人际交往能力也是很重要的，因此教师可以有意识地培养学生这方面的能力，为学生构建和谐人际关系提供切实的帮助。

(二) 教会学生应对不良情绪的方法

培养良好的情绪并不表示学生就不会有烦恼和忧愁了，事实上人生难免会有消极情绪，所以教师除了培养学生的良好情绪之外，还要培养学生学会应对不良情绪，主要包括：

1. 敏锐觉察情绪

应对不良情绪的首要前提就是敏锐地觉察情绪。根据情绪智力的概念，观察和理解自己的情绪情感是情绪智力的成分之一。[①]应对和控制不良情绪要以觉察不良情绪为基础，因为情绪产生的原因有时可能是比较复杂或不够明显的，不同情绪的主观体验也有可能会有相似性，有时甚至有可能是两种或多种情绪同时产生，这些都为正确地觉察自身的情绪增加了难度。情绪觉察是一种能力，这种能力可以通过训练而得以提升。所以，教师可以通过一些专题辅导活动来培养学生敏锐觉察自身情绪的能力，为有效应对和调节不良情绪奠定基础。

2. 平和接纳情绪

任何情绪，无论是正性情绪还是负性情绪，都是有意义的。即使有些情绪体验很不愉快，也有其存在的意义和价值。譬如考试前和考试时的焦虑紧张，这种体验并不愉快，强度过大时甚至会干扰和阻碍学生考试，但这是一种正常的现象，是许多人都会有的正常反应。当学生产生考试焦虑时，以平和的心态接纳它、承认它，要比拒绝它、否定它更恰当。当学生发现自己产生了考试焦虑，却觉得这是一件糟糕的事，尝试否定考试焦虑时，很容易有类似"坏了，我怎么焦虑紧张了？这样不好，不利于考试，我不能焦虑，我得赶紧放松下来"的想法，但这样的想法是无法消除考试焦虑的，反而会给学生带来更大的精神压力，加剧焦虑的程度。所以，教师应当教会学生明白面对一些情境我们有

---

① 卢家楣.对情绪智力概念的探讨[J].心理科学,2005,28(5).

某些情绪反应是很正常的事情，要学会以平和的心态接纳自己的情绪。

3.正确调节情绪

情绪调节是有策略的，教师可以把以下常用的情绪调节策略教给学生：

第一，宣泄法。情绪产生之后，如果习惯去压抑，时间长了容易出现心理问题。所以，学会适当的宣泄方法是很有必要的。譬如大哭一场，狠狠地打一顿沙袋，在球场上纵情地挥洒汗水，找个空旷的地方把心里的话大声喊出来等等，都是宣泄情绪的方法。学生可以根据自己的现实条件选择这些方法来排解那些难以消除又令自己痛苦的不良情绪。

第二，注意转移法。这是一种把注意力转移到其他事物或其他活动中去的情绪调节方法。当出现不良情绪后，如果反复关注不良情绪的诱发刺激，譬如和朋友吵架了不开心，心中反复回忆朋友当时说过的话，只会让自己越想越不开心。采用注意转移的方法，把注意力转移到其他的事物上或其他的活动中，让自己无暇专注于不良情绪本身及其诱发刺激，譬如收拾房间打扫卫生、换个环境、看看幽默笑话或喜剧电影，或者从事其他自己感兴趣的活动，总之就是让自己有事做、忙起来，这都有助于使不良情绪平复下来。

第三，升华法。常言说的"化悲痛为力量"，指的就是升华法。当人们产生了一些消极的情绪情感，如愤怒、嫉妒等，把这些消极的情绪情感转化为积极的、有益的行为，以一种高境界的方式表现出来，就是升华法。譬如约翰·沃尔夫冈·冯·歌德（Johann Wolfgang von Goethe，1749—1832）创作《少年维特之烦恼》就源于自己的亲身经历，他在追求爱情的道路上并不顺利，体验到了痛苦，最终将这种痛苦升华为自己的文学作品。

第四，自我暗示法。当不良情绪产生时，人们可以借助言语和行为等尝试对自己进行积极的心理暗示，从而达到减少不良情绪的目的。言语暗示就是自己对自己说一些积极性质的话语，可以是出声地说，也可以是在心中默念，还可以是写下来，表达的内容一般要尽量简短且有激励性，譬如"我是最棒的！""我一定可以的！""我不气、我不气！"等等，往往可以起到减轻不良情绪的作用；行为暗示也很简单，譬如郁闷或生气的时候对着镜子练习微笑，就能够带给我们积极的暗示作用，让心情好转起来。

第五，认知重评法。同样的刺激情境，我们的看法不一样，产生的情绪体验可以是截然不同的。曾经有一个老婆婆，两个女儿分别做着雨伞和草帽的买卖，她雨天为卖草帽的女儿发愁，晴天为卖雨伞的女儿发愁，很少开怀。有人劝她换一种角度来想，雨天为卖雨伞的女儿开心，晴天为卖草帽的女儿开心，她照做之后果然开心的时候居多。这个故事说明了人对事件的认知决定了会产生怎样的情绪反应。所以，教师可以把其中的道理教给学生，让学生在产生不良情绪后尝试转换不同的视角来重新认知评估情境，有时可以起到很好的调节作用。

4. 有效表达情绪

当我们尝试调节情绪之后仍然体验着一些不良情绪时,我们可以采用适宜的方式把它表达出来,这样一方面避免过于压抑而有害心理健康,另一方面有助于他人理解我们的情绪,避免不必要的误会和冲突,获得更多的社会支持。当然,情绪表达要恰当,譬如感到愤怒时,可以用言语明确地阐述自己因为什么而感到气愤,既表明了自己的感受,也解释了情绪产生的原因,这样有助于他人理解我们的情绪。但是,如果用乱扔乱砸东西、破口大骂、动手去打等方式来表达自己的愤怒就非常不恰当。

真题链接

雨晴通过写诗作画让自己走出困扰,摆脱失去亲人的痛苦。这种情绪调节方法是(　　)。

A. 脱敏法　　　　B. 强化法　　　　C. 幽默法　　　　D. 升华法

章小结

情绪情感是心理学研究的三种心理过程之一。情绪情感是人对客观事物是否满足自身需要的态度体验。情绪和情感是一对既有区别又有紧密联系的概念,前者与生理需要的满足与否有关,出现较早,是人和动物共有的现象,具有情境性、表浅性和动摇性;后者与社会需要的满足与否有关,出现较晚,是人类特有的现象,具有深刻性、稳定性和内隐性。情绪情感产生时不仅有主观体验,还伴随着机体内部和外部的变化,其中机体的外部变化包含面部表情、肢体表情和言语表情三种表达方式。情绪情感具有信号功能、动机功能、组织功能、适应功能、感染功能和健康功能。关于情绪的理论有不同的观点,詹姆士—兰格的外周学说认为是外部刺激引发生理变化,进而产生情绪反应;坎农—巴德的丘脑学说则认为丘脑是情绪产生机制中的核心,认为外部刺激通过感觉神经传递到丘脑后,由丘脑同时向大脑皮层和外周神经传送信息,使得主观体验和生理变化同步发生;阿诺德的评定—兴奋学说将认知评价作为情绪产生的关键因素,当然她也同时承认生理唤醒的作用,只不过将生理唤醒从丘脑提高到了大脑皮层;沙赫特的情绪理论将外部环境、生理唤醒和认知评价三种因素都纳入进来,并强调认知评价最为重要。中学生由于青春期的影响,在情绪情感发展中表现出爆发性和冲动性、不稳定性和两极性、外露性和内隐性、心境化和持久性等特点。情绪情感的健康发展是心理健康的重要保障,也是学生全面发展的重要教育目标,所以教师应了解良好情绪的标准,并培养学生的良好情绪,同时也教给学生调节不良情绪的有效方法。

课程思政

2019年11月12日,中共中央、国务院印发了《新时代爱国主义教育实施纲要》,纲要中提到"要聚焦培养担当民族复兴大任的时代新人,培育和践行社会主义核心价值观,广泛开展爱国主义、集体主义、社会主义教育,提高人们的思想觉悟、道德水准和文明素养。要唱响人民赞歌、展现人民风貌,大力弘扬中国人民在长期奋斗中形成的伟大创造精神、伟大奋斗精神、伟大团结精神、伟大梦想精神,生动展示人民群众在新时代的新实践、新业绩、新作为。"这些内容与本章所学的道德感有密切关系,请你谈谈作为未来教师应如何切实有效地培养学生的爱国主义和集体主义情感。

思考训练

1. 简述情绪与情感的区别和联系。
2. 简述中学生良好情绪的标准。
3. 简述中学生情绪发展的特点。
4. 简述培养中学生良好情绪的办法。
5. 简述中学生常用的情绪调节方法。

第4章　中学生人格发展与培养

章结构

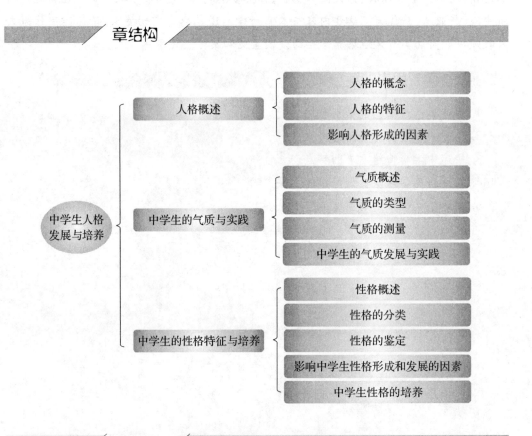

中学生人格发展与培养

- 人格概述
  - 人格的概念
  - 人格的特征
  - 影响人格形成的因素
- 中学生的气质与实践
  - 气质概述
  - 气质的类型
  - 气质的测量
  - 中学生的气质发展与实践
- 中学生的性格特征与培养
  - 性格概述
  - 性格的分类
  - 性格的鉴定
  - 影响中学生性格形成和发展的因素
  - 中学生性格的培养

章首语

　　高尔顿·奥尔波特有句名言："人的鲜明的特征是他个人的东西。从来不曾有一个人和他一样，也永远不会有这样一个人。"这是因为每个人都有其独特的人格。那么，究竟什么是人格？人格是怎样形成的？人格具有哪些特征？影响人格形成的因素有哪些？这些都是本章第一节将要介绍的，相信学习了本节内容，你对这些问题都会有明晰的认识和了解。气质和性格是构成人格的两个重要方面。那么，什么是气质？什么是性格？气质与性格具有什么样的关系？气质对教育工作有何启示？为什么说性格是一种与社会最为密切的人格特征？性格特征为什么具有社会评价的意义？相信通过学习本章后两节将会帮助你找到答案。

关键词

人格;气质;性格

情境导入

美国"9·11"事件是一起发生在 2001 年 9 月 11 日的恐怖袭击事件,也是在美国本土发生的有史以来最严重的一次恐怖事件。在这次恐怖事件中,两架民航客机被恐怖分子劫持后,分别向着世界贸易中心的两栋大楼直撞而去,突如其来的猛烈撞击让两座建筑相继倒塌,周围的建筑也因为强烈的震动而受到影响,无数在大厦里办公的无辜群众在火海中丧生。从新闻报道的那一刻开始,各个地区的美国人无不充满恐惧和愤怒。他们纷纷买国旗、捐款捐物,向受害者表示同情。举国所有的娱乐活动取消,整个国家陷入悲痛之中,"9·11"事件导致了人们相似的反应。但是如果仔细分析就会发现,即使在这种情境下,不同的人对同样一件事做出的反应也存在差异。在袭击过后,一些美国人紧紧围着电视,想要知道最新消息,但也有些人不愿意看电视,不愿意看那些令人心烦意乱的画面。一些人愤怒至极,发誓报仇;另一些人则关注受害者,思考如何帮助他们。一年后,一些人从周年纪念日的新开端中看到了希望,但对另一些人来说,周年纪念日只会勾起他们痛苦的回忆。

综上所述,人们对"9·11"事件的不同方式的反应,是那些突然遭遇灾难事件的人们所共有的。最初,环境抹平了人与人之间的差异,但是仔细观察就会发现,每个人对事件的态度和情绪反应存在差异,这些差异中的一部分,就是我们称为"人格"的东西。

第一节　人格概述

有的人喜欢独处,有的人喜欢参加聚会;有的人经常迟到,有的人却非常守时;有的人特别害怕在公众场合发言,有的人却能在众目睽睽之下侃侃而谈。同一件事情,不同的人会产生不同的感受,对有些人来说是巨大的压力,而对有的人来说却很简单轻松。同时,你会发现他们会有相似之处,例如他们都喜欢被别人欣赏和接纳,而讨厌被别人拒绝。当你关注人与人之间的差异性与共性时,其实你就是在关注人格。那么,究竟什么是人格?

一、人格的概念

从词源上讲,人格的英文 personality 源自拉丁文 persona,后者的本义是指面具,指戏剧演员所扮演角色的标志。面具代表着这一角色的某一典型特征,类似于京剧中的脸谱。在舞台上,演员的言行举止要与其所扮演的角色相符,而一个角色也就意味着一套行为方式。也就是说,角色限定了演员的行为。观众可以从演员的面具中了解角色和行为。可以说,人格是指个人在人生舞台上的行为表现,是其表演或扮演的"角色"。但表现也就意味着被表现,被表现的东西往往是内在的,即面具背后的东西。面具后面是什么或者是谁? 要真正了解一个角色的行为,还要深入人物(角色)的内心世界。"人格"包含两层意思:一是指外部的人格,就像舞台上根据角色的要求而戴的面具,是一个人在人生舞台上所表现的种种言行,包括遵从社会文化习俗的要求而做出的各种反应;二是指内在人格,指一个人由于某种原因不愿展现的人格成分,即面具后的真实自我。综上所述,我们可以将人格界定为源于个体自身的稳定行为方式和内部心理过程。

二、人格的特征

(一) 独特性

俗话说"人心不同,各如其面。"每个人都是独一无二的个体,世界上没有两片相同的树叶,更没有两个完全相同的人。即使是同卵双生子,遗传基因相同,但由于不同的人际作用和经历,其人格也会有差异,尽管他们的相似程度可能较高。除同卵双生子以外,每个人的基因都不完全相同,所处环境也千差万别,他们与环境发生作用的方式也不同,因此每个人都是独特的。个体的人格是在遗传、环境、教育等因素的交互作用下形成的。不同的遗传和教育环境,形成了各自独特的心理特点。如有的人开放自然,有的人顽固自守;有的人聪明敏捷,有的人愚笨迟钝;有的人谦虚谨慎,有的人骄傲自大。环境会使某一人格特质在不同人身上表现出不同的含义。如独立性这一人格特质,作为缺乏父母爱护的家庭中成长的孩子,独立带有靠自己努力的含义;而在一个民主型家庭成长的孩子,独立则是其健全人格的重要部分。

(二) 稳定性

人格的稳定性是指那些经常表现出来的特点,是一贯的行为方式的总和。"江山易改,禀性难移"说的就是人格具有跨情境的一致性和跨时间的连续性。具体来说,人格跨情境的一致性是指一个人在不同的情境下都会表现出相同的人格特点。例如,一个人在工作中表现出谨慎、负责、稳重的特点,在生活中也同样会表现出这些特点。人格跨时间的连续性是指一个人在经历生活中的变化和挑战时,其人格特点不会发生太大的变化。例如,一个人从小就表现出内向、害羞、敏感的人格特点,这种特点可能会一直持续到成年后,但这并不意味着人格不可改变。人格是可以改变的,但人格的改变相对较难,除非发生重大的生活事件。但当这种生活事件的影响消除之后,人格还会慢慢回归。此外,当人的大脑神经系统发生某种病变后,人格也会发生改变。因此,人格是稳定性和可塑性的统一。

（三）整体性

整体性指一个人的人格包括多种心理成分和心理特质，如才智、情绪、愿望、价值观和习惯等，但它们并不是孤立存在的，而是密切联系并整合成为一个有机组织。人格中任何一个因素的改变都会引起自己情绪、认知和行为的转变，人格的各种构成成分并非简单的堆积，而是依据一定的内容、秩序与规则有机组合起来的动力系统。当一个人人格结构的各方面彼此和谐一致时，人们就会呈现出健康的人格特征，否则就会出现各种心理冲突，导致"人格分裂"。

（四）功能性

人格是一个人生活成败、喜怒哀乐的根源。人格决定了一个人的生活方式，甚至有时会决定一个人的命运。人们常常使用人格特征解释某人的言行及事件的原因。比如当面对挫折与失败，有志者认真总结经验教训，在失败的废墟上重建人生的辉煌；而怯懦的人则一蹶不振，失去了奋斗的目标。当人格功能发挥正常时，表现为健康而有力，支配着人的生活与成败；当人格功能失调时，就会表现出懦弱、无力、失控甚至变态。

三、影响人格形成的因素

人格是遗传、环境和自我调控因素交互作用的结果。在人格形成的过程中，各个因素所起的作用是不同的。遗传因素决定了人格发展的可能性，环境因素决定了人格发展的现实性，自我调控因素则是人格发展的内部决定因素。

（一）生物遗传因素

生物遗传因素是人格形成的自然基础，它为人格形成与发展提供了可能性，但是遗传因素并不是人格形成的决定因素。研究显示，同卵双生子在人格特质上的相似度要高于异卵双生子，这说明基因遗传因素对人格形成的影响是不可忽视的。研究发现，某些基因与人格特质存在相关性，如外向性、神经质、宜人性等，这些特质在童年期、青春期，一直到成年早期都具有高度的稳定性，这进一步强化了人格中遗传因素的重要性。来自认知神经科学的研究亦表明，大脑结构和功能的差异可能与个体的人格特质相关。

（二）环境因素

家庭、学校、社交圈等生活环境都会对人们的人格产生影响。

1. 家庭因素

家庭对人格的形成起到一个基础的作用。人来到世上，最早接受的思想就来自家庭、来自父母，正如俗语所讲"有其父必有其子"，父母的教育对子女的健康成长极为重要。这主要表现在：① 父母榜样。父母是孩子的第一个榜样，其行为和态度会直接影响子女人格的形成。父母的诚实、正直、勇敢、耐心等品质会逐渐成为子女人格中的一部分。② 家庭教养方式。父母比较民主的家庭，孩子比较独立、大胆、善于交际，有独立分析、自主思考的能力。那些在和睦友爱、家庭成员之间彼此尊重的家庭环境中长大的孩子，其性格多是积极向上的；那些在父母争吵不断、隔阂猜疑重生的家庭长大的孩子，其成年后犯罪的机率会更高。③ 家庭经济状况。贫困家庭可能会导致子女产生焦虑、自卑和依赖等人格特征，而富裕家庭可能会导致子女产生骄傲、自我中心等人格特征。④ 孩子出生顺序。家庭中的长子或长女通常会表现出更多的责任感和成熟性，而最小的孩子通常会表现出更多的依赖性和任性。

2. 学校因素

(1) 学校和教师的影响

学校和教师对学生人格的影响是非常深远的。学校提供了学生与同龄人交往的机会，促进了他们社交能力的发展。在学校，学生可以与不同背景、不同兴趣爱好的同学相处，学会与他人合作、分享和尊重。学校教育要求学生遵守纪律、按时完成作业、参加课外活动等，培养了学生的自律能力和良好的行为习惯。学校为学生提供了一种展示和表达自己能力的平台，学生可以通过参加演讲比赛等各种活动来展示自己的才能，提高自信心和自尊心。教师通常会鼓励学生参与学校活动和学生组织，通过这些活动和组织发展学生的领导能力、沟通协调能力。教师不仅传授学术知识，还通过培养学生的正直、宽容、尊重和责任感等来引导学生价值观的形成。由此可见，学校和教师对学生的人格发展起着重要的作用。学校与教师不仅在学术层面培养学生，同时也教育学生如何与人相处、如何处理问题、如何树立正确的价值观念等，对学生的综合素质和人格养成起着积极的促进作用。同时，教师对学生人格的发展具有导向作用，不同的教师领导风格对学生人格发展的影响不同。

(2) 同伴的影响

同伴对一个人人格的形成和发展有着多方面的影响，主要包括：同伴可以是学习和模仿的榜样；也可以是行为的强化之源。良好的同伴关系是指同龄人由于志趣相投自发建立起来的彼此在心理层面上的相互友好关系。良好的同伴关系有助于学生养成友好、合作、关爱、彼此尊重、替对方着想等人格特点，因而良好同伴关系对青少年健康人格的形成起促进作用，有利于青少年个体社会化及社会交往能力的形成，也有利于帮助他们更好地适应学校等社会环境。

3. 社会文化因素

社会文化因素是影响人格形成的重要因素之一。社会文化因素决定了人格的共同性特征，它使同一社会的人在人格上具有某种程度的相似性。具体地说，社会阶层、文化价值观、社会压力、社会角色等都可能影响人格的形成。

社会阶层对人格的影响在于，不同阶层的人有不同的价值观、行为方式和自我认知。一般来说，高阶层的人更注重个人独立性和自我表达，而低阶层的人更注重社会认同和传统价值观。高阶层的人更倾向于独立思考和决策，而低阶层的人更倾向于依赖社会规范和群体决策。

文化价值观对人格的影响表现在，不同文化背景的国家有不同的价值观和信仰，这些价值观和信仰会影响个人的行为和思考方式。例如，东方文化强调集体主义和孝道，而西方文化强调个人主义和自由。在东方文化中，个人经常需要考虑集体利益和社会责任，而在西方文化中，个人更倾向于追求个人利益和自由。

社会压力对人格的影响在于，不同社会环境和社会群体会对个人产生不同的压力、提出不同的要求。在竞争激烈的工作环境中，个人可能会感到更大的压力，并表现出更多的焦虑和竞争性行为。同时，社会压力也会影响个人的自我认知和自我调节能力，例如在高压环境下，个人可能会更容易产生自我怀疑和焦虑情绪。

社会角色对人格的影响在于，社会角色规定了人们对个人的行为期望和评价标准，个人在扮演不同社会角色时会有不同的行为表现和限制。例如，在工作岗位上，个人需要按照岗位角色要求行事，表现出与岗位职责相对应的行为和语言。

总之，社会文化因素对人格的影响是复杂和多样化的，它们相互作用并共同塑造个人的人格和行为方式。了解这些因素，可以帮助我们更好地理解自己和他人、更好地适应不同的社会文化环境。同时，也可以帮助我们更好地发展和塑造自己的人格和行为方式，以适应不同的社会和文化环境。

(三) 个体的主观因素

个体因素对人格的影响主要体现在以下几个方面：① 个体的自我认知。个体通过反思和分析自己的内心体验、行为和认知过程，逐渐形成对自己的认知和理解，从而建立起自己的个性和人格。例如，一个对自己有积极认知的人，可能会表现出自信、乐观、积极向上的人格特点。② 动机和需要。动机和需求是推动个人成长和发展的动力。动机和需求对人格形成与发展的影响主要表现在对个人的行为倾向和人格特点的影响。例如，一个有强烈成就动机的人，可能会表现出努力、进取、自律等人格特点，会更加努力地追求自己的目标和愿望，从而促进个人的成长和发展。③ 社会经验。社会经验是指一个人在社会中的经历和感受。社会经验对人格形成与发展的影响主要表现在对个人社会交往、人际关系和社交能力的影响。例如，一个在童年时期经历了家庭暴力和虐待的人，可能会在人际交往过程中表现出相应的退缩。④ 个体的价值观。在人格形成的过程中，个体会逐渐形成自己的价值观和信念体系。价值观和信念体系是个体对事物的评价和判断准则，它们会指导个体的行为和决策。

总之，影响人格形成的因素是复杂而多样的。生物遗传因素、社会环境因素和个人主观因素都会对人格形成产生影响。了解这些因素对人格形成的影响，可以帮助我们更好地理解和处理人格形成中所遇到的各种问题,同时也为我们提供了一个更深入地了解人格形成的角度。

第二节 中学生的气质与实践

人类个体的生活适应和健康都受到心理动力因素的影响,这种影响是复杂而多样的。不同的人在面对同样的外在事件和情境时,会有不同的生理、心理反应,这可能与他们的气质类型有关。

一、气质概述

气质(Temperament)是表现在心理活动的强度、速度、灵活性与指向性等方面的一种稳定的心理特征。人的气质差异是先天形成的,受神经系统活动过程的特性制约。孩子刚出生时,最先表现出来的差异就是气质差异,有的孩子爱哭好动,有的孩子沉稳安静。美国心理学家卡特尔(R.Cattell)指出:气质是描绘一个人在获取他的目标时如何行动的特质,它决定了一个人的一般"风格与节奏",决定了一个人的行为是温和的还是暴躁的。比如外向的人通常表现出较强的社交能力,喜欢与他人交往;而内向的人更偏向于独处和深思熟虑。这些气质特点对个体的生活方式、职业选择和人际关系等方面都会产生一定的影响。我们可以从以下几方面来理解气质的概念。

(一) 气质的动力性

心理活动的动力特征是指心理活动发生的速度、强度、灵活性和指向性。心理活动发生的速度是指知觉的速度、思维的敏捷性、注意力集中时间的长短和情绪发生的快慢等;心理活动发生的强度是指情绪的强弱、意志努力程度等;心理活动的指向性是指心理活动是指向外部世界还是指向内心世界。气质作为人的心理活动的动力特征,与人的心理活动的内容、动机没有关系。气质可使个体在各种不同的活动中有着近似的表现,使人的心理活动染上特定的色彩,形成独特的风貌。也就是说,个体经常性、稳定性地表现出的人格风貌就是气质。

(二) 气质的稳定性

托马斯(A. Thomas)等人对 150 名儿童从出生到 10 岁做了 10 年的追踪研究,结果表明每个婴儿都有不同的气质,而这些气质差异会持续至其成年。林崇德研究了不同双生子在类似环境中长大后的气质表现。被试是在类似或相同环境中长大的 24 对同卵双生子(幼儿、小学生和中学生各 8 对,其中同卵异卵和异性异卵双生子各占一半)。结果表明,遗传因素对气质的影响是很大的。双生子的遗传因素越接近,在气质表现上也越接近。其中相关系数(r)的大小次序是同卵双生子 r＞异卵同性双生子 r＞异卵异性双生子 r。

（三）气质的可塑性

俗话说，"江山易改，禀性难移"，这说明气质比其他心理特征更有稳定性。但是，气质又不是固定不变的。就外部表现而言，迅速适应环境，行动果断的人具有较大的可塑性，相反则表现为刻板性和惰性。多血质的人可塑性强。气质的形成受到个体遗传因素、环境因素和发展经历的综合影响。虽然遗传因素在个体的基本气质倾向方面起到一定的决定性作用，但环境和发展经历也会进一步塑造和调整个体的气质特点。以气质温和的人为例，如果在童年时期受到良好的家庭教育和支持，将进一步巩固他的温和气质。黄希庭教授指出："由于成熟和环境的影响，在个体发育过程中气质也会改变。例如，在集体主义教育下，脾气急躁的人可能变得较能克制自己；行动迟缓的人可能变得行动迅速起来。一个人的气质具有极大的稳定性，但也有一定的可塑性。"

二、气质的类型

气质的定义已经在上文介绍，现在让我们更深入地了解不同的气质类型及其特点和表现。

（一）体液说

恩培多克勒(Empedocles)(约公元前 495—435 年)认为世界是由水、土、火和空气四种不变的物质构成的，人的身体也是由这四种物质构成的：固体的部分是土根，液体的部分是水根，维持生命呼吸的是空气，血液是火根。人的心理特性依赖身体的构造，心理特性的不同是因为这四根的配合比例不同所造成的；"四根"配合得好，身体就会健康，并且决定有机体结构的特征。例如，钢琴家手的"四根"配合得最好，播音员舌的"四根"配合得最好。可以说恩培多克勒的"四根说"是气质和神经类型学说的萌芽。

希波克拉底(Hippocrates)在"四根说"的基础上，提出了气质的体液说。他认为，人体含有四种不同的体液，即血液、粘液、黄胆汁和黑胆汁。它们分别产生于心脏(血液)、脑(粘液)、肝脏(黄胆汁)和胃(黑胆汁)。四种体液形成了人体的性质，机体的状况取决于四种液体的配合。后来，古罗马医生加仑根据哪一种体液占优势把气质分为四种类型。血液占优势的人属于多血质，粘液占优势的属于粘液质，黄胆汁占优势的人属于胆汁质，黑胆汁占优势的人属于抑郁质。希波克拉底认为，每种体液都是由寒、热、湿、干四种性能中的两种性能混合而成的。血液具有热湿的性能，因此多血质的人温而润，好似春天一般，易于适应环境的变化，在新的环境里不感到约束，性格开朗、善于交际，适合从事与外界打交道、多变、富有刺激和挑战性的工作，如管理、外交、驾驶员、律师、运动员、记者等。粘液具有寒湿的性能，粘液质的人冷酷无情，好似冬天一般，这种人在生活中是一个坚持而稳健的辛勤工作者,他们适合稳定的、按部就班的、静态的工作,如会计、出纳员、保育员、播音员等。黄胆汁具有热干的性能,黄胆汁的人热而燥,如夏季一般,属于兴奋而热烈的类型。这种类型的人在言语、面部表情和体态上都给人以热情直爽、善于交际的印象,他们有理想有抱负、反应迅速、行为果断、表里如一、不愿受人指挥而喜欢指挥别人,适合从事与人打交道、工作内容和环境不断发生变化并且热闹的工作,如导游、演员、市场调查员等。黑胆汁的人具有寒干的性能,抑郁质的人如秋天一般,他们沉静而羞涩、敏感,精神上难以承受或大或小的紧张,他们情绪体验方式较少,但内心体验深刻,不易外露,适合从事安静细致的工作,如校对、排版、化验等。用体液来解释气质类型虽缺乏科学根据,但它概括出的气质类型具有典型性,因此这四种气质类型的名称一直沿用至今。

(二) 体型说

德国精神病学家克瑞奇米尔(E. Kretschme)根据对精神病患者的观察把人的体格类型分为三种:肌肉发达的强壮型、高而瘦的瘦长型和矮而胖的矮胖型。他认为,不同体型的人具有不同的气质。矮胖型的人,外向而容易动感情;瘦长型的人,内向而孤僻;强壮型的人则介于两者之间。克瑞奇米尔认为,正常人与精神病患者只有量的差别,没有质的不同。他认为,不同体型的正常人在气质上也带有精神病患者的某些特征。例如,矮胖型的人具有躁狂抑郁症的特征,瘦长型的人具有精神分裂症的特征,强壮型的人具有癫痫症的特征。因此,他将人的气质也分为:躁郁气质、分裂气质和粘着气质。克瑞奇米尔认为身体特征与气质相关,这对后人有一定的启发作用。气质与体型之间也许存在某种相关,但一些研究表明,这种相关并不是像所讲的那样简单和直接。当代科学还不能清楚地揭示身体特征对气质究竟起什么作用。这种学说过分夸大了生物因素的作用,忽视了社会生活对气质的作用。

(三) 血型说

有些学者认为,人的气质是由不同的血型所决定的。日本学者古川竹二(T. Furukaw)根据血型把人的气质划分为 A 型、B 型、O 型和 AB 型四种。A 型气质的人内向、保守、富有感情、缺乏果断性、容易灰心丧气。B 型气质的人外向、积极、善交际、感觉灵敏、轻诺言、寡信、好管闲事。O 型气质的人胆大、好胜、喜欢指挥别人、自信、意志坚强、积极进取。AB 型气质的人,兼有 A 型和 B 型的特征。日本血型人类学家能见正比古认为:"血型的真正含义指的是人的体质和气质类型。"但是,许多学者认为,这种理论科学根据不足。因此,气质与血型的关系问题还是一个有争议且需要进一步研究的问题。

(四) 激素说

激素(Hormone)是内分泌细胞分泌的高效能化学物质,在血液中的浓度极低,但对生理和心理活动有重大影响。在解释气质的生理机制上影响最大的有两个学派:一是以巴甫洛夫(I. Pavlov)为代表的气质的高级神经活动类型理论；另一个是以伯曼(L. Berman)等人为代表的气质的激素理论。伯曼认为，人的气质特点是由内分泌活动所决定的。他根据人的某种内分泌腺特别发达而把人划分为：甲状腺型、脑垂体型、肾上腺型、副甲状腺型、胸腺型和性腺型。他认为，不同类型的人，有不同的气质特点。

（五）高级神经活动类型说

巴甫洛夫认为，高级神经活动有两个基本过程：兴奋过程和抑制过程。这两个神经过程有三个基本特性：神经过程的强度、神经过程的平衡性和神经过程的灵活性。这三个神经过程基本特性的独特组合就形成了高级神经活动类型。巴甫洛夫指出："由于神经系统基本特性的一些可能的变动，以及这些变动的可能组合，就一定会发生神经系统的各种类型，组合至少有二十四种类型，后来有研究将其缩减为四种不同的类型。"巴甫洛夫认为，这四种神经系统的显著类型恰恰与古希腊学者提出的四种气质类型相当。

1. 强而不平衡的类型（兴奋型）

这种类型的神经活动过程强而不平衡，其特点是神经活动的兴奋过程强于抑制过程，极易兴奋而难以抑制，与胆汁质相对应，是一种容易兴奋、不受约束的类型，所以也称为不可遏制型。

2. 强而平衡、灵活的类型（活泼型）

这种类型的个体兴奋过程和抑制过程都较强，并且两者容易转化，以反应灵敏、活泼、能很快适应变化着的外界环境为特征，与多血质相对应。巴甫洛夫认为这是一种最完善的类型。

3. 强而平衡、不灵活的类型（安静型）

这种类型的个体兴奋过程和抑制过程都较强，但两者不易转化。较易形成条件反射，但不易改造，以坚韧而行动迟缓为特征，与粘液质的类型相对应。

4. 弱型（抑制型）

这种类型的个体兴奋过程和抑制过程都很弱，以胆小畏缩、消极防御和反应缓慢为特点，与抑郁质相对应。

后来，有研究者对巴甫洛夫学说与气质的关系进行了修改，他们主张研究高级神经活动的各种特性是主要的，而划分高级神经活动的类型是次要的。他们强调气质特点的联合结构，认为气质包括焦虑、内外向、行为僵化、冲动性和情绪性等。

三、气质的测量

（一）常见的气质测量方法

气质表现在个体的心理活动和行为方式中，可以通过观察人的行为特征来评定一个人的气质。但是,不能仅凭对个体一时一事的行为特征的观察来确定其气质特征和气质类型。由于气质的复杂性,有时个体的行为表现又会"掩盖"真实的气质特征。因此,对气质的测量应该综合运用观察、实验、测验、个案研究等方法,多方面收集资料,然后从中综合概括出一个人的气质。了解中学生的气质特点需要依靠可靠的测量方法,以获取客观而全面的数据。以下是一些常见的气质测量方法:

1. 气质问卷调查

这是一种经常使用的气质测量方法,通过一系列问题让被测者自评其气质特点。这些问题可能涉及行为、情绪、动机和人际交往等方面。常见的气质问卷包括艾森克个性问卷、气质类型调查问卷等。通过分析被测者的回答,可以得出其在不同气质维度上的得分。

2. 心理学实验

心理学实验可以在控制的情况下观察和测量个体的气质特点。例如,在一项社交互动实验中,研究者可以观察中学生在与他人交流时展现的社交能力、合作态度和人际关系处理方式等,从而推断其气质类型。

3. 多源数据收集

为了获取更全面的气质信息,研究者还可以结合不同来源的数据进行分析。除了进行问卷调查和实验观察外,还可以收集其他相关信息,如教师评估、同伴评价、自述报告等,以综合评估中学生的气质特点。

(二) 气质测量的应用与局限性

气质测量方法的应用涵盖广泛的领域,包括心理学研究、教育评估、职业发展和人力资源管理等。通过了解个体的气质特点,可以更好地理解其行为和心理特征,有助于个体发展和提高生活质量。

然而,气质测量方法也存在一些局限性。首先,任何测量方法都有可能存在测量误差,因此结果应该被视为相对而非绝对的。其次,个体的气质可能随着时间和环境的变化而发生变化,因此测量结果只能反映某个特定时刻的情况。此外,测量结果受到个体自我认知和社会期望的影响,可能存在主观性偏差。在中学生群体中应用气质测量方法时,还需要注意一些特殊问题。例如,中学生可能会受自我认同和他人评价的影响,在自评时可能存在一定的偏差。此外,发育阶段和文化背景等因素可能对气质的表现产生影响,需要在测量和解释中予以考虑。

四、中学生的气质发展与实践

(一) 中学生气质发展的特点

中学生的气质发展在不同年龄阶段呈现出不同的特点:

青少年早期(大约 11 至 14 岁):在这个阶段,中学生的气质逐渐稳定,一些基本的气质特点开始显现。他们可能表现出更多的探索和求异行为,对新鲜事物和社交活动的兴趣增长。青少年中期(大约 15 至 17 岁):在这个阶段,中学生的气质特点更加稳定,并且对他们的行为和决策产生显著的影响。他们可能表现出更多的独立性、责任感和自我意识。青少年晚期(大约 18 岁以上):在这个阶段,他们的气质特点相对成熟和稳定。他们可能表现出更多的自我控制能力、目标导向性和适应性,以及对未来规划和职业选择的思考等。

(二)气质在实践中的作用

中学生的气质在实践中起着重要的作用,对他们的行为表现和实际能力产生一定的影响。

1. 社交适应能力

中学生的气质特点可以影响他们在社交活动中的表现和适应能力。例如,外向的中学生更善于与他人交流和建立社交关系,能够主动参与团队合作活动,并展示领导力和团队协作能力。而内向的中学生可能更偏向于独立思考和自我反省,喜欢独自承担活动或项目。

2. 气质对职业选择的意义

气质特征是职业选择的依据之一。一般说来,要求迅速、灵活反应的工作对多血质和胆汁质的人较为合适;要求持久、细致的工作对黏液质和抑郁质的人较为合适。但在一般的实践活动中,由于气质的各种特征之间可以互相补偿,因此对活动效率的影响并不明显。

3. 领导能力的展示

中学生的气质特点对于领导能力的发展和展示也起着重要的影响。具有外向和自信特点的中学生更容易展现出领导能力,他们具有较强的沟通能力和决策能力,能够在团队中起到积极的推动作用。而具有坚持性和责任感的中学生更注重执行力和组织能力,他们在组织活动和完成任务方面可能表现出较好的领导能力。

(三)气质与教育工作

根据学生的气质类型,可以从以下几方面开展教育工作:

首先,对待学生应克服偏见。气质仅使人的行为带有某种动力特征,无所谓好坏。每种气质类型都有其积极的方面,也都有其消极的方面,无法比较好坏,因此在教育教学工作中,教师应一视同仁地对待每一个学生。

其次,根据学生的气质差异因材施教。针对学生的气质差异,在教育教学工作中应尽可能因人而异,采用不同的方法,做到"一把钥匙开一把锁"。① 对胆汁质的学生,教师应采取直截了当的方式,这些学生易被激怒,对其批评要有说服力,教师可以引导他们更加注重细节和深入思考,培养他们的理性思维和判断能力。② 对多血质的学生,可以采取多种教育方式,但要定期提醒,鼓励他们勇于克服困难,培养扎实专一的精神,防止其见异思迁,可以给予更多的表现机会,让他们在课堂互动中更加活跃,培养他们的创造性。③ 对黏液质的学生,要采取耐心教育的方式,让他们有足够的时间进行考虑和做出反应,可以鼓励他们更多地进行交流和互动,帮助他们更加积极地表达自己的想法和观点。④ 对抑郁质的学生,则应采取委婉暗示的方式,对其多关心、爱护,不宜在公开场合指责他们,要帮助他们更好地调节情绪和情感,增强自信心和自我价值感。

再次,帮助学生进行气质的自我分析、自我教育,通过实践锻炼等培养良好的气质品质。自我分析就是让学生了解自己的气质类型,分析自己的优点和缺点,了解自己的行为特点和学习方式,以便更好地发挥自己的优势、克服自己的不足。自我教育就是让学生了解各种气质类型的特点和差异,引导他们自我教育,培养良好的气质品质,如自信、自律、耐心、坚韧等。实践锻炼就是让学生通过实践活动和社交活动,锻炼自己的气质品质,如表达自己的想法、与他人交流、处理突发事件等,提高他们的综合素质和能力。

最后,组建学生干部队伍时,应考虑学生的气质特点。在任命班干部时应考虑学生的气质特点,使班干部的气质特点与每种职务的工作要求相符合,充分发挥学生干部的潜力和优势。

综上所述,中学生的气质特点对于实践活动具有重要的影响。认识和把握中学生的气质类型和特点,可以更好地发挥他们的潜能,帮助他们在实践中展示和发展出更多的优势和能力,这对于中学生全面发展和未来成长具有积极的意义。

第三节　中学生的性格特征与培养

人生是一个历程,每个人都与同年龄阶段的人有相似之处,但又有自己的特点。回想一下你的中学时光,你最感兴趣的活动是什么? 你最看重什么? 与之比较,现在的你和中学时代的你有什么不同? 可能你的作息习惯、对学校和家庭的态度发生了变化。与此同时,你还会发现,与以前相比,虽然你发生了变化,但似乎有一个"核心的你"一直没有变,你仍然是"同一个人"。尽管你的年龄有所增长、阅历更加丰富,但是你的某些内在品质是没有变化的。因此周围的人总能够识别你,而且你也觉得自己还是以前的自己。这属于性格的内容,那么究竟什么是性格呢?

一、性格概述

(一) 性格的概念

在国外心理学文献中,"性格"(character)一词源于希腊语,意思是特点、特色、记号和标记。在生活中,既被用于标志事物的特性,也被用于标记任务的特性。我国心理学家倾向于认为,性格是一个人对现实的稳定态度和从习惯化了的行为方式中表现出来的比较稳定的、具有核心意义的个性心理特征。

在社会活动过程中,客观事物特别是社会环境的影响,通过自身的认识、情绪和意志活动,在个体身上保存并巩固下来,构成一定的态度体系,并以一定的形式表现在个体的行为中,构成个体特有的行为方式。例如一个人在各种情景中都表现出热情忠厚,为人和善,谦虚谨慎,严于律己,这种对人对己对事的稳定态度和习惯化的行为方式所表现出的心理特征,就是性格。因此,性格是个体在活动中与特定社会环境相互作用的产物。据此,可以对性格的概念做以下分析:

首先,性格是在社会实践中形成的,具有明显的社会性。性格的形成受到社会文化、风俗习惯、政治法律制度等因素的影响,这些因素对人的行为、态度、情感等方面产生影响。为了适应社会活动对人的影响,个体就会通过与他人的交往、交流、合作等,逐渐形成特定的适应性行为。如果这种适应性行为已经经常化并固定下来,它就会成为个体经常采用的态度和习惯化了的行为方式。

其次,性格是人对事物的惯常态度和行为方式,具有稳定性,但同时又具有可塑性。性格一旦形成,就会比较稳定,不容易改变,使得个体的心理和行为特征在时间上具有连续性和一致性。但是,性格并不是一成不变的,它具有一定的可塑性,在生活环境、生活经历和社会实践等因素的影响下,性格也会发生一定的变化。

最后,性格并非与生俱来,而是后天形成的,是现实社会关系在人脑中的反映,具有鲜明的社会性特征。性格的形成受到多种因素的影响,包括遗传、生理因素、社会环境、教育经历、生活经历等。在婴儿出生后,性格的塑造就开始了。婴儿与外界的交互作用和早期经验都会影响其性格的发展。例如,一个人在幼年时期经历了家庭的不幸或社会压力,可能会形成内向、胆小的性格特征,但随着生活环境的变化、生活经历的积累以及社会实践的磨炼,他的性格也会发生一定的变化。

(二) 性格的特征

从组成性格的各个方面进行分析,可以把性格分解为态度特征、意志特征、情绪特征和理智特征四个部分。

性格的态度特征,是个体对社会、对他人和对自己的一种心理倾向。主要包括以下三个方面:① 对待他人、集体和社会的态度。属于这方面好的性格特征有集体主义、富有同情心、正直、诚实、大公无私、见义勇为等;属于这方面不好的性格特征有个人主义、无情、虚伪、自私自利、胆小怯懦。② 对生活、劳动、学习和工作的态度。属于这方面的性格特征有乐观与悲观、勤奋与懒惰、认真与粗心、创新与守旧、节俭与铺张。③ 对自己的态度。属于这方面的性格特征有谦虚与自满、开朗与羞怯、胸怀坦荡与心胸狭隘。

性格的意志特征,是在个人身上经常表现出来的,自觉而又稳定地调节自己行为方式的特征,如目的性与盲目性、果断性与优柔寡断、坚韧与柔软等,这些构成了性格的意志特征。良好的意志特征是有远大理想、行动有计划、独立自主、不受别人左右;果断、勇敢、坚忍不拔,有毅力、自制力强;不良的意志特征是鼠目寸光、盲目性强,随大流,易受暗示、优柔寡断、放任自流或固执己见、怯懦、任性等。

性格的情绪特征,指的是一个人的情绪对他的活动的影响,以及他对自己情绪的控制能力。良好的情绪特征是善于控制自己的情绪,常常处于积极乐观的心境状态;不良的情绪特征是事无大小都容易引起情绪反应。同时,情绪对身体、工作和生活的影响较大,意志对情绪的控制能力比较薄弱,心境容易消极悲观。

性格的理智特征,主要表现在认知方式的特点上,包括感知、记忆、思维和想象等。性格的理智特征主要表现在四个方面:① 感知方面的特征。有主动观察型(场独立性强)和被动观察型(场依存性强)。前者能根据自己的兴趣、爱好及自身内部提供的信息进行主动的观察,不易受环境因素的干扰,后者则明显易受环境因素的影响,易受暗示。② 记忆方面的特征。主动记忆和被动记忆、记忆牢固和容易遗忘、记忆敏捷和记忆缓慢、机械记忆和意义记忆以及其他记忆的分类和品质。③ 思维方面的特征。思维的逻辑性、敏捷性、独创性、深刻性和批判性的特征,标志着人与人之间性格的理智特征的差异,如喜欢归纳与演绎,富于创新与保守,看问题全面、辩证与片面、形而上学等。④ 想象方面的特征。有主动想象和被动想象之分,前者以想象打开自己的活动界限,后者则以想象掩盖自己的无所作为。

(三) 性格与气质的关系

1. 性格与气质的区别

(1) 形成的客观基础条件不同

气质的形成直接决定于人的高级神经活动类型,具有自然的性质;而性格的生理基础是高级神经活动类型特点和后天因素所引起的各种变化的"合金",高级神经活动类型不能预先决定性格,也不能直接决定性格。

(2) 稳定程度不同

气质具有先天性,受遗传因素影响较大,虽然也受到外界因素的影响,但其变化极为缓慢,具有较强的稳定性;而性格是后天形成的,是在人与周围环境的相互作用中逐步发展而形成的,虽然具有稳定性特点,但与气质相比,相对容易改变,具有较强的可塑性。

(3) 气质类型无所谓好坏,而性格特征有好坏之分

气质类型仅仅标志人与人之间的个别差异,每一种气质类型都有积极的一面和消极的一面,而且同一种气质的人会以同样的方式表现在各种活动中,不受活动内容的影

响。因此,气质不具有社会评价意义;而性格反映的是一个人的社会特征。人在社会中生活,与各种事物、各种人发生一定的关系。个体的态度和行为总会对各种关系造成一定的影响,或有益于社会和他人,或有害于社会和他人。因此,性格标示着人的行为方向和可能结果,具有道德评价的意义。

2. 性格与气质的联系

(1) 气质可以使性格带有一种独特的色彩

气质可以按照自己的动力特征影响性格的表现方式,使性格带有一种独特的色彩。例如,同样是对人友善的性格,多血质的人表现为亲切关怀,胆汁质的人表现为热情豪爽,黏液质的人表现为诚恳,抑郁质的人表现为温柔。

(2) 气质可以影响性格形成和发展的速度

当某种气质与性格有较大的一致性时,就有助于性格的形成与发展。气质可按自己的动力方式渲染性格,使性格具有独特的色彩。例如,自制力的形成,胆汁质的人往往需要经过极大的克制和努力,而抑郁质的人比较自然和容易。

(3) 性格可以制约气质的表现,也可以影响气质的改变

性格对气质有重要的调节作用,在一定程度上可掩盖和改造气质,使气质服从于生活实践的要求。例如,顽强坚定的性格可以克制气质的某些消极方面,使积极方面得到充分发展。一个意志坚强、认真负责的外科医生,假如他的气质类型是胆汁质的,他就会在手术过程中时时告诫自己不可急躁冲动、鲁莽行事,从而坚持以沉着稳定、耐心细致的态度和方式完成手术。

二、性格的分类

(一) 根据人的社会生活方式进行分类

德国心理学家斯普兰格(E. Spranger)从价值观的角度出发,依据人类社会文化生活的六种形态,将人划分为六种性格类型。不同的性格类型具有不同的价值观成分。这种类型划分是一个理想模型,现实生活中的个体通常是倾向于一种类型并兼有其他类型的特点。这六种类型如下:① 理论型的人。该类型的人以追求真理为目的,能冷静客观地观察事物,关心理论性问题,力图根据事物的体系来评价事物的价值。多数理论家和哲学家属于这种类型。② 经济型的人。该类型的人总是以经济的观点看待一切事物,以经济价值为上,根据功利主义来评价人和事物的价值和本质,实业家大多属于这种类型。③ 审美型的人。该类型的人以美为最高人生意义,不大关心实际生活,总是从美的角度来评价事物的价值,以自我完善和自我欣赏为生活目的,艺术家属于这种类型。④ 社会类型的人。该类型的人重视仁爱,有献身精神,有志于增进社会和他人的福利。社会服务、卫生和教育工作者属于这种类型。⑤ 权力型的人。该类型的人

重视权力,并努力去获得权力,有强烈的支配和命令别人的欲望,不愿被人支配。⑥ 宗教型的人。该类型的人坚信宗教,有信仰,富有同情心,以慈悲为怀,以传播宗教为职业的人属于此类型。后来有研究指出,单一类型的人较少,每个人或多或少地具有这六种价值倾向。

(二) 根据心理功能的优势进行分类

英国心理学家培因(A. Bain)和法国心理学家李波特(T. Ribot)根据理智、情绪、意志三种心理功能在性格中所占的优势,提出了心理功能优势分类法,将性格大致分为三类:① 理智型。在人际交往过程中,通常能够理性地分析对方和事物,并以理智支配和控制自己的行为,处世沉稳冷静。② 情绪型。在人际交往过程中,通常用情绪来评估一切,言谈举止易受情绪左右,容易冲动、发脾气。③ 意志型。该类型的个体,往往具有明确的行动目标,有较强的自制力,能够为实现自己的目标付出艰辛的努力。其实,生活中大多数人的性格属于混合型,比如理智—意志型等。

(三) 根据心理活动的倾向进行分类

瑞士心理学家荣格(C. Jung)根据力比多的活动方向,提出了心理活动倾向分类法,将性格分为两大类:① 内倾型。一个人的力比多活动方向如果指向于内部世界,则其性格属于内倾型,其特点是好沉思、善内省、孤僻、缺乏自信、易害羞、冷漠、寡言。② 外倾型。如果人的力比多活动方向指向外部世界,则其性格属于外倾型,其特点是心理活动倾向于外部,活泼开朗,活动能力强,容易适应环境的变化。外倾型与内倾型是个体在反应特有情境时的两种态度或方式。荣格认为没有纯粹的内倾型与外倾型的人,在实际生活中,绝大多数人都是二者兼有,只是某一方面相对占优势。

荣格认为,个体的心理活动有感觉、思维、情感和直觉四种机能类型,"感觉告诉我们存在着某种东西,思维告诉我们它是什么,情感告诉我们它是否令人满意,而直觉告诉我们它来自何方和向何处去"。感觉与直觉属于非理性功能,与人如何理解信息有关系,直觉允许人们在缺乏事实材料的情况下进行判断;思维和情感是理性功能,与推理和判断有关。荣格认为,每个人都会用到这四种机能,只是其中的某一种成为我们认识事物的主导方式。荣格还将心理活动倾向与心理活动的机能类型相结合,描述了八种性格类型:① 外倾思维型。这类人既是外向的,又是偏向思维的,他们的思维以客观资料为依据,思维过程由外界信息激发。科学家属于外向思维类型,他们认识客观世界,解释自然现象,从而创立理论体系。外向思维的人经常情感压抑,缺乏鲜明的个性,甚至表现为冷淡和傲慢等。② 内倾思维型。这类人既是内向的,又是偏向思维的。他们除了思考外界信息外,还思考自身的精神世界,对思想本身感兴趣,并收集外部世界的事实来验证自己的思想。这类人情感压抑、冷漠、沉溺于幻想、固执、刚愎自用和骄傲等。③ 外倾情感型。这类人既是外向的,又是偏向情感的。他们的情感符合客观情境和一般价值。这种人在"爱情选择"上表现得最为明显,他们不考虑对方的性格特点,只考虑对方的身份、年龄和家庭情况。他们思维压抑,情感外露,好交际,寻求与外界的和谐。④ 内倾情感型。这类人既是内向的,又是偏向情感的,他们的感情由内在的主观因素所激发。他们思维压抑,情感深藏,沉默,力图保持隐蔽状态,而气质常常是抑郁的。⑤ 外倾感觉型。这类人既是外向的,又是偏向感觉的。他们头脑清醒,倾向于积累外部世界的经验,对事物并不过分地追根究底。他们寻求享乐,追求刺激,情感浅薄,直觉压抑。⑥ 内倾感觉型。这类人既是内向的,又是偏向感觉的。他们远离外界,常沉浸在自己的主观感觉世界中。他们的知觉深受心理状态的影响,艺术性强,直觉压抑。⑦ 外倾直觉型。这类人既是外向的,又是偏向直觉的。他们力图从外界中发现各种可能性,并不断寻求新的可能性。这种人可以成为新事业的发起人,但不能坚持到底。⑧ 内倾直觉型。这类人既是内向的,又是偏向直觉的,他们力图从精神现象中发现各种可能性。他们不关心外界事物、脱离实际、善于幻想,他们的观点新颖,但有点稀奇古怪。

(四) 性格 A、B、C、D 分类法

1987 年美国心脏病专家迈耶·弗里德曼(M. Friedman)等人根据对众多冠心病患者的观察,把人的性格分为 A、B、C、D 四种类型。A 型性格的人具有强烈持久的目标动机,有追求完美和高效的倾向,他们具有很强的时间意识和竞争意识,容易紧张、激动,因此患冠心病、心肌梗塞等心脑血管疾病的风险更高。B 型性格的人很容易满足,他们安于现状,工作、学习中缺乏欲望,没有特别想要实现的理想和目标,他们在生活中比较拖延,态度懒散。C 型性格的人常控制自己的情绪,他们十分细心,在人际交往中十分谦虚、谦让。为了避免冲突,他们往往选择迁就、包容、服从权威,他们会压抑自己的情绪和想法,因而容易陷入抑郁、焦虑等负面情绪。D 型性格最明显的表现是消极、忧伤、孤独、压抑,他们情绪敏感,比别人更容易产生负面情绪,他们回避社交也不善于社交,往往沉默寡言。

三、性格的鉴定

由于性格的复杂性和独特性,对性格的鉴定比对气质的鉴定更为困难。鉴定性格的方法有很多,一般采用综合研究法、自然实验法和测验法。

(一) 综合研究法

综合研究法,又称"个案法",是把观察、谈话、作品分析、调查等方法结合起来加以运用的方法,即通过多方面、多途径、多角度对个人的行为表现进行观察和分析,从而对个人的性格进行评估和判断。综合研究法是一种系统的、全面的、多维度的研究方法,可以从不同的角度来了解一个人的性格特点,从而更加准确地描述和鉴定一个人的性

格。该方法通常包括以下步骤：① 收集资料：通过多种途径收集有关个人的行为表现、言语、情绪等方面的资料，包括个人自述、他人观察和评价、行为记录、作品分析等。② 整理资料：将收集到的资料进行整理、分类、归纳，找出其中的规律和特点。③ 分析资料：运用心理学、人类学、社会学等学科的理论和方法，对整理好的资料进行分析和研究，探索个人性格的内在结构和特点。④ 鉴定性格：根据分析结果，对个人的性格进行鉴定，描述其性格特点、优缺点、适合的工作和生活环境等。

（二）自然实验法

自然实验法是指在普通的生活状态下，适当控制一些条件进行性格研究的方法，是实验法在自然条件下的应用。实验者可以根据研究目的来创设实验情境，让学生能够主动表现出真实性格特征，并进行观察、记录、整理以及分析，从而确定学生的性格特征。自然实验法可以在一定程度上避免主观性、片面性的影响。

（三）测验法

性格测验包括自陈量表和投射测验。自陈量表法就是让被试按自己的意见，对自己的性格特征进行评价的一种方法。自陈量表通常由一系列问题组成，一个问题陈述一种行为，要求被试按照自己的情形来回答。

投射测验是指采用某种方法绕过受访者的心理防御，在他们不防备的情况下探测其真实想法。常用的投射测验有罗夏墨迹测验和主题统觉测验。罗夏墨迹测验是非常著名的投射测验，在临床心理学中使用得非常广泛。通过向被试者呈现标准化的由墨渍偶然形成的模样刺激图版，让被试自由地观察并说出由此所联想到的东西，然后将这些应用符号进行分类记录，加以分析，进而对被试性格的各种特征进行分析。主题统觉测验是默里 1935 年为研究性格而编制的一种测量工具。该测验由 30 张模棱两可的图片和一张空白图片组成。图片内容多为人物，也有部分风景，但每张图片都至少有一个人物。每次给被试呈现一张图片，让被试根据看到的内容编故事。

四、影响中学生性格形成和发展的因素

性格是十分复杂的，影响性格形成和发展的因素也是十分复杂的。一般来说，影响性格形成和发展的因素主要有：

（一）生物学因素在性格形成中的作用

生物学因素是性格形成的重要因素之一，包括遗传基因、生物成熟、神经系统的遗传特征等。首先，人的性格有一定的遗传基础，父母的性格特点可能会遗传给他们的孩子。如果父母亲有内向、敏感等性格特点，他们的子女也可能会表现出类似的特点。其次，生物成熟的早晚也会对性格形成产生影响。早熟的孩子可能更具有独立性、自主性

和冒险精神,而晚熟的孩子可能更加谨慎、内向和温柔。再次,神经系统的遗传特征也会对性格产生影响。有些人天生就比较敏感,容易受到外界刺激的影响,这可能与他们的神经活动类型有关。

(二)家庭因素在性格形成中的作用

家庭是社会的基本单位,社会因素对儿童性格的影响首先是在家庭中进行的。家庭中的各种因素,如家庭的经济收入水平、父母的职业、家庭结构、家庭气氛、家庭教养方式以及儿童在家庭中的地位都会影响儿童性格的形成。在家庭经济状况方面,如果家庭经济状况比较好,孩子就会感到安全和满足,性格也会比较自信和乐观;如果家庭经济状况比较差,孩子就会感到不安和担忧,性格也会比较消极和沮丧。在诸多因素中,父母的教养方式对儿童性格的形成起着重要的作用。父母对子女采取严厉的态度,子女容易形成执拗、冷淡、粗暴、依赖、自卑等不良性格特征;父母对子女采取放任型的态度,子女容易形成冷酷、攻击、情绪不安或消极、与世无争和玩世不恭的性格特征;父母对子女采取溺爱型的态度,子女容易形成任性、幼稚、以自我为中心、撒娇放肆、缺乏独立性、胆小怕事、对人没有礼貌等消极的性格特征;父母对子女采取民主型的态度,子女容易形成独立、直率、积极、协作、社会适应性强等积极的性格特征。

(三)学校因素在性格形成中的作用

首先,学校教育能够影响儿童性格的形成,学生通过课堂接受系统的科学知识,同时也形成科学的世界观,通过学习可以发展学生的坚持性、主动性等性格特征。其次,校风和班风也是影响学生性格形成和发展的重要因素,良好的校风和班风能促使学生养成积极性、独立性和遵守纪律等优良品质。最后,教师的言行对学生性格的形成和发展会产生潜移默化的作用。教师对儿童采取热情和鼓励的态度,可以促进儿童自信心的发展,使儿童敢于面对失败,将来更富于创造性。通常教师的管理有两种类型,一种是权威型的,另一种是专制型的。权威型的教师有能力、有威信,能够对儿童进行指导,设立目标,鼓励儿童的求知欲、创造性、自尊感和社会责任感的发展。而专制型的教师以自我为中心,一切得听他的,他对学生的批评指责较多,常常使学生感到压抑、被动、缺乏自信等。

(四)社会文化因素在性格形成中的作用

社会文化塑造了社会成员的性格,使成员的性格结构朝着相似性的方向发展,这种相似性具有维系社会稳定的功能,又使得每个人能稳固地"嵌入"整个文化形态里。人不是孤立的,而是社会的一员。人与社会相互影响,因此人的性格形成与社会文化是分不开的。不同的国家和地区有不同的文化特征,比如不同的语言、不同的价值观念、不同的生活方式,这些都会在人的性格上形成不同的烙印。

（五）心理因素在性格形成中的作用

虽然影响性格形成的因素很多，但是这些因素并不直接对性格产生影响，而是通过个体的心理活动发生作用。苏联心理学家提出过心理状态"转化论"假说，该假说主张性格形成最初所经历的阶段是"心理状态"，这些状态是由多种因素引起的，例如"漫不经心"既可以是迷恋个别个体而削弱了他对其他客体的注意，也可能是缺乏认真的态度、责任心不强的表现。个体在各种情况下表现出的"漫不经心"，影响着其心理过程的进行。如果这种心理状态经常发生，就可能会被巩固下来，逐渐成为个体的性格特征。

苏联心理学家提出的"动机泛化假说"认为，个体在面临外部刺激或内部心理状态时，会根据自身的需要和价值观进行评估和调整，从而形成特定的行为模式和心理特征。这个过程是逐步发展和巩固的，最终形成稳定的性格特征。动机的泛化和定型化在性格形成中起重要作用。当个体在经历某些特定的情境或面临某些特定的任务时，如果不断采取相同的行为或思考方式，就会逐渐形成特定的习惯和行为模式，从而成为性格的一部分。这些习惯和行为模式经过不断重复和强化，就会逐渐定型化，成为个体稳定的性格特征。例如，一个孩子在面临困境时，如果总是采取退缩和回避的行为方式，那么这种行为模式就会逐渐成为其性格特征之一。相反，如果孩子在面对困难时能够采取积极的态度和行动，那么这种行为模式就会成为其另一方面的性格特征。

总之，性格的成因是非常复杂的，既有外部原因又有内部原因。性格是这些因素交互作用的产物。生物学因素是性格形成的基础，社会环境因素影响着性格发展的方向，而个体的主观因素决定着性格的最终形成。

五、中学生性格的培养

性格不是与生俱来的，它是一个人在长期的生活过程中不断经受家庭与社会环境的影响、教育的熏陶和自身的实践而逐步形成的。因此，在培养学生形成良好性格的过程中，应将学校教育、家庭教育、社会教育和自我教育结合起来。

（一）塑造良好的家庭教育环境

家长要营造和谐的家庭氛围，让孩子感受到家庭的温暖，体验到家庭的欢乐，意识到自己是家的重要一员。家长要努力给孩子创造一个好的生活条件，让孩子能在优越的家庭环境中学习，并从成功人士身上学习到坚韧不拔的性格。家长要注重对孩子独立能力的培养，让孩子动手整理自己的东西，或者指派一个小任务让他们独自去完成。家长要培养孩子独立思考的能力，要经常和孩子谈心，了解孩子的心理发展状况，同时要经常与孩子交流，做出家庭决策时要征求孩子的意见。家长要以身作则，担起言传身教的责任，待人接物温和有礼，遇事积极正直，助力孩子形成好性格。

（二）创设优良的集体环境

性格形成离不开环境的熏陶，所谓"近朱者赤，近墨者黑"，说明环境在性格形成方面起着重要作用。一个好的集体是锤炼并完善人的大熔炉，只有当一个人长时间参加有组织、有纪律、有自豪感的集体生活时，良好的性格才能培养起来，尤其是对于具有孤僻、冷淡性格倾向的孩子来说，集体的作用更为重要。班集体多组织一些有意义的活动，如经常带学生参观学习、打扫环境卫生、植树造林等，在活动中要善于发现并及时强化学生的闪光点，使他们乐于参加集体活动，并从中获得荣誉感和成就感。

（三）充分利用榜样作用

榜样的范围很广，可以是教师，也可以是优秀的学生或者社会人士。榜样对学生来说，有很大的影响力和感染力，可以使学生改变认识，提高自我评价的能力。教师首先要为学生示范，要求学生做的，教师首先要做到。正如陶行知先生所说的"名人的一举一动，一言一行，都要修养到不愧为人师的地步。"教师虽不能称名人，但也应如此。因此，在平时的教育教学中，教师应有目的地选择榜样、树立榜样，并强化榜样的形象和作用。也可以让学生介绍自己身边的榜样，引导学生观察周围看得见、摸得着的榜样，这样更能够激发学生积极向上的动力，如让班上学习成绩优秀、品德良好的学生介绍学习经验等。

（四）提供实践机会，在实践中培养良好性格

实践制约并影响着性格的发展。学生的社会实践活动包括社会志愿活动、服务型活动、生产劳动或者社会调查等。社会实践活动可以培养学生的下列性格特征：① 在实践活动中，给学生设定明确目标，让他们有清晰的方向和动力去完成任务，这有助于培养他们的目标感和毅力。② 让学生参与各种实践活动，如社会服务、科研项目、文化体验等，这能让他们体验到不同的情境和挑战，从而培养他们的适应能力和灵活性。③ 在实践活动中，让学生自主决策，教师只提供必要的指导和支持，这有助于培养他们独立思考和判断的能力。④ 在实践活动中，鼓励学生之间的合作与分享，让他们学会相互支持和协作，这有助于培养他们的团队精神和合作能力。⑤ 在实践活动中，及时给予学生反馈和评价，帮助他们发现自己的优点和不足，并给予指导和建议，这有助于培养他们的自我认知和自我修正能力。

（五）注重学生的自我教育

人要成功地做成任何一件事，都要有强烈的自觉能动性。人如果能主动采取行动和措施来培养自己的品质，那就是自我教育的开始。教师、家长要了解学生的性格特征，培养学生自我教育的能力，指导他们学会分析自己性格的优缺点，发扬良好性格，克服不良性格。在培养学生性格的过程中，应该重视调动学生的主观能动性，促进学生自

我教育能力的提高,使他们掌握战胜自我的方法,学会"自省""自律""自立""自勉""自强",最终实现自我塑造和自我改造。

(六) 注重因材施教

由于每个人的社会背景不同,家庭环境不同,生活道路不同,主观努力不同,因而其性格特征也有所不同。人的性格的复杂性要求我们在开展教育工作时不能简单"一刀切",要有的放矢地采取适当的方法进行教育。如对待自卑感较重的学生,不过多指责,而应从增强自信心入手,让他不断发现自身的"闪光点",不断认识自己的成功之处。对于成绩较好,自视较高的学生,则不过多夸奖,而可适当批评,指出他的缺点和不足,以激发其上进心。

(七) 及时强化学生的积极行为

性格通过行为表现出来,良好性格的表现就是良好的行为。而控制行为最好的方法是行为主义的强化方法。根据行为主义的理论,个体的行为能够持续发生,原因就在于其行为受到了强化。教师想要学生形成良好的行为习惯,就需要强化学生的积极行为。教师可以采用的强化方式有表扬、物质奖励、代币制等,通过及时强化有助于这一积极行为的重复出现,同时也潜移默化地告诉学生什么行为是合理的、正确的,什么行为是不合理的、错误的,这有助于其良好性格的养成。

章小结

人格是指一个人在社会化过程中形成和发展的思想、情感及行为的特有模式,包括个体独具的有别于他人的稳定而统一的心理品质。人格的特征包括独特性、稳定性、整体性和功能性。影响人格形成的因素有遗传、环境和自我调控等,其中遗传因素决定了人格发展的可能性,环境因素决定了人格发展的现实性,自我调控因素则是人格发展的内部决定因素。

气质是表现在心理活动的强度、速度、灵活性与指向性等方面的一种稳定的心理特征。人的气质差异是先天形成的,受高级神经活动类型制约。体液说、体型说、血型说、激素说和高级神经活动类型说是几种典型的气质学说。影响气质的因素主要有遗传因素、环境因素和个体经验等。性格是人对现实的稳定的态度以及与这种态度相应的习惯化了的行为方式中表现出来的人格特征。性格和气质既有区别又有联系,气质类型无所谓好坏,而性格特征有好坏之分;气质可以使性格带有一种独特的色彩,可以影响性格形成和发展的速度,也可以制约气质的表现和影响气质的改变。根据不同的标准,可以将性格划分为不同的类型。创设优良的家庭环境与集体环境、充分利用榜样作用、为学生提供实践的机会、加强学生的自我教育、注重因材施教等是培养中学生良好性格的主要方法。

一、选择题

1. 人们常说的"江山易改，禀性难移"中，"禀性"指的是（　　）。

　　A. 性格　　　　　　　B. 人格　　　　　　　C. 气质　　　　　　　D. 脾气

2. 下面哪一项高级神经活动特征是与多血质气质类型相对应？（　　）

　　A. 强、平衡、灵活　　B. 强、不平衡　　　　C. 强、平衡、不灵活　D. 弱

3. 与黏液质对应的高级神经活动类型是（　　）。

　　A 不可遏制型　　　　B. 抑制型　　　　　　C. 安静型　　　　　　D. 活泼型

4. 小明是一位活泼好动、灵活，喜欢交朋友、爱好广泛、稳定性差、缺少毅力、见异思迁的学生，他的气质类型属于（　　）。

　　A. 多血质　　　　　　B. 胆汁质　　　　　　C. 粘液质　　　　　　D. 抑郁质

5. 一个人对社会、对自己和他人的心理倾向指（　　）。

　　A. 性格　　　　　　　B. 气质　　　　　　　C. 态度　　　　　　　D. 人格

6. 在下列选项中哪项属于与社会相关最为密切的人格特征，包含了许多社会道德？（　　）

　　A. 能力　　　　　　　B. 性格　　　　　　　C. 气质　　　　　　　D. 认知

7. 性格的哪种特征是对自己行为的自觉调节？（　　）

　　A. 态度　　　　　　　B. 意志　　　　　　　C. 理智　　　　　　　D. 情绪

8. 把人格的特质分为根源特质和表面特质的是（　　）。

　　A. 艾森克　　　　　　B. 卡特尔　　　　　　C. 奥尔波特　　　　　D. 吉尔福特

9. 构成人格的多种成分不是完全无序的集合，而是具有某种内在的一致性，这叫人格的（　　）。

　　A. 统合性　　　　　　B. 稳定性　　　　　　C. 独特性　　　　　　D. 功能性

10. 有句俗话叫"三岁看大，七岁看老"，这句话体现了哪种因素对人格的影响？（　　）

　　A. 家庭环境　　　　　B. 社会文化　　　　　C. 早期童年经验　　　D. 自然物理因素

11. 在影响人格发展的因素中，（　　）为人格发展提供了可能性。

　　A. 遗传　　　　　　　B. 家庭环境　　　　　C. 主观能动性　　　　D. 学校环境

12. 俗话说"有其父，必有其子"，这体现了哪种因素对人格的影响？（　　）

　　A. 家庭环境　　　　　B. 遗传因素　　　　　C. 早期童年经验　　　D. 自然物理因素

13. 勒温的一项研究显示，教师的管教风格对学生人格产生影响，专制和民主的风格下，学生表现出不同的人格特点，这体现出了哪种因素对人格的影响？（　　）

　　A. 家庭环境　　　　　B. 学校教育　　　　　C. 早期童年经验　　　D. 自然物理因素

二、名词解释

人格　气质　性格　表面特质　根源特质　投射测验

三、简答题

1. 简述人格的含义和特征。

2. 简述气质的含义及动力性特征。

3. 简述加伦的气质类型说。

4. 简述气质的高级神经活动类型说。

5. 简述性格与气质的联系与区别。

6. 简述气质在中学生实践中的作用及气质与教育工作的关系。

7. 影响人格的因素有哪些？

8. 简述性格的测量方法。

9. 简述一种性格理论。

10. 中学生性格培养的方法有哪些？

第5章　中学生自我意识发展

章结构

章结构内容：

中学生自我意识发展
- 自我意识概述
  - 自我意识的内涵
  - 自我意识的结构
  - 自我意识的发展
  - 提升自我意识的重要性
- 自我意识的理论基础
  - 詹姆斯的自我结构理论
  - 库利的镜中我理论
  - 弗洛伊德的自我理论
  - 罗杰斯的自我概念理论
  - 罗洛·梅的自我存在理论
  - 玛西亚的自我同一性理论
  - 约·哈里窗口
- 中学生自我意识发展的特点
  - 中学生自我意识发展的一般趋势
  - 初中生自我意识发展的特点
  - 高中生自我意识发展的特点
- 中学生自我意识的培养
  - 正确认识自我
  - 积极悦纳自我
  - 有效调控自我

章首语

　　从古至今，人们对于自我的认识始终处于无尽的探索之中。"我是谁?""我能做什么?""我的一生会如何?"……这些问题不管是有意识的还是潜意识的，或多或少都曾出现在我们的脑海里。古语云："人贵有自知之明。"在社会经济迅猛发展和学业压力不断增加的现代社会,如果不了解自己,我们可能会成为自我的迷失者。所以,中学生能否客观全面地认识自我,对他们人生发展起着决定性作用。

关键词

自我;自我意识;自我意识发展;中学生

情境导入

"我很笨,我怎么学都学不会!""我真的不行,无论怎么努力,成绩都上不去。"这是许多中学生经常挂在嘴边的话语。难道这些学生是真的笨,真的不行吗? 很显然,这些所谓的"笨学生"并不是智力方面出现了问题,而是缺乏正确的自我认识,形成了消极的自我概念。那么,如何正确地认识自我,形成积极的自我概念呢? 通过本章学习,我们将为你解开谜团。

第一节 自我意识概述

一、自我意识的内涵

(一) 自我意识的概念

自我意识,也称自我,是指个体对自己的身心状况及其与外部世界相互关系的认识和体验。一方面,自我意识是个体对自身的意识与反映,包括对自己及其状态的认识,对自己肢体活动状态的认识和对自己思维、情感、意志等心理活动的认识。另一方面,自我意识也反映了个体与周围环境之间的关系,因为个体的发展离不开环境,特别是人与人之间关系的制约和影响。自我意识是人类意识的一种形式,也是个性发展的重要组成部分。

(二) 自我意识的特点

一般来说,自我意识具有意识性、社会性、能动性、同一性等特点。

1. 意识性

自我意识的意识性是指个体对自己以及自己与周围世界的关系有着清晰、明确的理解和自觉的态度,而不是无意识或潜意识。从马克思主义哲学的角度来看,这种自我意识是主体我对客体我的主观能动的反映。

2. 社会性

自我意识的社会性是指自我意识是个体长期社会化的产物。这不仅因为自我意识是在社会实践中产生的，还因为它的主要内容是个体社会属性的反映。对自我本质的意识，不是意识到个体的生理特性，而是意识到个体的社会特性，意识到个体的社会角色，意识到个体在一定社会关系和人际关系中的地位和作用，这是自我意识发展到成熟的重要标志。

3. 能动性

自我意识的能动性不仅表现在个体能根据社会或他人的评价、态度和自己实践所反馈的信息形成自我意识，还能根据自我意识调控自己的心理和行为。

4. 同一性

自我意识的同一性是指个体内部达到自我整合的和谐状态，同时个体对自身的认识与个体感觉到的外界对他的认识达成一致。心理学研究表明，自我意识一般需要经过二十多年的发展，直到青年中后期才能形成比较稳定、成熟的自我意识。虽然这种自我意识有可能因个体成败经验和他人评价的影响而发生变化，但到青年期以后，个体会对自己的基本认识和态度保持同一性。正因为自我意识的同一性，才使个体表现出前后一致的心理面貌，使自己与他人的个性区分开来。

二、自我意识的结构

自我意识是一种多维度、多层次的复杂心理现象，由自我认识、自我体验和自我调控三种心理成分构成。这三种心理成分相互联系、相互制约，统一于个体的自我意识之中。

（一）自我认识

自我认识是自我意识的认知成分，是指一个人对自己各种身心状况的认识，包括自我感觉、自我概念、自我观察、自我分析、自我评价等。其中，自我概念和自我评价是自我认识中最主要的方面，集中反映了个体自我认识乃至自我意识的发展水平，也是自我体验和自我调控的前提。自我认识主要解决"我是一个什么样的人"的问题。

（二）自我体验

自我体验是自我意识的情感成分，是在自我认识的基础上产生的，反映个体对自己所持的态度。它包括自我感受、自爱、自尊、自信、自卑、自负、内疚、羞耻、自豪感、成就感、自我效能感等。其中，自尊是自我体验中最主要的方面。

（三）自我调控

自我调控是自我意识的意志成分，是个体对自己心理活动和行为的调节与控制，包括自我监督、自我塑造、自我克制、自我教育等。其中，自我教育是自我调控的最高级形式，因为教育的最高境界就是自我教育能力的形成。自我控制是个体意志品质的集中体现,我们常说的自制力就是自我控制能力。

自我认识、自我体验和自我调控之间相互联系、相互制约,统一于个体的自我意识之中。自我认识是最基础的部分,决定着自我体验的主导心境以及自我调控的主要内容;自我体验又强化着自我认识,决定了自我调控的行动力度;自我调控是完善自我的实际途径,对自我认识、自我体验都有着调节作用。三个方面整合一致,形成了完整的自我意识。

> **真题链接**
>
> 自我意识结构中,(　　)是最基础的部分。
> A. 自我认识　　　 B. 自我概念　　　 C. 自我体验　　　 D. 自我调控

三、自我意识的发展

自我意识发展是指个体对自己以及自己与客观世界关系的意识的发生发展过程。自我意识是个体在实践活动、社会交往中发展起来的,经历了从生理自我到社会自我,再到心理自我的过程。

(一) 生理自我

新生儿不具有自我意识。婴儿先能辨认客体的属性,而后才能逐渐认识自己。1岁前的婴儿全然意识不到自己的存在,更不能分辨主客体。他们经常摆弄自己的手指,把它们放进嘴里吸吮,但并不知道手指是自己身体的一部分,而只是把它们当作玩具。

1~3岁的儿童处于生理自我阶段,这是自我意识最原始的形态,是儿童对自己生理属性的意识,它使一个人把自我与非自我区分开来。婴儿在1岁末就开始将自己的动作和动作的对象区分开来,把自己和自己的动作区分开来,开始意识到自己的手指和脚趾是身体的一部分,逐渐能够在与成人的交往中按照自己的姓名、身体特征和活动能力来看待自己,并做出一定的评价。生理自我一般始于1周岁,在3岁左右基本成熟,这是自我意识发展的第一个阶段。

> **知识链接**
>
> **照镜子实验**
>
> 心理学家做过一个婴儿照镜子的实验,即在不让婴儿察觉的情况下,在他的鼻子上用胭脂点上红点,然后观察他们照镜子的反应,结果发现不同年龄阶段的婴儿反应不同。
>
> 14个月以下的婴儿,不知道镜中的映像就是自己,把镜像视为别人,对着映像微笑、发声、拍打,甚至还会到镜子后面去找那个不存在的人。

> 15～17 个月的婴儿，见到镜中的映像似乎感到害怕，从镜前退缩，这个时候他们还是把镜中映像当成陌生人，一些儿童似乎朦胧地感觉到是自己。
>
> 18～24 个月的婴儿，意识到镜像是自己，用手去摸自己鼻子上的红点，而不去碰镜像中的鼻子。这种知道镜子中的镜像就是自己的现象，标志着婴儿开始有了自我意识。
>
> 大约到 3 岁以后，孩子开始出现自我评价能力。

（二）社会自我

3 岁到青春期的儿童处于社会自我阶段，这是个体对自己社会属性的认识，包括个体对自己在各种社会关系中的角色、地位、权利、义务等的意识。儿童在 3 岁以后，自我意识的发展进入社会自我阶段。他们从轻信成人的评价逐渐过渡到自我独立评价，自我评价的独立性、原则性、批判性正在迅速发展，对道德行为的判断能力也逐渐达到了前所未有的水平，从对具体行为的评价发展到有一定概括程度的评价。但处于这一阶段的个体，其自我评价通常不涉及个人的内心世界和人格特征，自我的调节控制能力较弱，常常出现言行不一的情况。社会自我到少年期基本成熟。

（三）心理自我

从青春期开始一直到成年期，个体的自我发展处于主观自我阶段，主观自我也被称为心理自我，这是个体对自己心理属性的认识，包括对自己的感知、记忆、思维、智力、性格、气质、动机、需要、价值观和行为等的意识。心理自我是从青春期开始形成和发展的。这一时期，青少年开始自觉按照一定的行动目标和社会准则来评价自己的心理品质和能力。他们的自我评价越来越客观、公正和全面，并具有社会道德属性，在此基础上形成自我理想，追求有意义和有价值的目标。例如，初中生在日常生活中常常将很多心智用于内省，自我意识高涨。高中生自我意识中的独立意识日趋强烈，在心理上将自我分成了"理想自我"和"现实自我"两部分，他们强烈关心自己的个性成长，自我评价成熟，有较强的自尊心，道德意识高度发展。

真题链接

> 自我意识发展的最高阶段是（　　）。
>
> A. 生理自我　　　B. 客观自我　　　C. 心理自我　　　D. 社会自我

四、提升自我意识的重要性

希尔曾经说："一切的成就，一切的财富，一切的快乐，都始于一个意念。"这个意念就是自我意识。可以这么说，一个人的成长过程，成功与否，成就大小，学业上是突破还是受限，完全取决于他的自我意识的强弱，自我意识几乎决定了我们的一切。因此，健全的自我意识是学生心理健康的标志，意味着学生能够客观地认识自我，愉悦地接纳自我，积极地完善自我。因此，提升自我意识，帮助学生正确认识自我、了解自我，形成良好的自我评价，能够自尊自信地生活和学习，对于学生的成长和发展具有重要意义。

（一）帮助学生客观认识自我

客观认识自我是培养健全自我意识的基础。通过自我意识辅导，学生在自我反省中认识自我，在分析他人对自己的评价中完善自我，在与他人比较中了解自我，在人际交往互动中锻炼自我，在活动中寻找和发现自己的优势和潜能，从而实现自我内部的整合，自我与环境的融合，进而达到自我的平衡状态。

（二）帮助学生积极悦纳自我

积极悦纳自我是塑造自我意识的关键和核心。每个人都有自己的优点和缺点、长处和短处。通过自我意识辅导，培养学生形成对待自己优缺点的正确态度，既要肯定自己的长处，也要善待自己的短处，并能够正确对待挫折。只有积极悦纳自我的人，才能为他人所接纳。

（三）帮助学生有效调控自我

自我调控是健全自我意识、完善自我的根本途径，也是个体心理成熟的重要指标。通过自我意识辅导，可以帮助学生根据自身实际情况和社会需要，确立合理的目标，在迈向"理想我"目标的过程中，遇到挫折时善于调控自己，努力提高"现实我"，实现"理想我"。

（四）帮助学生勇敢超越自我

超越自我是对自身能力或素质的突破，这不仅是心理潜能的激发，更是自我的完善和智慧的凝结。心理学研究表明：每个人都蕴藏着无限的潜能，等待着我们去主动挖掘。当然，完善自我、超越自我的过程并不是一帆风顺的，需要我们付出艰辛的努力，是一个塑造"新我"的过程。

第二节　自我意识的理论基础

一、詹姆斯的自我结构理论

詹姆斯于 1890 年在《心理学原理》中首次提出自我的概念，并将自我分为"主体我"

和"客体我"，主体我表示"自己认识的自我"，主动地体验世界的自我；客体我是作为思维对象的自我，表示个体对自己的各种看法。例如，在"我看见我自己"中，主体我和客体我都用到了，我是看的主体，也是看的客体。其中，客体我由三要素构成，分别是物质我、社会我和心理我。

物质我（material self），也叫生理我，是指个体对自己躯体、性别、体形、容貌、年龄、健康状况等生理物质的意识。有时也将个体对某些与身体物质密切相关的衣着、打扮以及外部物质世界中与个体紧密联系并属于"我的"人和物（如家属和所有物）的意识和生理自我一起统称为物质我。物质我在情感体验上表现为自豪或自卑；在意向上表现为对身体健康和外貌美的追求、物质欲望的满足以及对自己所有物的维护等。

社会我（social self）在宏观方面是指个体对隶属于某一时代、国家、民族、阶级、阶层的意识；在微观方面是指对自己所在群体中的地位、名望，受人尊敬、接纳的程度，拥有的家庭、亲友及其社会政治经济地位的意识。在情感体验上也表现为自豪或自卑；在意向上表现为追求名誉地位、与人交往、与人竞争、争取得到他人的好感等。

心理我（psychological self）是指个体对自己智力、兴趣、爱好、气质、性格等方面心理特点的意识。在情感体验上表现为自豪、自尊或自卑、自负；在意向上表现为追求智慧、能力的发展和追求理想信仰，注意自身行为符合社会规范等。

詹姆斯认为，物质我、社会我和心理我既相互区别又相互联系，是个体自我意识的有机组成部分。三种客体我都接受主体我的认识和评价，对自己形成满意或不满意的判断，并由此产生积极或消极的自我体验，进而形成自我追求，即主体我要求客体我努力保持自己的优势，以受到社会与他人的尊重和赞赏。

二、库利的镜中我理论

镜中我是社会学家查尔斯·霍顿·库利在《人类本性与社会秩序》一书中提出的。库利认为，人的行为很大程度上取决于对自我的认识，而这种认识主要是通过与他人的社会互动形成的。他人对自己的评价、态度等等，是反映自我的一面"镜子"，个人通过这面"镜子"来认识和把握自己。因此，自我是通过与他人的相互作用形成的。

库利认为"镜中我"的形成有三个阶段：① 个体感觉到的自己在他人面前的形象，这是感觉阶段，是我们设想的、他人的感觉。② 个体领悟了别人对我们的行为的判断，这是解释或定义的阶段，即我们想象的他人的判断。③ 基于对他人反应的理解，我们评价我们的行为。

库利的"镜中我"概念强调个体社会化中人际传播的重要性，以群体为背景侧重于社会互动以及人与人之间的相互映照，其关于自我来源于互动、自我的观点，后来被米德所采纳和发展。

三、弗洛伊德的自我理论

弗洛伊德的自我理论是由本我（id）、自我（ego）和超我（superego）构成的。

本我是弗洛伊德自我理论中最原始的部分,构成本我的成分是维持生存所需要的基本欲望、冲动、需求和生命力,如饥、渴、性等。本我是一切心理能量的源泉,其目标是获得个体的自我舒适感以及生存、繁衍等,它属于无意识的部分,不容易被我们自身所察觉。

自我是从本我中分化出来的。由本我而产生的各种需求,如不能在现实中立即获得满足,就必须迁就现实的限制,学习如何在现实中获得需求的满足。自我介于本我与超我之间,对本我的冲动与超我的管制具有缓冲与调节的作用。

超我在弗洛伊德自我理论中居于管制地位,是个体在生活中接受社会文化和道德规范的教养而逐渐形成的,是道德化了的自我。超我有两个重要部分:一是自我理想,即要求自己的行为符合理想的标准;二是良心,即规定自己的行为免于犯错的限制。

弗洛伊德自我理论的三个组成部分相互交织,形成一个有机的整体。它们各行其责,分别代表着自我的某一方面:本我反映个体的生物本能,按快乐原则行事,是"原始的人";自我寻求在环境条件允许的条件下让本能冲动得以满足,是自我的执行者,按现实原则行事,是"现实的人";超我追求完美,代表了个体的社会性,按道德原则行事,是"道德的人"。在通常情况下,本我、自我和超我是处于协调平衡状态的,保证了自我的正常发展。如果三者失调,就会产生心理障碍,危及自我的健康发展。

四、罗杰斯的自我概念理论

罗杰斯(C. Rogers)认为,自我意识是人格形成、发展和改变的基础,是人格能否正常发展的重要标志。1970 年,他根据自己的临床实践,提出了自我概念理论。自我概念是指个人对自己的了解与看法。罗杰斯认为,自我概念可以随着个体经验的增多而改变,进而提出了现实自我与理想自我的概念。

现实自我(real self)是个体对自己在与环境相互作用中表现出的综合现实状况和实际行为的意识,是真实存在的自我。它是对自我存在的感知,通过对自我体验的无偏见的反映,及时对自我进行客观观察和评价,并认识现实自我;理想自我(ideal self)是个体意念中有关自己的理想化形象,是个体最希望成为的人。它是个体对期望的自我状态的知觉,代表个体最希望拥有的自我概念,即他人为我们设定的或我们为自己设定的特征。罗杰斯认为,现实自我与理想自我之间总是存在一定的距离,个体只有通过不断努力追求,才能达成理想自我。

现实自我和理想自我的形成与社会环境的影响密切相关。现实自我产生于自我同社会环境的相互作用,理想自我则产生于这种相互作用中他人和社会规范的要求被内化后,在个体头脑中整合形成的自我理想形象。在正常情况下,当理想自我的形成建立在理智认识或对他人和社会规范的自觉内化的基础上时,理想自我就可以在现实自我和社会环境之间起到积极的调节作用,指导现实自我积极适应社会环境。这时,理想自我、现实自我和社会环境的要求可以在新的水平和方向上达到协调一致,使自我得到健康发展。在非正常情况下,当理想自我的形成是基于焦虑时,理想自我和现实自我以及社会环境要求之间可能产生尖锐的矛盾冲突。这种情况下,焦虑将导致过度的攻击、自卑、依赖、逃避、退却等脱离现实的错误的理想自我心理倾向。用这种心理倾向指导现实的人际交往,必然同现实自我、社会现实发生矛盾冲突,引发个体内心的混乱,从而造成生活适应上的困难,严重的还可能会引发心理疾患。

五、罗洛·梅的自我存在理论

罗洛·梅认为,人不同于动物之处,就在于他具有自我存在的意识,能够意识到自身的存在,即存在感。他指出,自我意识并非纯知性的意识,如知道我当前的工作计划。自我意识是对自身的体验,如感受到自己沉浸在自然万物之中。

当人通过存在感体验到自己的存在时就会发现,自己是活在这个世界之中的。存在的本质就是存在于世(being in the world)。人存在于世界之中,与世界密不可分,共同构成一个整体,在生成变化中展现自己。人的存在于世意味着:① 人与世界是不可分的整体。世界并非外在于人的存在,人在世界之中,与事物存在独特的意义关联。② 人的存在始终是现实的、个别的和变化的。人一生下来,就存在于世界之中,与具体的人或物打交道。人的存在始终在生成变化之中,人要在过去的基础上,朝向未来发展。人在变化中展现出不同于他人的独特经验。③ 人的存在是自己选择的。人在世界中并非被动地承受一切,而是通过自己的自由选择,并勇于承担由此带来的责任,发展自己,实现自己的可能性。

人存在于世表现为三种形式:① 存在于周围世界之中。周围世界是指人的自然世界或物质世界,它是宇宙间自然万物的总和。② 存在于人际世界之中。人际世界是指人的人际关系世界,它是人所特有的世界。人在周围世界中存在的目的在于适应,而在人际世界中存在的目的在于真正地与他人交往,进而更主动地参与到社会发展中。③ 存在于自我世界之中。自我世界是指人自己的世界,是人类所特有的自我意识世界。人存在于世的三种形式可用如下例子来说明:人在进晚餐时(周围世界)与他人在一起(人际世界),并且感到身心愉悦(自我世界)。

罗洛·梅认为,人的存在具有六种基本特征:① 自我核心。自我核心是指人以其独特的自我为核心。每个人都是独一无二的,没有人可以占有其他人的自我,心理健康的首要条件就在于接受自我的这种独特性。② 自我肯定。自我肯定是指人保持自我核心的勇气。人必须不断鼓励自己、督促自己,使自我的核心性趋于成熟。这种督促和鼓励就是自我肯定,这是一种生存的勇气,没有它,人就无法确立自己的自我,更不能实现自己的自我。③ 参与。参与是指在保持自我核心的基础上参与到世界中去。个体必须保持独立,才能维护自我的核心性;个体必须参与到世界之中,通过与他人分享和沟通,才能共享这一世界。但是,人的独立性和参与性必须适得其所,否则就会导致远离自我核心或自我束缚,现代人之所以感到空虚、无聊,很大程度上缘于顺从、依赖和参与过多,脱离了自我核心或者是将自己束缚在狭小的自我世界内,缺乏正常的交往,损害人的正常发展。④ 觉知。觉知是指人与世界接触时所具有的直接感受。觉知是自我意识的基础,人必须经过觉知,才能形成自我意识。一旦觉知成为习惯,就会变成自动化的行为,因此它是比自我意识更直接的经验。⑤ 自我意识。自我意识是指人特有的觉知现象,是人能够跳出来反省自己的能力。它是人类最显著的本质特征,也是人不同于其他动物的标志。正是有了自我意识,人才能在面对自己、他人或世界时,从多种可能性中进行选择。⑥ 焦虑。焦虑是指人的存在面临威胁时所产生的痛苦的情绪体验。每个人都不可避免地会产生焦虑体验。在现实世界中,人常常感觉到无法完美地实现自己的潜能,这种不愉快的经验会给人类带来无限的烦恼和焦虑。此外,人对自我存在的有限性即死亡的认识也会引起极度的焦虑。

六、玛西亚的自我同一性理论

玛西亚是自我同一性研究的集大成者,他认为不同的同一性发展状态,会导致不同的发展结果。根据青少年自我探索及同一性获得的不同状态,他把自我同一性划分为四种状态类型。

(一)同一性达成(通过自我探索,获得同一性)

这是一种理想的状态,具有高探索和高承诺的特点。例如,我喜欢唱歌,我想要当歌唱家。这类个体已经体验了探索,仔细考虑评价过各种选择后,做出了最终选择,形成自我认同的标准。他们对自己有清晰的认识,明确自己的优点和不足,对自己的未来有一定的目标,对学习、工作和生活有热情的投入,有较强的成就动机,表现得更成熟,心理也更为健康。因此,同一性达成的青少年表现出目标明确、乐观进取、主动亲和、果敢直率等人格特征。很多孩子尚不能在青春期做到这一点,有的要到大学阶段才能做到这一点,有的甚至会更晚。

(二)同一性延缓(正在进行自我探索,未获得同一性)

青少年在不断地尝试着各种选择,却仍然没有做出最终的决定,具有高探索和低承诺的特点。例如,我想成为教师、医生或律师,但是我还没有想好选择哪一个? 这类个体正处于探索过程中,他们在收集信息、尝试各种活动,希望发现引导他们生活的目标和价值观,他们虽然也在积极地探索各种选择,但还没有对特定的目标做出有意识的投入。可能表现出的人格特征有:较为敏感、悲观,情绪波动大,能积极探索,有追求,但容易不切实际,好高骛远,因而产生挫败感。

叛逆是这个阶段的典型标志,处在这个阶段的青少年会对父母的话表现出反感,要么置之不理,要么争论不已。这是自我同一性形成的必经阶段,出现叛逆是好的开始。青少年只有经历了自我怀疑、混乱、冲动,通过各种不同的尝试和探索,才能建立自我同一性,未来才能发展得更好。有研究发现,青春期前期个体表现的叛逆越多,就越容易在青春期后期建立同一性。

（三）同一性早闭（未通过自我探索，获得同一性）

青少年没有通过自我探索，而是被动地接受他人给予或选择现成的结果，具有低探索和高承诺的特点。例如，我要当老师，因为我妈妈觉得我适合当老师。这类个体没有体验过明确的探索，却做出了承诺，这种投入基于父母或权威人物等重要他人的期望或建议，他们接受了权威人物预先为他们准备好的同一性。可能表现出的人格特征有：自主性差，常使用防御性的自恋来维持自尊，对经验的开放性低，思维刻板，对权威领袖有较强的遵从倾向，表现出保守顺从，缺乏主见，较为严肃，认真沉稳等。

这类青少年会成为父母期望中的样子，往往就是人们认为的"好孩子"或"别人家的孩子"中的一种。他们非常听家长的话，不叛逆，也不跟家长起冲突。有研究发现，这类青少年与家庭的情感联结更为紧密，依赖程度、分离水平均高于其他青少年。但由于他们的依赖性较强，缺乏主见，容易盲目服从权威，因此当遇到挫折时，容易丧失目标和信心，应对挑战的能力相对较差。所以说，处于青春期的学生太听话也不是一件好事。

（四）同一性扩散（未进行自我探索，未获得同一性）

面对多种选择，青少年并没有选择一种进行深度探索，对"我是谁"等问题也没有明确的答案，具有低探索和低承诺的特点。例如，我不知道未来要做什么。这类个体没有仔细思考或探索过各种同一性问题，从来不去探索各种选择，也不去尝试做出努力，缺乏清晰的方向，没有确定的目标和价值观，也没有对特定意识形态、价值观或社会角色做出清晰承诺。可能表现出的人格特征有：孤僻被动、消极悲观、情绪不稳定、不思进取、任性随意。处于这种状态的青少年容易受外界影响，被动接受和顺从社会压力。

这类青少年看似"无忧无虑"，但其实他们是用逃避和冷漠来掩盖其内心的不安和自卑。心理学研究显示，长期处于同一性扩散状态的青少年，不愿意接受新的事物，包括人和环境，会出现严重的适应问题，表现出焦虑、抑郁、神经质等不良反应。他们通常自尊较低，对自己的兴趣认识浅显，在性格上更加自私并追求享乐。

七、约·哈里窗口

心理学家约瑟夫（Joseph）和哈里（Harry）从自我概念的角度对人际沟通进行了深入研究。在 20 世纪 50 年代提出"自我意识的发现—反馈模型"，也称约·哈里窗口。根据"自己知道—自己不知"和"他人知道—他人不知"两个维度，将自我划分为四个区域：开放区、盲目区、隐秘区和未知区。

开放区是自己知道、别人也知道的信息。例如，你的家庭情况、姓名、部分经历和爱好等。开放区具有相对性，有些事情对于某人来说是公开的信息，而对于另一些人可能会是隐秘的信息。在实际的人际交往中，共同的开放区越多，沟通起来就越便利，越不易产生误会。

盲目区是自己不知道、别人却可能知道的盲点。例如，性格上的弱点或者坏习惯，你的某些处事方式，别人对你的一些感受等。

隐藏区是自己知道、别人却可能不知道的秘密。例如，你的某些经历、希望、心愿、阴谋、秘密以及好恶等。一个真诚的人也需要隐藏区，完全没有隐藏区的人是心智不成熟的。但在有效沟通的过程中，适度地打开隐藏区，是增加沟通成功率的一条捷径。在某些情况下你的真实性别、性取向等也属于隐藏区。

未知区是自己和别人都不知道的信息。例如，某人自己身上隐藏的疾病。未知区是尚待挖掘的黑洞，也许通过某些偶然或必然的机会，得到了别人较为深入的了解，自己对自我的认识也不断地深入，人的某些潜能就会得到更好的发挥。

	别人知道	别人不知道
自己知道	开放区 Public	隐藏区 Private
自己不知道	盲目区 Blind	未知区 Potential

图 5 - 1 约·哈里窗口

第三节　中学生自我意识发展的特点

自我意识的发展过程是个体不断社会化的过程，也是个性形成的过程。自我意识的成熟往往标志着个性的基本形成。自我意识的发展是随年龄增长从低水平向高水平发展的，在不同年龄阶段呈现出独有的特点。只有了解中学生自我意识发展的趋势和特点，在实际教育工作中才能达到事半功倍的效果。

一、中学生自我意识发展的一般趋势

(一) 自我意识中独立意向的发展

由于青少年能够完全意识到自己是一个独立的个体，因此要求独立的愿望日趋强烈，少年期独立性的要求是建立在与成人对抗的基础上。进入青年期以后，其独立性的要求是建立在与成人和睦相处基础上的，他们能与父母、教师及其他成人保持一种互相尊重、相互平等的和睦关系，与成人之间产生矛盾冲突时也能较为理性地处理，较少表现出对成人的反抗。

(二) 自我意识成分的分化

青年初期学生在心理上把自我分成了"理想的自我"和"现实的自我"两个部分，他们能够按照"理想的自我"去要求调控"现实的自我",但有时也出现矛盾。所谓理想自我是指个体期望自己将要达到的自我状态,是较为完美的自我,引导着个体发展的方向;现实自我是个体现在已经达到的自我状态,理想自我与现实自我之间往往存在一定的差距。正是由于青年初期的自我出现了理想自我和现实自我的分化,才形成了他们思维和行为上的主体性,产生了按照自己的想法去判断和控制自己言行的要求和体验。

(三)强烈关心自己的个性成长

随着年龄的增长,进入青年初期的学生十分关心自己在个性方面的优缺点,对别人或自己进行评价时,也特别重视个性方面的特点。他们会经常问自己身边的人自己有什么缺点,知道自己身上的缺点后会努力去改正,追求个性的完美,他们在评价自己和他人的时候经常将个性是否完善放在首位。

(四)自我评价逐渐趋向成熟

随着年龄的增长,个体在自我评价方面已渐趋全面和成熟。进入青年初期后,青少年不仅能对自己的外部特点进行评价,也能对自己的心理品质、道德品质等内在特点进行评价;不仅能从各个方面评价自己,而且能从整体上来评价自己。此外,高中生的自我评价已经比较客观。

(五)有较强的自尊心

青少年的自尊心变得脆弱而敏感,他们最不能忍受被轻视、侮辱,既希望得到父母的支持,更在乎同伴的赞许和重视。他们会以各种方式表现自己,争强好胜,以求获得赞赏和满足。如果不能通过正当的途径满足这种要求,他们有可能用不符合社会角色的方式去寻求满足,如寻衅滋事、玩世不恭、打架斗殴、搞恶作剧等。自尊心长期得不到满足时会导致低自尊、抑郁情绪以及普遍的失望甚至绝望。

(六)道德意识高度发展

学龄期儿童已经初步懂得了一些道德准则与道德观念,进入青少年期以后,由于接触的范围和自我道德实践经验的不断扩大,青少年掌握的道德准则不仅数量上增加,而且越来越深刻。在道德情感中直觉式情感体验减少,伦理道德式情感体验开始占优势,道德理想更为现实,道德意识在道德行为中的作用日益加强。

二、初中生自我意识发展的特点

初中生正处在身心发育的高峰期,属于心理"断乳期",是自我意识发展的加速期,即自我意识发展的第二个飞跃期,也是其社会化的一个重要时期。这个阶段的青少年开始将注意力从外部转向内部,独立意识和自信心逐渐增强,自我意识开始分化为"主体我"和"客体我"或"现实自我"和"理想自我",这一阶段也是其自我同一性形成的时期。按照玛西亚对青少年同一性的研究,初中生开始重新考虑童年期的价值观和身份,并不断调节这些变化以整合到不断完善的同一性之中。在自我意识的发展中,青少年渴望有自己的世界,表现出自我意识高涨、自我评价偏高、自我同一性等特点。

(一)初中生自我认识的特点

与童年期缺少内省性的简单自我评价相比,初中生的自我评价一定程度上是出于实现理想自我的愿望或对失败、挫折的反省。但与青年后期相对客观的自我评价相比,此时的自我评价往往出现偏高的倾向,容易片面夸大地评价自我,出现个人神话观念,认为自己是特别的,是独一无二的,从而导致他们在行为上的自负表现,即生活中的"初生牛犊不怕虎"。此外,这一阶段的学生内心世界也越发丰富起来,他们在日常生活和学习中,常常将很多心智用于内省,容易出现假想观众的独特心理特点。

青少年自我评价独立性的发展大致经过两个阶段:第一个阶段是开始摆脱对成人、权威的依赖,表现出某种反叛和对抗;在评价标准上由童年期的成人评价标准取向向同龄团体评价标准取向过渡,形成了相对独立的自我评价。第二个阶段是自我评价既摆脱了对成人的依赖,又逐渐克服了同龄群体的强烈影响,表现出真正的个体独立意向,形成个体特有而明显的自我评价。有研究表明,初三前后是自我评价发展的关键时期。一般来说,初三以后的学生自我评价的独立性发展就处于相对稳定水平。总的来说,初中生自我评价能力还很不成熟,他们的评价往往带有绝对性、片面性和不稳定性。

(二)初中生自我体验的特点

初中生情感体验丰富多彩、复杂深刻,一个人身上既有肯定的、高水平的自我体验,也有否定的、低水平的自我体验,显示出多水平、多层次和多维度的发展特点。研究发现,青少年在12~14岁会出现自尊的波动。由小学升入初中以后,个体自尊的发展水平有明显的下降,该时期自尊的下降可能与自我意识的增强、生理的迅速发育成熟和学习压力增大等因素有关。

(三)初中生自我调控的特点

初中生自我调控能力的发展虽然以内部动力为主,但不稳定,也不持久。一方面,他们的自我意识开始转向内部归因为主;另一方面,他们又过高地估计了自己的力量与形象。随着身体的发育成熟,初中生出现了"成人感",觉得生活中的很多事情不需要大人和老师插手,自己就可以解决,独立生活的意识和愿望增强,突出表现在:当大人对初中生的干预过分强烈时,他们可能会采取离家出走等方式向家长证明自己已经长大,能够独立生活。

三、高中生自我意识发展的特点

高中阶段是个体自我意识逐步发展至成熟的时期。由于身心发展的相对稳定和各方面能力的增强,高中生的自我意识表现出如下特点:

(一) 高中生自我认识的特点

第一,自我的分化主要表现为"主我"和"客我"分化。这一时期,个体不仅能认识自己的所作所为,还能把做出这些行为的自我作为客观对象加以分析评价,在认识自我的过程中主动塑造自我。同时,在个体自我认识的过程中会产生系列矛盾,主要表现为现实自我和理想自我的矛盾。现实自我是现实生活"我"的反映,与"客我"相联系,处于被观察、被评价的地位。理想自我是向往中"我"的反映,与"主我"相联系,体现主体的愿望和社会的要求。这两种自我之间往往存在差距和矛盾,形成发展危机,从而迫使个体去寻求新的、积极的自我统一。可以说,能否处理好自我发展危机对日后自我的发展有着重要的意义。

第二,自我评价独立性的发展。独立性是自我评价的重要指标之一。儿童的自我评价依赖于成人,初中阶段主要受同龄群体如所在班级或朋友圈的影响。到了高中阶段,个体的独立性得到进一步发展,他们逐渐克服了同龄群体的强烈影响,对同龄群体的态度有较大的选择性,对自我的评价会相对客观和理性。

(二) 高中生自我体验的特点

第一,自我体验丰富而深刻。随着对自我的不断关注,高中生对自满、自豪、自负或自怜、自怨、自惭等情感有了更多的体验。一般来说,初中生的自我体验多与容貌、成绩有关,而到了高中阶段,他们开始对自己的能力、品德、学业、工作等一系列问题都有了更为强烈的感受和思考,自我体验比初中阶段更为丰富和深刻。

第二,强烈的自尊感。高中生自尊感特别强烈,主要表现为个体将自尊感放在其他情感之上,当自尊感与其他情感发生抵触、冲突时,个体会毫不犹豫地把维护自尊放在首位。当自尊受损时,常表现出极大的愤怒。他们对自尊十分敏感,以致一些在成人眼中的小事也会被他们联系到维护自尊的重大问题上去。

(三) 高中生自我调控的特点

自我调控的发展对高中生有着重要的意义。一方面,自我调控可以有效减少许多问题行为,远离犯罪。自我调控能力好的学生可以有效地抑制自己的攻击性行为。另一方面,自我调控对个体的学习具有重要的作用。自我调控能力好的个体在学习中表现出较好的适应性。当然,青少年自我调控能力的发展并非随着年龄的增长而增长的。研究表明,个体在初一时自我控制能力最好,初一至高一控制能力呈下降趋势,高一达到最低点,高二学生的自我控制能力开始上升。从高二开始,个体能结合实际对自我发展进行初步分析,在学业上有了较为清晰的目标追求,个体会为实现预定目标而努力,如为了考上理想的大学而努力学习,会为参加某项活动或比赛而坚持练习,其自控能力有时会达到很高的程度。总之,高中阶段的学生能稳定而持久地控制自己。

第四节　中学生自我意识的培养

对中学生来说,积极的自我意识品质包括:① 自我认识全面而客观。既能看到自己的优点,也能看到自己的不足。② 悦纳自我,能欣赏和接纳自己。不仅接纳自己的优点和长处,也能接纳自己的缺点和不足,并在整体上喜欢自己,对自己充满信心。③ 开放的自我结构。当经验改变时,自我意识结构在保持相对稳定的同时,能够吸纳新经验,调整自我意识的内容,使自我意识始终与经验保持协调一致。④ 理想自我与现实自我处于一致性状态。因此,通过良好的教育工作培养中学生的自我意识和自我教育能力,对于纠正其自我意识发展中的偏差,促进中学生全面、健康地发展具有重要意义。

一、正确认识自我

他人是反映自我的镜子,与他人交往是个人获得自我观念的主要来源。人们总是先从家庭中的感情扩展到外面的友爱关系,进入社会又体验到人与人之间的利害关系。有自知之明的人能从这些关系中虚心向别人学习,获得足够的经验,然后根据需要去规划自己的前途。

中学生在认识自我、评价自我方面表现出来的问题主要表现为“错误的肯定”或“错误的否定”。由于他们不能全面客观地认识评价自我,因此往往目标超越现实,对自己期望过高却又达不到,为此而感到自卑、自责、自怨,从而陷入悲观的心理危机,或者狂妄自大,透过于人,用嘲笑讽刺甚至攻击的手段来消除自己受挫的紧张感。中学生认识自我、评价自我的重要信息来源是教师的评价。作为学生心目中的重要他人,教师必须做到恰如其分地表扬或批评学生,以免使其走向自我评价的极端,形成自负或自卑的不健康心理。同时,教师要尽力帮助学生掌握正确认识评价自我的一些标准和要求。

第一,辩证地评价自我。每个人心目中都有一架衡量自己的天平,问题是如何放置砝码,使心理自我与现实自我保持平衡,这种平衡意味着适应、意味着心理健康。同时,自我评价要坚持辩证的观点。学生只有学会一分为二地评价自我、评价他人、评价我与他人的关系,才能逐渐成为自信、自尊、自爱、自重的心理健康的人。

第二,通过别人的评价认识自我。个体需要自己评价自己,即所谓的“镜像自我”,但也要通过别人来认识自己。心理健康的学生能经常反躬自问:“我在某方面的情况与别人相比怎么样”,别人就好像自己的一面镜子,当自己做得对时,别人就会给予肯定的评价;当自己的行为不当时,就会受到指责或反对。这时,心理健康的学生就能虚心地、客观地接受别人的评价,从中认识自我。

第三,客观地认识自我。一个人只有客观地了解自我、评价自我,才能接纳自我、修正自我、完善自我。如果没有自知力,其行为就会与社会发生偏差,进而出现问题行为。

二、积极悦纳自我

在肯定性与否定性自我体验方面,应以肯定性自我体验为主,喜欢自己,满意自己,有自豪感、成功感、愉快感等。在积极与消极的自我体验方面,应以积极性自我体验为主,开朗、乐观,对生活充满乐趣,对未来充满憧憬。

从自我概念引发出的两个最主要的自我体验成分是自尊和自信。自尊是个体对自己的价值的体验,是一种自我价值感。自信是个体对自己改变环境的能力的体验,是一种自我效能感。自尊和自信是一个人生存发展的两种最基本的心理力量。自尊和自信的学生往往对自己的失败做积极的归因,将失败转化为学习的动力;相反,自卑和悲观的学生则对自己的失败做消极的归因,成绩越来越差,形成恶性循环。在教育过程中,教师必须时时维护学生的自尊和自信,千方百计让学生保持适度的积极愉快的自我情感体验。具体来说,教师应做到:

第一,反馈及时,评价适当。教师对学生学习结果的反馈要及时,尤其是对低年级的学生更应如此。对中学生无论是采用表扬还是批评的手段都应适当。对自信心差的学生应多鼓励,而对自信心过强的学生应更多地提出严格要求。对学习成绩不理想的学生,不能单纯看其学习结果,还应发现其可取之处,并给予表扬和鼓励,以增强其自信心。

第二,有教无类,让全体学生体验成功。教师应帮助每个学生确立他们自己经过努力就可以达到的学习目标,让每个学生都能体验成功,从而使他们对学习充满信心,鼓励他们逐步由小成功迈向大成功。

第三,通过多种途径,丰富学生的情感体验。丰富学生的情感体验,不仅指各种积极的情感体验,如快乐、喜爱、成功感,也包括必要的消极的情感体验,如痛苦、悲伤、挫折感。这有利于他们适应各种复杂的环境,保持心理健康。学习过程是一种艰苦的劳动,其中会有成功的欢乐,也会有失败的痛苦。有了一定的正反两方面的情感体验,学生心理上会产生较大的承受力。因此,教师应有意识地在日常的教育教学中,通过各种活动丰富学生的情感体验。

第四,注意培养学生的高级社会情感。人类特有的社会高级情感是道德感、美感和理智感。道德感主要表现在对待祖国、集体、人与人的关系上,也表现在对待工作、学习和生活等方面。美感是由审美需要得到满足而产生的情感体验。理智感是对认识活动及其结果进行评价而产生的情感体验。这三种情感直接影响学生的学习动机和学习积极性,对中学生的自我情感体验具有重要意义。

三、有效调控自我

调控自我即自制力,是指个体善于调节和支配自己行动的能力。中学生的自我调控能力是其意志品质的外在表现。学生的意志品质直接影响其学习的进行。在教育教学活动中，教师要重视学生良好意志品质的培养，可以从以下几方面着手增强学生控制自我的能力。

第一，把远大志向和具体目标结合起来。立志是坚强意志的前提。中学生只有树立远大志向，才能激发学习热情，进行有效的自我调控，为实现自己的志向而努力奋斗。因此，教师在传授知识的同时，要注意引导学生早立志、立常志、立大志，并把远大志向和具体目标结合起来，使学生认识到具体目标是实现志向的有效方法和途径，只有坚持不懈，不断实现近期目标才能实现远大理想。

第二，把自我锻炼与建立自信结合起来。对于学习困难的学生，教师应给他们创造一些锻炼自我意志的机会，让学生学会自我评价、自我要求、自我监督和自我激励，增强自信心，提高责任感。学生有了责任感和自信心，就会强化自己的意志努力，克服困难，进行意志锻炼。

第三，把自控能力和抗挫能力结合起来。培养学生的自我控制和抗挫折能力，教师应做到：帮助学生学会约束自己的言行，引导学生学会控制自己的情绪，进行适当的挫折教育和抗挫折训练，提高抗挫能力。

第四，锻炼身体，磨炼意志。体育锻炼可以磨炼意志，增强自制力。在体育活动中，不仅能锻炼人的健康体魄，而且还能培养个体的意志品质，教师应重视学生的体育锻炼。

培养中学生良好的自我意识，重要的是要增强中学生认识自我、体验自我和调控自我的能力。中学生只有具备了这些能力，才能走出"错误的肯定"或"错误的否定"的误区，体悟人生的甘苦和意义，具有坚定的信念和坚强的意志，从而不断地充实自我、超越自我、悦纳新的自我。

章小结

对中学生来说，认识自我是最重要的人生课题。因为只有真正了解自我、学会关爱自我、乐于调整自我、善于规划自我、勇于挑战自我，才有坚实的心理基础成就美好人生。本章先从理论层面上厘清自我意识的相关概念，理解自我意识辅导的意义，随后具体介绍了几种自我意识的理论，最后聚焦于中学生自我意识发展的特点以及中学生自我意识的培养。

思考训练

1. 简述自我意识的概念、特点、结构及其发展。

2. 简述积极的自我意识品质。

3. 简述中学生自我意识发展的一般特点。

4. 联系实际，谈谈初中生自我意识发展的特点。

5. 联系实际，谈谈高中生自我意识发展的特点。

6. 联系实际，运用约·哈里窗口对自我进行分析。

7. 如何培养中学生积极的自我意识？

第6章 中学生心理辅导的基本理论

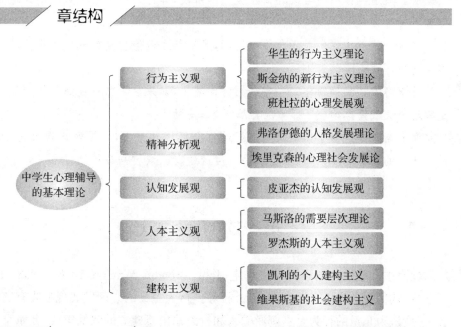

章结构

中学生心理辅导
的基本理论

- 行为主义观
  - 华生的行为主义理论
  - 斯金纳的新行为主义理论
  - 班杜拉的心理发展观
- 精神分析观
  - 弗洛伊德的人格发展理论
  - 埃里克森的心理社会发展论
- 认知发展观
  - 皮亚杰的认知发展观
- 人本主义观
  - 马斯洛的需要层次理论
  - 罗杰斯的人本主义观
- 建构主义观
  - 凯利的个人建构主义
  - 维果斯基的社会建构主义

107

章首语

　　每种心理学理论都是由一系列有逻辑关系的概念和论述组成的,旨在描述或解释人的发展,同时预测在某些特定条件下个体会表现出何种行为。理论的学习可以帮助我们了解事物的本质和规律,提高对事物的认知水平;还可以帮助我们找到问题的原因和解决问题的方法。本章所探讨的有关心理发展理论,涉及行为主义理论、精神分析理论、认知发展理论、人本主义理论和建构主义理论。

　　理论家是以什么方式来解释人的发展,他们认为个体在其发展过程中是主动的还是被动的? 发展是连续的还是阶段的? 环境的作用更大还是人的内部的认知过程作用更大? 这些问题将在本章进行全面的讨论。

关键词

　　操作性条件反射;观察学习;潜意识;自我同一性;同化与顺应;缺失性需要与成长

性需要；无条件积极关注；个人建构；高级心理机能；最近发展区

情境导入

一天，众心理学大师出游，前方黄沙漫漫，一群饿狗飞奔而来。华生大声喊道："给我拿根大点的电棒来！"众狗愕然，止步。

班杜拉道："狗儿们，你们之所以侵犯我们，主要还是环境造成的，你们生活中的那些坏榜样，其中包括你们的狗爸爸和狗妈妈，把你们给带坏了，你们模仿了他们的行为，不要学习他们，弃恶从善吧！"众狗低头反思。

皮亚杰道："你们的思维还处于较低的阶段，等你们的思维发展到形式运算阶段，你们就不会这样做了。"众狗惭愧汗颜。

弗洛伊德道："你们并不想侵犯我们，只是想发泄俄狄浦斯期的攻击冲动，你们的童年有创伤。"众狗凄然泪下。

马斯洛道："我知道你们一定是因为太饿了，如果生理需要被满足了，你们想做的就是跑过来让我摸摸抱抱了。"众狗眼含泪水，使劲点头。

维果斯基道："由于你们缺少良好的社会环境和教育，才导致出现攻击行为。只要给予良好的教育环境，你们都会成为人类的朋友。"众狗兴奋不已。

第一节　行为主义观

行为主义是由美国心理学家华生（John Broadus Watson，1878—1958）于 1913 年创立的，其代表人物还有斯金纳、班杜拉等。行为主义的心理发展观主要有三方面的内容：一是认为儿童的行为是由刺激输入和行为输出所建立的联结组成，儿童是被动的环境刺激的接受者，强调后天因素的作用。二是认为个体的发展过程是连续的，随着年龄的增长，儿童习得的行为数量越来越多，发展过程中不存在质变。三是认为经典条件作用、操作条件作用和榜样模范作用决定着个体的发展。

一、华生的行为主义理论

（一）华生的心理发展观

行为主义的理论基础是桑代克（Edward Lee Thorndike，1874—1949）的联结主义和巴甫洛夫（Ivan Petrovich Pavlov，1849—1936）的经典条件反射理论。桑代克认为，行为的习得源于"刺激"（S）与"反应"（R）的联结。巴甫洛夫认为，在强化刺激（无条件刺激）下，个体能够形成条件刺激与反应的联结。在此基础上，华生提出一切行为都是强化条件下刺激与反应的联结。华生倡导的行为主义遵循三个原则：

1. 心理学的研究对象是可观察的行为,而不是意识

华生的心理发展观受到洛克(John Locke,1632—1704)"白板说"的影响。洛克认为,最初的心理像一块没有任何记号和任何观念的白板,一切观念和记号都来自后天的环境经验。基于此,华生认为心理发展就是在"白板"上形成刺激—反应联结的过程。心理的本质就是行为,因而心理学的研究对象应是可观察到的行为。

2. 心理学的研究方法应是客观的实验法,而不是主观的内省分析法

华生用实验法研究了各种心理现象,其中最为经典的是恐惧形成实验。实验中,华生把十一个月大的婴儿艾伯特放在实验室的地毯上,再把一只小白鼠放在小艾伯特的周围。刚开始,小艾伯特对活动的小白鼠充满了好奇,并挥手去抓小白鼠。但是,当小艾伯特抓住小白鼠时,华生的助理会用铁锤敲击铁棒,发出巨大的响声,小艾伯特对突然的响声产生了恐惧情绪。经过反复几次,小艾伯特对小白鼠也产生了恐惧情绪。在此实验中,华生利用的是巴甫洛夫的条件反射法。除此之外,华生等行为主义者提出的研究方法还有观察法、言语报告法、测验法等。

3. 心理学研究的目标是为了"预测人的行为,并控制人的行为"

华生是环境决定论者,强调环境与教育对心理发展的重要影响,而否认遗传在个体成长中的作用。华生有一段经典的论述:"给我一打健康的、发育良好的婴儿,和符合我要求的抚育环境,我保证能把他们都训练成我想要的任何类型的专家——医生、律师、巨商,甚至乞丐和小偷,不论他们才智、嗜好、倾向、能力、秉性,以及宗教如何(1930)"。华生认为,后天行为的习得源于刺激与反应的联结,因而可以根据行为习得的公式(S—R)预测、控制人的行为,既可以通过刺激预测反应,也可以通过反应反推刺激。

(二) 对华生心理发展观的评价

华生的心理发展观过于偏激,只能解释一些较低级的心理过程,而把高级心理过程的研究排除在外,在一定程度上窄化了心理学的研究范围。但是,行为主义严格的科学取向,推动了心理学研究中对实验方法的使用、对可观察行为的研究,提高了心理学研究的科学性和客观性。

二、斯金纳的新行为主义理论

(一) 斯金纳的心理发展观

斯金纳(Burrhus Frederic Skinner,1904—1990)是新行为主义的代表人物,是操作性条件反射理论的奠基人,被美国心理学会评为20世纪最有影响力的100位心理学家之首。

斯金纳传承了华生的行为主义基本信条,强调联结和强化对行为习得的作用。与华生不同的是,斯金纳认为经典条件作用只能解释人类和动物的小部分行为,大部分的行为应由操作条件作用解释。斯金纳以小白鼠和鸽子作为实验对象,将它们分别放进斯金纳箱中,在箱内有一个可操作的杠杆或按键,还有一个提供食物的食盒。动物一旦按键或按压杠杆,食丸就出现在食盒中。实验发现随着时间的推移,单位时间内小白鼠按键或按压杠杆的次数越来越多,即小白鼠逐渐习得了按键或按压杠杆与食物之间的联系,形成了操作性条件反射。斯金纳认为,这种先由动物做出操作反应,然后再给强化,从而使受强化的操作动作反应的概率增加的现象是一种操作性条件反射。基于此,斯金纳提出操作性条件反射理论。

斯金纳进一步将人类或动物的行为分为应答性行为(respondent behavior)和操作性行为(operant behavior)。应答性行为是指在经典性条件反射中,由特定的、可观察的刺激引起的行为。例如,在巴甫洛夫的唾液分泌实验中,狗看到食物或听到铃铛声会产生唾液反应,其中食物或铃铛声是引起唾液反应的明确刺激,那么狗的唾液反应就是应答性行为。操作性行为是指没有外部刺激的条件下,个体自发产生的行为。例如,在斯金纳的操作性条件反射实验中,小白鼠在按压杠杆之前没有明显的外部刺激,那么这种行为就是操作性反应。两种行为的区别在于:应答性行为是被动的,行为反应在刺激之后(S—R);而操作性行为是主动的,行为反应在刺激之前(R—S)。

斯金纳认为,人和动物的行为是由伴随它的强化刺激所控制的。在一个操作行为出现之后,如果有一个强化物紧随其后,那么该操作行为发生的概率就会大大增加。另外,强化在行为发展过程中起着重要作用。没有强化,行为就会消退,即得不到强化的行为是易于消退的,因而强化一定要及时。斯金纳将强化分为正强化和负强化。正强化是指当在环境中增加某种刺激导致有机体反应概率增加,那么这种刺激就是正强化刺激。例如,小白鼠按压杠杆得到食物,食物使得小白鼠按压杠杆的频率增加,那么食物便是正强化刺激。负强化是指在环境中减少某种刺激导致有机体反应概率增加,那么减少刺激的过程就是负强化。例如,处于电击状态的小白鼠频繁地按压开关以停止电击,那么停止电击就是负强化。无论正强化还是负强化,其目的都是提高反应出现的概率。而惩罚的目的是降低行为反应出现的概率。斯金纳认为强化有助于行为的塑造,而惩罚对行为塑造的效果是短暂的、有限的。

斯金纳操作行为的原理在行为矫正领域和教学实践中得到了广泛的应用。例如,消退原理在儿童攻击性和自伤行为的矫正和控制中的作用。斯金纳利用行为塑造原则发明了育儿箱,其设计思想是尽可能避免外界一切不良刺激,创造适宜儿童发展的行为环境,养育健康的儿童。斯金纳还发明了教学机器和教学程序,对儿童有意义行为的及时强化、对不良行为的淡然处置、程序教学过程中的小步子信息呈现、及时反馈与主动参与等,至今仍是强化与控制个体行为发展的有效途径。

(二) 对斯金纳心理发展观的评价

斯金纳发现了操作性条件反射现象,填补了条件反射的一项空白。斯金纳的理论紧密联系现实生活,进一步提升了心理学的应用价值,促进了心理学的进一步发展。但是,斯金纳缺乏对人类学习内部机制和过程的关注,把人的学习与动物学习等同起来,忽略了两者之间的本质差异,将所有的学习行为简单归结为操作性条件反射,过于狭隘。

三、班杜拉的心理发展观

以华生和斯金纳为代表的新老行为主义者主要通过动物实验构建理论,并用这些理论来解释人类的行为。这些理论受到三方面的抨击:一是动物行为的研究结果未必适用于人类行为;二是忽视了影响行为的社会因素;三是只重视外显行为的研究,而忽视个体的内部认知因素的作用。

班杜拉(Albert Bandura,1925—2021)作为第三代的行为主义者,他的理论在某种程度上弥补了以上不足。首先,班杜拉只研究人的行为,重点关注幼儿社会行为的习得规律;其次,班杜拉注重研究个体在团体情境中的社会行为,这更符合人类行为的本质属性;最后,班杜拉在解释人的行为时不仅重视其外显行为,而且更重视其内在认知因素的影响。班杜拉的理论分为两个阶段,首先是基于观察学习的社会学习理论,而后是基于自我效能感的社会认知理论。

(一) 社会学习理论

班杜拉认为人的行为主要是后天习得的。人有两种行为习得的方式:一种是通过直接经验而获得行为反应的模式,早期行为主义所主张的刺激—反应式的学习就属于此类;一种是通过观察榜样的行为而习得相应的行为。班杜拉认为,行为的习得并非依赖直接经验和直接强化,而是来源于观察和模仿。个体大多数行为都可以在社会交往中,通过对榜样的观察而获得或矫正。

1. 观察学习的含义

观察学习(observational learning)是指通过观察他人(榜样)所表现的行为及其结果而习得某些新的反应,或使已经具有的某种行为反应特征得到矫正。这种学习过程不需要观察者直接做出反应,也无须亲自体验强化,故也可称为"无尝试学习"。

2. 强化的类型

班杜拉将强化分为直接强化、替代性强化和自我强化。直接强化是指通过外界因素对学习者本身的行为直接进行强化。在经典性条件反射实验和操作性条件反射实验中,食物对小狗、小白鼠的强化,均属于直接强化。替代性强化是指观察者通过看到他人受强化而间接地受到相应的强化。例如,当小明看到小强的助人行为受到老师赞扬时,也会增强小明助人行为的倾向。在这里,小明并没有直接受到强化,而是受到了间接强化。自我强化是指自己给予自己的强化,当自身的行为达到自己设定的标准时,以自己能支配的报酬来增强、维持行为的过程。例如,小明给自己制定一个学习目标,当实现目标时,小明奖励自己去看一场电影。需要注意的是,虽然这里的目标是由学习者自己制定的,但是目标的标准往往受到榜样和社会因素的影响。

3. 观察学习的过程

从观察到学习之间存在着复杂的认知过程,包括注意、保持、动作复现和动机等。

(1) 注意过程,即观察者对示范者的特征进行有选择的观察。注意是观察学习发生的前提条件。注意具有选择性,在同样的情境中,不同的人可能注意到不同的信息,从而导致不同的学习。影响注意过程的因素主要有两种,一是榜样行为的特点,包括行为的显著特征、情境的诱因性、行为的复杂性等;二是观察者自身的特点,包括感知能力、强化经验等。

(2) 保持过程,即个体将观察到的信息转化成表象信息和语义信息存储在长时记忆中,形成榜样行为的内部形象,这些记忆信息在日后便能指导操作。其中,练习对记忆的巩固很重要,经过观察而学到的示范行为只有经过认知上的练习或实际的演练操作才能长久记忆。

(3) 复现过程,即把记忆中的表象信息和语义信息转化为相应的行为与动作,使过去观察或学习过的动作得以复现。班杜拉将此阶段细分为:反应的认知组织、反应的启动、反应的监察和依赖于信息反馈的自我调节阶段。其中,反应的监察和自我调节决定着示范行为的精确性。

(4) 动机过程,即个体因表现出所观察到的行为而受到强化、激励。虽然个体能通过观察而学习到他人的行为,但个体是否愿意将学习的行为表现出来,则取决于由强化引起的动机作用。如果观察者受到了直接强化、替代性强化或自我强化,那么他们更愿意复现示范行为。

(二) 社会认知理论

1989 年,班杜拉在社会学习理论的基础上提出了社会认知理论。这一变化反映了他开始强调个体拥有的信念对自身思想和行为的作用,特别是个体对自身能力的信念即自我效能感对其思想和行为所起的作用。

自我效能感是指个体对自己能否成功完成某一成就行为的主观推断。在班杜拉看来,自我不是一个决定或引发行为的精神性的实体或动因,而是一系列与知觉、思维等有关的认知结构和认知过程,自我效能是其中的一个重要内容,它是个体以自身为对象的一种思维形式(self-referent thought)。自我效能概念的提出,标志着班杜拉的理论从社会学习理论到社会认知理论的跨越。

自我效能感的影响因素包括:

1. 学习者的成败经验

它是个体的直接经验,对自我效能形成的影响最大。一般来说,成功经验越多,自我效能感越高;失败经验越多,自我效能感越低,但是这种结果受到个体归因方式的影响。如果个体将成功归因于非自我因素,成功经验就不会提升自我形象;同样,如果个体将失败归因于外部的不可控因素,失败经验对自我效能感的负面影响也会较小。

2. 替代性经验

人类许多效能期望来自观察他人后所获得的替代性经验。当学生看到示范者获得成功时,自我效能感也会提高。当示范者与观察者之间越相似时,这种效果越明显。

3. 言语劝说

运用语言劝说他人相信自己具有成功完成某项成就任务的能力,从而提高其自我效能感。但是,这种方式的效果受到劝说者自身权威水平的影响,往往权威人物的言语劝说更加有效。

4. 情绪唤醒

积极情绪会提高自我效能感,消极情绪会降低自我效能感。通过唤起积极情绪,减弱消极情绪,可以提高个体的自我效能感。

(三) 对班杜拉心理发展观的评价

首先,班杜拉强调人的行为是内部因素和外部因素相互作用的产物。他认为,人创造环境并产生经验,被创造的环境和经验反作用于人的行为,这在一定程度上反映了人类学习和社会化的一般特点,具有一定的理论和实际价值。其次,班杜拉的观察学习理论揭示了一种以间接经验学习为核心的极为普遍的学习形式。但是,他的思想基本上还是行为主义的,并没有对认知因素做充分的探讨,只论述了其简单的功能,缺乏必要的实验依据,因而他的理论观点具有一定的局限性。

第二节　精神分析观

精神分析学派是由奥地利心理学家弗洛伊德(Sigmund Freud,1856—1939)创立的,是现代心理学中影响最大的理论之一,也是影响人类文化最大的理论之一,其代表人物还有埃里克森(Erik Erikson,1902—1994)、荣格(Carl Gustav Jung,1875—1961)等。本节主要介绍弗洛伊德的人格发展理论(意识与无意识理论、人格结构论、人格发展理论)和埃里克森的心理社会发展论。

一、弗洛伊德的人格发展理论

(一) 意识与无意识理论

精神分析学派的一个基本观点是,无意识的心理活动是一切意识行为的基础。弗洛伊德认为人的精神活动主要是由两个独立的部分组成，即意识和无意识，中间夹着很小的一部分为前意识。

无意识（unconsciousness）又称潜意识，弗洛伊德把它定义为不曾在意识中出现的心理活动，以及曾在意识中出现、但已受到压抑的心理活动。这些心理活动往往不被人类社会的伦理道德、宗教法律所容许，与原始的、动物性的本能冲动、欲望有关。虽然它们不被个体所觉察，但是其对个体的思想和行为都有极大的影响。

意识（consciousness）是指可以直接感知到的心理活动。弗洛伊德认为，意识在心理结构中所占的比例有限，对个体的影响也有限。如果把人的心理结构比喻成冰山，意识是露在水面以上的很小部分，而无意识是水面以下的巨大部分。

前意识（preconsciousness）介于意识与无意识之间，其所包含的内容可以回到意识层面。例如，信息因受到干扰而发生暂时遗忘，一旦干扰解除，这部分信息又重新回到意识层面。暂时遗忘的信息就存储在前意识层面。

意识、无意识和前意识之间保持一种动态的平衡，前意识与意识之中的内容可以随时转换，但无意识中的内容却难以进入意识层面。弗洛伊德认为梦是无意识中被压抑的欲望得到满足的重要途径之一，即梦是愿望的达成。

（二）人格结构论

弗洛伊德认为人格的基本结构包括本我、自我和超我。

本我（id）是人格中最原始的部分，也是最强有力的部分。它由冲动、欲望或能量构成，是人格中的生物成分，遵循即时满足的快乐原则。在心理发展过程中，年龄越小，本我的作用越大。

自我（ego）是从本我中分化出来，代表人格的意识和理性成分，其功能是运用现实手段满足本我的需要，遵循现实原则。它一方面使本我适应现实的条件，从而调节、控制或延迟本我欲望的满足，另一方面还要协调本我和超我的关系。弗洛伊德形象地将自我与本我比喻为骑手与马之间的关系。

超我（superego）是个体在社会道德规范的影响下，由所受到的奖赏和惩罚的经验内化而来。它是道德维护者、内部审查官，遵循道德原则。超我包括自我理想和良心。其中，自我理想是一套引导儿童努力发展的理想标准；良心则由父母的禁令（如"你不应该"）构成，是超我的惩罚性、消极性的和批判性的部分，它告诉个体不能违背良心。超我遵循的是至善至美原则，是人格的社会成分。

（三）人格发展理论

弗洛伊德认为，人的发展就是性心理的发展，或称心理性欲的发展，性本能的心理能量称为力比多。在个体发展的过程中，力比多分别集中在身体的不同部位，形成性敏感区。根据性感区的变化，弗洛伊德将儿童人格发展分为5个阶段：

1. 口唇期(0~1 岁)

此时儿童主要通过吸吮、吞咽、咬等口腔的活动获得快乐和满足,这些动作可以缓解他们的紧张感。如果力比多固着在口唇期,长大后会出现咬指甲、烟瘾、酗酒、贪吃等行为。

2. 肛门期(1~3 岁)

此时儿童通过大小便的排泄活动获得快乐,这些活动可缓解他们的紧张感。如果家长对儿童的大小便训练过于严厉,其发展就会固着在肛门期,成年期会过分要求清洁,形成洁癖。相反,如果家长对儿童过于放纵,成年后会养成邋遢的习惯。

3. 性器期(3~6 岁)

此时儿童的力比多主要集中投放到生殖器部位,儿童的快乐主要来自他们的性器官。这一阶段出现了恋父(埃勒克特拉)恋母(俄狄浦斯)情结。恋父(母)情结最终会受到压抑,因为儿童惧怕同性父母的惩罚。

4. 潜伏期(6~12 岁)

此时儿童的性本能冲动开始进入暂时停止阶段,他们的快乐主要来自学习社会技能与知识。

5. 生殖期(12~18 岁)

在潜伏期被压抑的性能量在身体中重新活跃起来,并集中在生殖器部位。个体表现为尽量摆脱父母,开始从一个自私的、追求快乐的孩子转变为寻找同龄的伙伴,考虑选择配偶,成为具有现实的和社会化的成人。

(四) 对弗洛伊德心理发展观的评价

弗洛伊德的贡献主要体现在两个方面,一是强调潜意识在发展中的重要作用,这为开创心理动力学,改变传统心理学重理念轻意欲、重意识轻无意识的倾向做出重大贡献。二是重视早期经验的作用,认为一个人人格的形成与早期经验有关,与父母对儿童的教养态度有关,这推动了人们对儿童早期经验、早期教育、儿童心理健康问题的研究。

但是,弗洛伊德是性本能决定论者,他把人格发展的基本动力归于性本能,认为性本能满足与否会直接影响人格的发展,这使得他的理论具有太强的生物学色彩,忽视了人与动物的区别,忽视了人的社会性本质,忽视了社会文化环境对人的心理发展的重要作用。

二、埃里克森的心理社会发展论

埃里克森是德国著名的精神分析学家。他对弗洛伊德的理论进行了修改和扩充,其人格发展学说既考虑到生物因素对人格发展的影响,也考虑到心理和社会因素的影响。相较于弗洛伊德强调早期经验对人格的重要影响,埃里克森始终坚信自我的发展贯穿一生。

(一) 心理社会发展的八个阶段

埃里克森认为在人格发展过程中,要经历固定顺序的八个阶段。每个阶段都有一个主要的心理社会任务,成功地完成这种任务,就能形成积极的人格品质,否则会形成消极的人格品质。个体就是这样在不断地解决冲突、克服心理社会危机、完成发展任务的过程中从一个阶段向下一个阶段过渡。其具体的发展阶段及发展任务如下:

1. 基本信任对不信任(0~1岁)

此阶段的发展任务是获得信任感,克服不信任感。婴儿出生后会产生各种生理需要,如果抚养者及时满足这些需要,婴儿就会获得信任感,建立安全感,否则就会产生不信任感。此阶段对应弗洛伊德的口唇期。

2. 自主对羞怯和怀疑(1~3岁)

此阶段的发展任务是获得自主感,克服怀疑和羞怯感。儿童必须学会"自主"——自己穿衣、吃饭等,从而获得自主感。如果父母对儿童限制过多、批评过多,就会使儿童产生对自身能力的怀疑和羞怯。此阶段对应弗洛伊德的肛门期。

3. 主动对内疚(3~6岁)

此阶段的发展任务是获得主动感,克服内疚感。儿童试图像成人一样做事,试图承担力所能及的责任。有时候他们所采取的目标或活动会与其他人发生冲突,这些冲突会使他们感到内疚。成功地解决这种冲突需要达到一种新的平衡:在不侵犯他人的权利和目标的前提下,儿童继续保持主动性。此阶段对应弗洛伊德的性器期。

4. 勤奋对自卑(6~12岁)

此阶段的发展任务是获得勤奋感,克服自卑感。此时,儿童必须掌握重要的社会和学习技能。儿童在学习的过程中,逐渐认识到努力学习的重要性。如果儿童通过努力学习获得家长和教师的赞许,就会获得勤奋感和自信心。相反,如果得不到家长和教师的认可,儿童就会产生自卑感。随后可能在学业追求和同伴交往中退缩,表现出较低的兴趣和成就动机。此阶段对应弗洛伊德的潜伏期。

5. 自我同一性对角色混乱(12~18岁)

此阶段的发展任务是建立自我同一感,防止角色混乱。自我同一感是一种关于自己是谁、在社会上应占什么样的地位、将来成为什么样的人以及怎样努力成为理想中的人等一系列问题的感觉。这一阶段是童年向成熟迈进的重要转折点。青少年开始反复思考"我是谁"。此时他们必须建立基本的社会和职业同一性,否则他们就会对自己成年的角色感到困惑。此阶段对应弗洛伊德的生殖期。

6. 亲密对孤独（18～25 岁）

此阶段的发展任务是获得亲密感,避免孤独感,体验爱情的实现。这一阶段的主要任务是与他人建立恋爱或伴侣的关系。如果个体没有建立亲密的关系,就会感到孤独。

7. 繁殖对停滞（25～65 岁）

此阶段个体承担起努力工作、照料家庭和生养儿女的责任,从而获得生殖感。由于"繁殖"的标准是由文化界定的,如果个体不想承担这种责任,就会变得停滞或自我中心。

8. 自我完善对失望（65 岁以上）

此阶段的发展任务是获得完善感,避免失望、厌倦感。此时,老人们开始回顾生活,如果他们认为人生过得充实、有意义,就会获得完善感。相反,如果对自己的过去并不满意,认为没能实现自己的人生目标,个体就会感到沮丧、失望。

（二）对埃里克森理论的评价

埃里克森强调社会和文化因素对发展的作用,重视青少年期以后的发展特点,这是对弗洛伊德理论的补充和扩展。不足之处在于理论的思辨性和经验性较强,而科学性和实证性较弱,有一些重要的概念无法被验证。

第三节 认知发展观

皮亚杰(Jean Piaget,1896—1980)是瑞士心理学家,发生认识论的创始人。皮亚杰关注儿童心理的发生与发展过程两个方面。一方面,皮亚杰理论的核心是"发生认识论"。他认为,人类的知识不管多么高深、复杂,都可以追溯到童年时期。另一方面,皮亚杰认为传统的认识论只关注认识的结果,而忽视了认识本身的建构过程,因而皮亚杰的临床法将观察与灵活提问结合在一起,以便了解儿童的思维逻辑,进而了解人类心智发展的基础。

下面将从心理发展的实质、影响因素及发展阶段三个方面介绍皮亚杰的理论观点。

一、心理发展的实质

思维起源于动作,动作在相同或类似环境中由于不断重复而得到迁移或概括,即形成图式。图式是人脑中已有的知识经验的网络,也表示特定概念、事物或事件的认知结构。它既可以是一种思维模式,也可以是一种可重复的行为模式。最初的图式又称为格式(动作的组织结构),主要是先天的无条件反射,例如吸吮反射、抓握反射等。随着儿童获得更多的信息,他们的图式变得越来越复杂,最终图式的复杂水平直接决定了儿童思维水平的高低。图式类似于其他学者所认为的认知结构。

皮亚杰认为,心理发展的实质在于主体通过动作对客体的适应,适应的本质在于使机体与环境达到平衡。适应是通过两种形式实现的:同化和顺应。同化(assimilation)是指把环境因素纳入主体已有的(认知结构)过程,以加强和丰富主体的认知图式,由此引起图式量的变化。顺应(accommodation)是指主体通过改变自己的图式(认知结构),以适应外界环境的过程,由此引起图式质的变化。举例而言,儿童已习得个位数加减法的图式,当他面对"3+4=?"这个问题时,儿童可以借助已有图式解决问题,而不用改变已有的图式,那么这种适应方式就是同化。然而,当他面对"3+8=?"这个问题时,儿童必须建立新的图式(进位图式),才能解决当前问题,那么这种适应方式就是顺应。平衡(equilibrium)是指主体保持图式(认知结构)处于一种稳定状态的内在倾向,是图式和环境之间的一种平衡状态。

总之,认知的发展就是儿童在其已有图式的基础上,经过同化、顺应和平衡化等机制,不断从低级向高级发展的过程。

二、心理发展的影响因素

皮亚杰既是一个结构论者,也是一个建构论者。他认为,每一个图式都是心理发展的结果,而心理发展就是一个较初级的图式过渡到一个较复杂的图式的过程。同时,他认为儿童心理的发生发展不是先天结构的展开,也不完全取决于环境的影响,而是主客体相互作用的结果。基于此,皮亚杰认为支配心理发展的因素有四个,即成熟、自然经验、社会经验、平衡化。

(一) 成熟

成熟主要是指机体的成长,特别是大脑和神经系统的成熟。儿童某些行为模式的出现有赖于一定的躯体结构或神经通路发生的机能。皮亚杰认为,成熟为个体心理的发展提供了生理上的可能性,但这种可能性必须借助于机能的练习和习得的经验,才能成为现实。因此,生理成熟是心理发展的必要条件而非充分条件。

(二) 自然经验

自然经验是指通过与外界物理环境的接触而获得的知识,包括物理经验(来自外物)和数量逻辑经验(来自动作)。物理经验是指主体的个别动作作用于客体所产生的有关客体位置、运动与性质的经验,这些经验是有关客体本身的,如物体的大小、重量、形状等。数量逻辑经验是指主体对一系列动作之间关系协调的经验,是在反复的主客体相互作用的基础上产生的。这类经验是个体作用于物体,从而理解动作间的协调结果。例如,儿童通过摆弄圆珠发现,圆珠的数量与圆珠之间的间隔没有关系,进而获得数量守恒。在这里,守恒思维的获得与客体的物理属性无关,而与个体计数动作间的协调有关。

皮亚杰认为,自然经验是一个主要的必要因素,但不是儿童发展的决定因素。其中,数量逻辑经验对儿童的发展更加重要。相较而言,数量逻辑经验的抽象过程更加复杂,它是对自身一系列动作的抽象,是一种反省抽象;而物理经验是从物体的多种特性中抽象出某种特性,是一种简单意义的抽象。

(三) 社会经验

社会经验是指社会相互作用和社会传递,主要包括社会生活、文化教育、语言等。皮亚杰认为相较于自然经验,社会经验对心理发展的影响更大。良好的社会经验(尤其是教育)在一定程度上能加快认知发展。但是,社会经验对心理发展水平并不起决定作用,它只能促进或延缓心理发展,而不能使儿童逾越某一认知发展的阶段,不能改变发展的顺序,因而社会经验对发展的影响是有条件的。

(四) 平衡化

平衡化是指通过同化或顺应而实现的相对稳定的平衡状态。它是个体的自我调节过程,是心理发展的决定性因素,甚至是协调成熟、自然经验和社会经验的必要因素。

平衡分为认知结构的平衡和认知结构的变化。认知结构的平衡是指儿童通过自身的认知结构,对周围环境进行感知和理解,并且能够适应环境的变化。当儿童的认知结构与外界信息相符合时,就会达到平衡状态。认知结构的变化是指儿童在不断接受信息的过程中,对自身认知结构进行调整和变化,以达到新的平衡状态,即从一种低水平的平衡状态到一种高水平的平衡状态。纵观人的一生,人们对平衡状态的需要是心理发展的原动力。

三、认知发展阶段理论

皮亚杰认为,认知的发展是整个心理发展的核心,发展的进程是不连续的,其中,既存在信息数量的累积,也存在知识和理解的性质的变化。皮亚杰将认知发展过程分为四个阶段,分别是感知运动阶段、前运算阶段、具体运算阶段和形式运算阶段。每个阶段都有其独特的认知结构,并保持先后次序不变。前一个阶段的认知结构是后一个阶段的基础。两个阶段之间不是截然分开的,而是具有一定程度的重叠和交叉。

(一) 感知运动阶段(0～2 岁)

感知运动阶段是儿童认知发展的第一个阶段。此阶段,儿童只能利用感知觉和动作适应外界环境,在接触外界事物时能利用或形成某些低级行为图式。此阶段又被称为"儿童思维的萌芽阶段"。

在感知运动阶段,儿童的思维获得两大成就:一是在该阶段末期,儿童获得了客体永久性,即当某一物体从儿童视野中消失时,儿童仍然知道该物体是客观存在的。客体永久性的习得意味着儿童意识到每个客体都是独立存在的,客体不依赖主客体之间的相互作用而存在。因此,无论我们是否看到、听到或触摸到客体,它们都是存在的。二是儿童对因果关系有了初步认识。最初,儿童的动作都是随意的、无目的的。随着动作与客体的反复的相互作用,儿童逐渐认识到不同的动作可以产生不同的结果,例如,扔的动作会使物品离自己更远,而拿的动作可以使物品离自己更近。以后又逐渐扩展到对动作与客体间的关系的认识,使动作的目的性越来越明确,这就意味着因果认识的产生。

这一阶段的局限性在于思维内容依赖于感知觉和动作所产生的直接经验,而很少涉及记忆表象或未来表征。再者,思维的过程依赖外显的身体动作,而很少通过内在的心理表征。

(二) 前运算阶段(2～6、7岁)

在此阶段,儿童可以将未出现在当前情境中的客体和事件表征为心理图片、声音、表象、单词或其他形式。儿童开始借助于表象符号来代替外界事物,凭借象征图式在头脑中进行"表象思维",故此阶段又被称为"表象或形象思维阶段"。表象思维的出现,使儿童生活和心理的范围得到扩大。此时,儿童思维具有以下特点:

1. 自我中心主义

此时的儿童只能从自己的角度思考问题,认为别人的观点和自己的观点一样。皮亚杰用"三山实验"证实了儿童思维的自我中心主义。

图6-1 皮亚杰的"三山实验"图示

在"三山实验"(如图6-1)中,把大小、颜色不同的三座山的模型放在桌子中央,先让儿童从不同的角度观看三座山的模型,然后让儿童坐在桌子的一边,把玩偶放在模型的不同位置,分别问儿童"玩偶看到了什么",让他们从不同角度拍摄的三座山的照片中,挑选出玩偶看到的那张照片。结果发现,4～6岁的儿童不能区分他们自己和玩偶所看到的景色,他们总是选择他们自己所看到景色的照片。

2. 未获得守恒概念

守恒是指个体能认识到当物体的外形或形状发生改变时,物体固有的本质属性不随其外在形态的变化而发生改变。皮亚杰认为,年幼儿童的思维受直觉的影响,以单维的方式认识事物,因而不具有守恒概念。皮亚杰的守恒实验包括数量守恒、体积守恒、长度守恒、重量守恒等。

数量守恒实验是给儿童呈现两排砝码,一种实验条件是两排砝码对齐排列(砝码的数量和间隙均一致),另一种实验条件是两排砝码的数量相同,但砝码间隙不同,先后问儿童这两种实验条件的两排砝码是否一样多。

体积守恒实验是给儿童呈现两个一样的杯子,杯子中装有相同体积的水,然后将其中一杯水倒入一个矮粗的杯子,问儿童两杯水是否一样多。

长度守恒实验是先向儿童呈现两根长度相等的线,移动其中一根,然后问儿童移动后的两根线的长度是否相等。

重量守恒实验是先向儿童呈现两个相同重量、相同形状的泥球,改变其中一个泥球的形状,问儿童两块泥球是否一样重。

如果儿童的回答是肯定的答案,说明儿童具有守恒概念,否则说明儿童不具有守恒概念。实验发现,前运算阶段的儿童往往关注物体的形态变化,而做出否定的回答。说明此阶段的儿童还未获得守恒概念。

3. 泛灵论

此阶段的儿童常常表现出"泛灵论"的倾向,他们会把任何事物都看成生命的或类似生命的活动。例如,儿童会把玩偶当作朋友,和玩偶一起聊天、吃饭、睡觉。他们还认为任何事物都有意图和动机。例如,"太阳下山是休息了""天空打雷是生气了"等。

(三) 具体运算阶段(7、8~11、12 岁)

儿童获得守恒概念,儿童的思维已经能够服从逻辑规则,达到运算的水平。运算是指某种用于转换信息的基本认知结构,是一种可逆性的心理操作。这一阶段的儿童开始能独立组织各种方法进行正确的逻辑运算,但是这种运算还离不开具体事物或形象的帮助,因而此阶段又被称为"初步的逻辑思维阶段"。此时,儿童思维具有以下特点:

1. 获得守恒概念

具体运算阶段的儿童已经获得守恒概念,他们的思维不仅具有可逆性,也可以从多个维度思考问题。例如,在体积守恒实验中,他们可能会说:"如果把矮粗杯子的水倒回原来的杯子,那么它们看起来还是一样多"(可逆性);或者会说:"虽然矮粗杯子里的水更低,但是它更宽"(多维性或去自我中心)。

各种守恒的获得具有先后顺序,依次为数量守恒(6~7 岁)、长度守恒(7~8 岁)、面积守恒(8~9 岁)、重量守恒(9~10 岁),最后是体积守恒(12~13 岁)。

2. 获得类包含概念

此阶段的儿童具有完整的分类系统,他们能够按照一定的规则分类物体。他们还认识到同一个物体可以属于不同的范畴,而且一些范畴是彼此嵌套的。例如,麻雀属于鸟类,也属于动物;动物不仅包含鸟类,还包含两栖动物、哺乳动物等。

3. 序列化和传递推理

序列化是指一种按照诸如重量或大小等某种定量的维度排列客体的能力。例如，儿童可以按照长度将线段进行排序。传递推理是指理解客体的属性之间存在固定的关系。例如，如果 A＞B，B＞C，那么 A＞C。序列化是传递推理的基础，二者的出现说明儿童已经能够理解事物之间的相互关系，具有关系思维能力。

（四）形式运算阶段（12 岁以后）

此阶段，儿童的思维水平已经接近成人。他们的思维已经不受真实情境的束缚，能将心理运算用于可能性和假设性情境；他们既能考虑当前情境，也能考虑过去和将来的情境，并且能够基于单纯的言语或逻辑陈述来进行思维。儿童获得科学思维，能够进行假设—演绎推理及命题间推理。该阶段和具体运算阶段的不同在于，运算的对象是抽象的。因此，该阶段又被称为"抽象逻辑思维阶段"。

四、对皮亚杰认知发展观的评价

皮亚杰一生最大的贡献是创立发生认识论的理论体系，通过儿童心理学，把生物学与认识论和逻辑学相贯通，以揭示认知发展的机制，从而把传统认识论改造成一门实证的经验科学。然而，皮亚杰的认知发展观弱化了社会经验的作用，尤其是教育对认知发展的影响。再者，皮亚杰的认知发展观忽视了文化因素和个体差异的影响，研究者对理论的普遍性产生了质疑。最后，该理论的细节部分，尤其是认知能力随时间发展而变化的内容，受到质疑。例如，一些认知技能出现的时间明显早于皮亚杰的论断。

第四节　人本主义观

人本主义产生于 20 世纪 50 至 60 年代初，其主要代表人物有马斯洛（Abraham H. Maslow，1908—1970）、罗杰斯（Carl Ransom Rogers，1902—1987）。人本主义最大的贡献是强调人的心理与人的本质的一致性，主张心理学必须从人的本性出发研究人的心理，着重研究人的价值和人格。

人本主义反对行为主义和精神分析，前者将动物行为的研究结果机械地应用于人，忽略人的内在本性；后者夸大潜意识的作用，把精神病人作为研究对象。人本主义主张心理学的研究应以正常人为对象，研究真正属于正常人的心理活动，特别是蕴藏在人性中的无限潜力，通过改善环境和创设条件以利于人的潜能充分发挥而达到"自我实现"的阶段。

一、马斯洛的需要层次理论

马斯洛是美国著名的心理学家，是人本主义心理学的重要代表，他提出了著名的需要层次理论。

（一）需要层次理论

马斯洛认为个体成长发展的内在力量是动机。而动机是由多种不同性质的需要所组成，各种需要之间有先后顺序与高低层次之分；每一个层次的需要与满足，将决定个体人格发展的境界或程度。马斯洛认为人的需要包括生理需要、安全需要、归属与爱的需要、尊重需要、认知需要、审美需要以及自我实现的需要。

生理需要是人为了生存而必不可少的需要，如人对食物、水分、空气、睡眠和性的需要。安全需要表现为人们要求稳定、安全、受到保护、有秩序、能免除恐惧和焦虑等需求。归属与爱的需要表现为一个人渴望与他人建立感情上的联系，如对爱情、朋友的需要，参加团体并被团体接纳的需要等。尊重需要包括自尊和受到别人的尊重，满足自尊的需要会使人相信自己的力量和价值，受到别人尊重会使人产生荣誉感和成就感。这四种需要是人的基本需要，它们与人的本能相联系，与个人的健康状况有关，缺少它会引起疾病，因而又叫缺失性需要。

认知需要是指人对知识的需要、对理解和了解新奇事物的需要，它包括求知、理解、探索和好奇。审美需要是指人对美好事物的需要，个体会追求自身的和生活中美好的事物，并从中获得满足，它表现为人们追求对称、秩序、和谐、完善的事物。自我实现的需要是人类需要的最高水平，它是指人们追求实现自己的能力或潜能，并使之完善化的需要。这三种需要是成长性需要，这类需要不受本能支配，不受人的直接欲望所左右，以发挥自我潜能为动力，这类需要的满足会使人产生最大限度的快乐。

马斯洛认为，需要层次越低，需要产生的内驱力越大，越易于驱使个体产生行为。在高级需要出现之前，必须先部分满足低级需要；高级需要满足之后，若低级需要依然存在，则低级需要对行为的影响会有所减弱。无论是动物到人的进化过程，还是个体的发展历程，均是低级需要出现较早，而高级需要出现较晚。

（二）对马斯洛的评价

《纽约时报》评论说："马斯洛心理学是人类了解自我的一块里程碑。"马斯洛的理论主要有两个方面的贡献：一是马斯洛从人类的基本需求出发，探讨了人类的本质特征，有助于理解人类和解决人类的问题。二是他开创了一个领域，将理性行为与动机有机地结合起来。然而，该理论也存在两个问题，一是它关注的是个体的需求，而忽视了外部因素的影响。二是马斯洛的研究主要依赖于观察法和访谈法，这种研究方法主观性较强，且难以获取大量的样本。

二、罗杰斯的人本主义观

罗杰斯是美国心理学家，是人本主义的另一个重要代表人物。罗杰斯在心理治疗实践和心理学理论研究中发展出人格的"自我理论",并倡导了"来访者中心疗法"。

(一) 人格观

罗杰斯与弗洛伊德的人格观截然不同。弗洛伊德强调潜意识中的原始本能、欲望、冲动等对人的支配作用,认为人的一切行为都是为了满足这些基本需要。可见,弗洛伊德的人格观具有明显的消极悲观与生物还原论的倾向,映射出性恶论的观点。与之不同,罗杰斯认为人的本性是善良的、诚实的、可信赖的,这些特性与生俱来。人的恶只是防御的结果,是由环境影响造成的,它不是人的本性。只要提供适当的成长和自我实现的环境和机会,人善良的本性就会得到体现。因此,罗杰斯的人格观是性善论。

再者,罗杰斯认为人具有自我实现的倾向。每个人都有一种向上的、自我完善的需要,并且在生活当中寻求这种需要的实现,心理治疗的基本原理就是使来访者向着自我调整、自我成长和逐步摆脱外部力量的方向前进。

(二) 自我理论

自我理论是罗杰斯人格理论的核心,也是其心理治疗理论和人本主义教育理论的基础。罗杰斯认为,自我是人格形成、发展和改变的基础,是人格能否正常发展的重要标志。

自我概念由自我的经验发展而来,在个体众多的经验材料中,关于"我"或"自己"有关的知觉逐渐分化出来,形成一个独特的部分就是自我概念。罗杰斯把自我概念定义为个人对自己和环境及其关系的知觉与评价。他认为每个人都有两种自我概念:一种是真实的自我,是较符合现实的自我形象;另一种是理想的自我,是一个人期望实现的自我形象。理想自我与现实自我之间的差距可以衡量个人的心理健康水平,最理想的自我概念,就是两种自我和谐一致。

罗杰斯强调无条件积极关注对自我发展的重要影响。伴随着自我意识的觉醒,儿童开始出现积极关注的需要,而这种需要的满足依赖于重要他人(如父母)。罗杰斯把积极关注分为有条件的积极关注和无条件的积极关注。有条件的积极关注是指父母总是根据儿童的行为是否符合其价值标准、行为标准来决定是否给予关怀与尊重。这种方式会使父母的价值观内化到儿童的自我结构中,但它并不能掩盖儿童自己对自己行为的评价。当儿童对自我行为的评价不一时,自我和经验会发生异化进而产生冲突,也就是说,儿童通过吸收他人价值观产生的理想自我和现实自我之间也发生了偏离,这就使得儿童可能心理异常。然而,无条件的积极关注是指父母根据儿童本身的价值给予积极关注,而不考虑自身的价值标准。这种方式会使儿童有更多的精力和机会去体会自己的内在的感受,倾听自己内部的声音,形成自我价值感。

(三) 以人为中心的治疗

罗杰斯的心理治疗方法原称"非指导性疗法"(non-directed therapy),后改称为"来访者中心疗法"(person-centered therapy)。这种疗法的基本假设是如果给来访者提供一种最佳的心理环境或心理氛围,他们就会倾其所能,最大限度地进行自我理解,改变他们对自我和对他人的看法,产生自我指导行为,并最终达到心理健康水平。

罗杰斯认为,以人为中心的治疗目标是填平自我概念与自我经验之间的沟壑,让每个人达到自我实现的目标。要达到此目标,心理咨询师必须具备三个技术条件:

(1)真诚一致,即治疗者所表达的内容与他自己内在的体验是一致的,不说言不由衷的话,不摆专家的架子和说教者的姿态。

(2)无条件的积极关注,即积极的、非批判性的接纳态度,对来访者的信任、接纳、倾听、期望和支持。

(3)同理心,即能够准确地感受到当事人所体验的情感和个人意义。

(四)对罗杰斯的评价

罗杰斯是继弗洛伊德以后,在心理治疗领域产生更大影响的学者。他的贡献主要有两方面:一是强调人格的完整性,强调人格中自我的作用,注重健康人格的培养,对自我心理学产生了重要影响;二是提出了"以人为本"的心理治疗方法,其流行程度仅次于弗洛伊德的精神分析法。但是,罗杰斯的理论体系是建立在存在主义哲学和现象学方法论基础之上的,这影响了其理论的科学水平。再者,罗杰斯的治疗方法过于重视来访者的情感和自我实现的倾向性,也受到了一些批评和质疑。

第五节　建构主义观

建构主义是认知主义的新发展。在皮亚杰和早期的布鲁纳(Jerome Seymour Bruner,1915—2016)的思想中就已经有了建构的思想。到 20 世纪 70 年代末,苏联教育心理学家维果斯基(Lev Vygotsky,1896—1934)的思想被介绍到美国,对建构主义思想的发展起到了极大的推动作用。

经过多年的发展,建构主义产生了多种理论取向,大致可归结为两类:一类是社会建构取向,其强调人与社会环境的互动,代表人物有维果斯基等;另一类是个人建构取向(或认知建构取向),其强调人与物理环境的互动,代表人物有凯利(George Alexander Kelly,1905—1967)等。

一、凯利的个人建构主义

凯利是美国著名的人格心理学家和人本主义心理学的先驱之一。1955 年,凯利出版了《个人建构心理学》一书,标志着个人建构主义的诞生。20 世纪 60 年代以后,这一理论迅速发展,研究成果和实践应用不断增多,成为心理学界颇具影响力的理论。

（一）人性观

人性观的基本假设是"人人都是科学家"，即所有人都像科学家一样通过创立自己的理论，力求减少不确定性，从而对事件进行准确的解释和预测。像科学家一样，个人建构的过程也同样包括问题提出—建立假设—验证假设—得出结论这四个阶段，其目的是寻求对事件运行过程的预测与控制。

凯利把人们解释和预测事件的主要工具称为"个人建构"。建构或构念，是指人们用来解释和预期事件的认知结构，它可以是一种概念，也可以是人们看待并控制事件的思维模式。面对同一个事件，不同的人可能形成不同的建构，从而导致其在面对同一事物时会产生不同的反应。同样，同一个事件也可以有多种建构，各种建构无对错之分。没有绝对客观的事实，也没有绝对正确的真理，只有不同的建构。我们从多种建构中选择自己的建构，从而形成自己的建构系统。因此，个体在创立自己的建构系统时是自由的。但已形成的建构会影响个体预期事件的方式，进而决定个体对待世界和人生的方式。

建构是可以修正和替换的，个体可以朝向更有效的方式，建构自己的世界。世界的变化使得个体的建构只是暂时性的，我们需要不断改变建构以适应现实，即不依赖于僵硬的预设线索。在大多数情况下，为了获得与客观现实大致符合的建构，个体需要运用尝试与错误的办法，这是因为只有从建构产生的假设为经验所证实，建构才得以保持。可以说，个体所经历的就是不断创造建构与验证建构的过程。

（二）人格发展

凯利认为，人格的发展是建立在建构系统上的发展。个体通过不断界定和完善其建构系统从而增强对世界的理解，进而提高对事件预测的准确性。在凯利看来，个人建构系统是通过对事件的反复建构产生的。人们依据先前经验，通过概括化的过程来对经验进行建构，再依据自己已形成的建构，去解释信息、控制行为、预测未来。

尽管他认为个体与环境的交互作用在个体人格发展过程中发挥重要作用，但他反对机械主义学习理论把行为看成是由环境事件的操作所决定的。在他看来，个体不只是简单地对环境做出反应，而是能对环境事件做出积极的、独特的和系统的建构，并利用这些建构来预测事件。人们对环境做出反应的目的并不像强化那样只是为了寻求快乐和避免痛苦，而是为了积极寻求提高预测的准确性。人总是不断地以不同的方法重新构造自己的过去、定义自己当下的问题、预测自己未来的环境。

为了说明个体如何利用环境信息来决定行为，凯利发展出一个重要的模型——"详察—预断—控制循环"（circumspection-preemption-control cycle，简称 CPC 循环）。该模型认为个体首先经历的是谨慎期，人遇到新情境时，会开始小心谨慎地考虑多种建构，作为对情境的可能解释；然后经历预断期，根据情境人们会减少可供选择的建构的数量,只认真考虑那些有助于解决问题的建构;最后在控制期,人们通过选择若干对解决问题最有用的建构来决定行动的方向。

根据凯利的观点,人们总是以 CPC 循环的方式在行动,通过不断的 CPC 循环,每个人都在不断发展完善、修订着自己的个人建构系统。由于每个人所接触到的环境事件不可能完全相同,因而 CPC 循环的结果也不同。每个人都逐渐形成自己的人格,发展出适应自己个人生活史的建构系统。因此,凯利把人格发展的过程视为个体与环境之间的一种创造性的、动态的互换,其目的是增强对环境的理解和控制。

(三) 对凯利个人建构主义的评价

作为一种认知的人格理论,凯利的个人建构论有贡献也有不足。其贡献在于重视人的意识和人的认知过程在人格发展中的作用,并以此为出发点对人格进行深入探索,这是人格研究中的重要理论思想。其不足在于:一是过于强调认知的作用,忽视了人格中非认知因素(如情绪)的影响;二是避而不谈动机、发展、文化等因素的作用,这是值得进一步商榷的。

二、维果斯基的社会建构主义

维果斯基是苏联心理学家,他主要研究儿童心理和教育心理,着重探讨思维与言语、教学与发展的关系问题。他创立了心理发展的"文化—历史发展理论",形成了社会文化—历史学派。他和鲁里亚、列昂节夫一起从 20 世纪 20 年代开始研究人的高级心理机能的社会历史发生问题,因此,这个学派也被称为"维列鲁"学派。

(一) 高级心理机能

1. 两种工具理论

维果斯基认为,人类在适应环境和改造环境的过程中,首先出现了物质性的生产工具(如斧头、电锯等),即物质生产的间接方式,人类便区别于动物,以物质生产的间接方式适应环境,这就使人类的心理发展不再受生物进化规律所制约,而受社会历史发展规律的制约。而且,这种间接的生产工具导致人类心理上出现了精神性的生产工具,即人类社会所特有的语言和符号。生产工具和语言符号的共同特点在于它们使间接的心理活动得以产生和发展。不同之处在于,生产工具指向外部,引起客体的变化;而符号指向内部,引起主体的变化。

2. 两种心理机能

维果斯基将心理机能分为低级心理机能和高级心理机能,前者是动物进化的结果,是个体早期以直接的方式与外界相互作用时表现出来的特征,如感觉、知觉、不随意注意、情绪等,它是人与动物所共有的。后者是社会历史发展的产物,是以语言和符号为中介的心理机能,受社会文化和历史发展规律的制约,如逻辑记忆、有意注意、高级情感等,它是人类所特有的。维果斯基认为,高级心理机能具有以下特点:① 高级心理机能是随意的、主动的;② 高级心理机能的反映水平是概括的、抽象的;③ 高级心理机能是以符号或语言为中介的间接经验;④ 高级心理机能受社会历史规律的制约;⑤ 人际交往对高级心理机能的发展非常重要。

(二) 心理发展的实质

皮亚杰认为心理发展是由内向外的过程,环境对心理发展的影响较小,个体内部的平衡化过程才是最重要的。而维果斯基认为心理发展是由外到内的过程,个体通过内化从情境中吸取的知识从而获得发展,即环境和社会因素对心理发展的影响更大。基于此,维果斯基提出,心理发展的实质是个体在环境与教育的影响下,由低级心理机能逐渐向高级心理机能转化的过程。

维果斯基认为,有三个主要原因促进了心理机能的转化。① 高级心理机能起源于社会文化—历史的发展,是受社会规律制约的;② 通过掌握高级心理机能的工具——语言、符号这一中介环节,使其在低级心理机能的基础上形成了各种新质的心理机能;③ 高级心理机能是不断内化的结果。

这种转换不仅发生在人类的发展中,也在个体的发展中进行着。儿童早期还不能使用语言这个工具来组织自己的心理活动,心理活动的形式是"直接的、不随意的、低级的、自然的"。只有掌握了语言这个工具,心理活动的形式才能转换为"间接的、随意的、高级的、社会历史的"。维果斯基认为,由低级心理机能向高级心理机能的发展有四个主要表现:① 随意机能不断发展,个体对心理活动的有意控制能力不断增强;② 个体的抽象、概括机能不断提高;③ 各种心理机能之间的关系不断变化、重组,形成间接的、以符号为中介的心理结构;④ 心理活动表现出个体差异,心理活动的个性化不断加强。

(三) 最近发展区

维果斯基认为人的心理发展具有两个水平,一个是现有的发展水平,即一个人已达成的某种心理机能发展水平;一个是潜在的发展水平,即在他人的帮助下所能达到的解决问题的水平。这两者之间的差距就是最近发展区(Zone of Proximal Development,ZPD)。换句话说,ZPD 是指一种儿童无法依靠自己来完成,但可在他人帮助下完成的任务范围。

最近发展区是一个动态的概念,处于某一个年龄阶段的儿童,他的最近发展区在一定条件下可以转变为下一个年龄阶段的现有发展水平,而下一个阶段又有新的最近发展区。在维果斯基看来,教学创造着最近发展区,两个发展水平之间的动力状态是由教学决定的。教学决定着儿童的发展,决定着发展的内容、水平、速度及智力活动的特点。教学激起与推动学生一系列内部的发展过程,从而使学生通过教学而掌握全人类的经验,进而内化为儿童自身的内部财富。再者,教学应当走在发展的前面。教学要适应学生现有的发展水平,但更重要的是发挥教学对发展的主导作用,促进其潜在发展水平的实现。

(四) 对维果斯基的评价

维果斯基的心理发展理论对教育实践具有重要的指导作用。他对高级心理机能的研究反映了研究者开始关注人类发展的深层本质问题。但一些学者认为维果斯基过于强调社会文化环境对心理发展的影响,而忽视了个体内在的发展机制。心理发展不仅仅是社会环境的作用,还受到遗传和生物因素的制约。再者,维果斯基的理论在实践中的可操作性还存在一些问题。例如,维果斯基强调的依赖于言语指导的参与性活动在某些学习任务中并不适用,所提出的同伴学习也并非总是有效的,特别是在合作学习者对自己所掌握的知识并不确信时。

章小结

理论是一组可以用来描述、解释和预测行为的有序、完整的陈述。在心理发展领域,许多有影响的学者提出了描述、解释和预测个体发展的理论。华生和斯金纳关注强化对行为习得的影响;班杜拉强调观察学习和榜样在发展中的作用;弗洛伊德强调潜意识、早期经验对行为的决定作用;埃里克森认为除了本能冲动以外,心理因素和社会因素都会影响心理发展,且自我的发展贯穿一生;皮亚杰认为发展是个体先天结构与外在环境相互作用的结果,特别强调平衡化的作用;马斯洛认为需要是心理发展的内在动力,罗杰斯强调现实自我与理想自我的和谐一致有利于心理健康发展;凯利强调个人建构是人格发展的基础,而维果斯基认为心理发展的实质是个体在环境与教育的影响下,由低级心理机能逐渐向高级心理机能转化的过程。这些理论观点,既有传统、经典的理论,又有新近形成并越来越有影响力的理论。学习和掌握心理发展的相关理论,有助于我们真正把握个体发展的原因和机制。

思考训练

1. 华生与斯金纳的理论观点有何相似之处,又有何不同之处?

2. 精神分析理论总是让人既着迷又抱有疑惑。你是怎样看待精神分析理论对心理发展的解释的?

3. 皮亚杰与维果斯基的理论观点有何共同之处,又有何区别呢?

4. 维果斯基的最近发展区的观点对儿童发展与教学有怎样的启示呢?

5. 案例分析

小明非常懂事听话,从小非常体恤父母的不易,从不向父母提任何要求,总是习惯性地把自己的欲望压到最低水平。小明平时学习非常刻苦,生活也非常节俭,他希望通过自己的努力来改变家庭的困境,好好孝顺父母。在父母眼中,小明是一个非常孝顺听话的孩子,但是由于夫妻关系不和以及工作忙碌,他们对小明的关注非常少,经常忽视小明的需求。

在小明上学期间,亲子关系一直比较融洽,小明一直都是懂事上进的孩子。然而,当小明工作之后,他与父母之间频繁发生矛盾。父母希望小明节俭一些,可以更好地帮助家里。但是,小明觉得钱只有花在自己身上才是最有意义的。他不想再像以前那样,压抑自己的需求,他想有更好的生活品质。不仅在生活方式上,小明与父母在价值观上也经常发生矛盾,导致亲子之间产生隔阂。

请问,小明发生转变的心理原因是什么?我们应该如何处理小明和父母之间的矛盾?

第7章　中学生心理辅导的基本方法

章结构

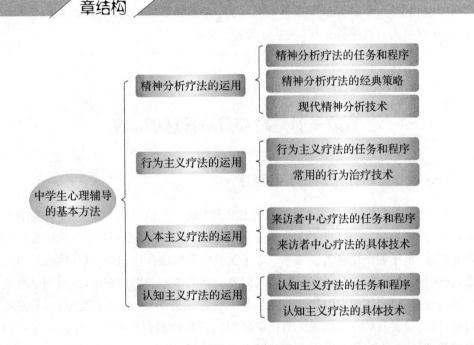

章首语

　　当我们帮助学生解决心理问题时,总是要依据某种理论和技术,或者综合运用多种理论和技术。掌握可供选择的治疗方法,以便决定采用何种手段进行辅导,才能使个体达到心理健康的最佳治疗效果。本章将在上一章中学生心理辅导的基本理论的基础上,阐述精神分析疗法、行为主义疗法、人本主义疗法以及认知主义疗法的具体运用。首先介绍四种疗法的任务和实施程序,然后重点介绍四种疗法在中学生心理辅导实施过程中的具体技术,最后简述每种疗法对中学生心理辅导的贡献及局限。

关键词

　　精神分析疗法;行为主义疗法;来访者中心疗法;理性情绪疗法

情境导入

　　小林,独生子,16岁,初中一直品学兼优,善良活泼,以优异的成绩考上高中,还担任了班干部,家里因其中考成绩好,特别奖励了一台电脑给他。最近发现他变得越来越沉默寡言,白天上课经常睡觉,作业经常不交,学习成绩也直线下降。经了解是由于迷恋上了网络,一回家就上网,有时至深夜不睡,一到周末变本加厉,经常是通宵达旦十几个小时,有时连饭都不愿吃,因其父亲长期在外忙生意,母亲文化程度低,孩子不吃不睡还以为是努力学习,心疼不已,谁知是迷上了上网。直到老师打电话告诉她孩子在校的情况,她才恍然大悟。父亲知道后把网线拆了,把电脑锁起来了,但小林已经网络成瘾了,在学校借同学的手机上网,放学后偷偷上网吧。

　　我们应该怎么帮助小林走出网瘾的泥潭?①

第一节　精神分析疗法的运用

一、精神分析疗法的任务和程序

　　精神分析的基本理论是“意识—潜意识”理论。意识是人们能够察觉到的心理活动,而潜意识是在清醒状态下无法察觉到的潜在的心理活动。潜意识包括被压抑的欲望和冲动、早年创伤性痛苦经历等。如果这些内容出现在意识中,就会唤起当事人的焦虑、羞耻感、罪恶感或者恐惧感,为此人们就会将其压抑到潜意识中,以避免这些消极情绪的出现。但是,潜意识中的这些内容却一直在积极活动,有时还很迫切,于是就会以口误、笔误或者梦的方式出现。当长期累积的不良情绪和压抑的本能欲望得不到合理宣泄或满足时,人们就会出现心理问题和心理障碍。

　　精神分析疗法的主要任务有两个:一是使来访者的潜意识意识化,即让压抑在潜意识中的童年创伤、痛苦体验暴露出来,变为意识的内容;二是帮助来访者克服潜意识冲突,消除不良的防御模式。通过分析、解释、疏导,帮助来访者重新认识自己并实现自我优化,以达到心理健康的目的。

　　具体来看,精神分析疗法的实施程序可以划分为以下四个环节:第一是倾诉,即鼓励来访者倾诉,引导他们把积压在心底的问题倾倒出来;第二是解释,即对倾诉不出来的来访者进行精神分析,通过对心理症候的探究和剖析以解释其内在意义;第三是教育,即对不良行为习惯的改造,将心理不健康的人们教化成社会化的正常人;第四是影响,即治疗师通过潜移默化的精神影响对来访者进行感染和渗透。

　　①　姜淑梅.中学生心理辅导[M].北京:清华大学出版社,2015:208-209.

知 识 链 接

弗洛伊德对精神障碍根源的观点①

精神分析是通过诸如自由联想和移情等技术,让来访者从潜意识冲突、动机以及防御中复原的一种领悟疗法。要理解精神分析背后的逻辑,我们需要看看弗洛伊德如何考虑精神障碍的根源。弗洛伊德处理的案例大部分是以焦虑为主导的紊乱状态,如恐怖症、惊恐障碍以及强迫症。在那个时代,这些障碍都被称为神经症(neuroses)。

弗洛伊德认为神经症是由来自童年早期的无意识冲突造成的,这些内部的冲突包括本我、自我、超我之间的争斗。这些争斗通常涉及性冲动和攻击性冲动。他的理论认为人们通过防御机制来避免直面这些冲突。这些冲突被隐藏在潜意识中(见图7-1)。然而,他指出这些防御的方式常常会导致自我挫败的行为。他强调防御只能在一定程度上减轻焦虑、内疚和其他痛苦的情绪。

图7-1 弗洛伊德对障碍根源的观点

二、精神分析疗法的经典策略

(一)自由联想

自由联想法是弗洛伊德创立的精神分析的主要方法之一,要求来访者将进入自己意识中的任何内容不加审查地如实报告出来,不论它们是如何微不足道、荒诞不经甚至违背道义等等。弗洛伊德认为,浮现在脑海中的任何想法或事物都不是无缘无故的,而必有其动力学意义,即存在因果关系。因此,可以从中找到来访者潜意识中的矛盾冲突,并把这些冲突意识化,使来访者有所领悟,重新建立现实健康的心理生活。

在使用自由联想技术时,来访者舒适地坐在或者躺在沙发上随意联想,把想到的一切都说出来,不要有任何顾虑。咨询师坐在来访者身后,倾听来访者的讲话并对谈话内容严格保密。咨询师不要随意打断来访者的谈话,必要时可适当引导。咨询师通过分析、解释来访者所报告的材料,可以观察和理解来访者潜意识的欲望、思想和情感,从而达到分析其内心潜在冲突的目的。

---

① [美]韦恩·韦登.心理学导论[M].高定国,等译.北京:机械工业出版社,2016:498.

（二）释梦

释梦是考察个体梦境的一种技术，要求来访者描述他们的梦境，并对梦境中的某些方面进行自由联想，以便咨询师能理解来访者的潜意识内容。弗洛伊德认为梦不是一种躯体的现象，而是一种心理现象，是一种被压抑的欲望的象征性满足。在快速眼动睡眠时期，我们都会做梦。在睡梦中，我们的身体放松、意识模糊、自我控制减弱，潜意识的欲望便趁机表现出来。梦境为本我的冲动提供了表演的舞台，成为愿望满足的一种方式。

弗洛伊德将梦区分为显性梦和隐性梦。显性梦是指人们在清醒时可以回忆起来的部分，包括梦所伴随的情绪和感觉经验以及发生在梦里面的任何内容。而显性梦的潜意识涵义就是隐性梦，即潜意识中寻求表现出来的实际内容。因为这些内容是令人痛苦或无法接受的，所以表达时需要进行伪装或以象征性的形式表现出来。弗洛伊德认为梦的工作就是从隐性梦转换成显性梦的潜意识精神运作。

释梦的技巧基于自由联想，通过来访者说出进入他们意识层面的任何关于梦的东西，把显性梦重重化妆、层层解开、逐渐通向隐藏的内容，由此而解释潜在内容。

（三）阻抗分析

阻抗，又称抗拒，是指来访者有意或无意地回避某些敏感话题以及反抗改变的所有做法。例如，没做应该做的事情或者不停地做无意义的事情、谈话时漫无目的或者偏离重心、忘记约会或者约会迟到等等。

阻抗可以区分为有意识的阻抗和无意识的阻抗。有意识的阻抗可能是由来访者对咨询师不信任或者担心自己说错话造成的，这种情况经由咨询师说服即可消除。无意识的阻抗则是来访者不能意识到的，也并不会承认，却是应该深入探索的领域，极有可能是来访者的心理病因所在。弗洛伊德相信，阻抗是人们对其敏感领域潜意识控制的结果。在潜意识里有阻止被压抑的心理冲突重新进入意识的倾向，当自由联想的谈话接近潜意识的重要内容时，潜意识的抗拒就发生了。从某种程度上说，对无意识阻抗的分析可能是了解来访者非常有价值的方式之一。

当咨询师感受到来访者的阻抗时，应首先检查自己在咨询过程中的做法是否得当，例如倾听过程中是否缺乏关注的态度、恰当的反应，是否过早地解释来访者的问题等等。如果是咨询师在咨询过程中的应对问题，应及时纠正，特别注意与来访者建立良好的关系。在此基础上，咨询师与来访者一起面对阻抗并探讨阻抗产生的原因。

（四）移情

移情，是指来访者对咨询师产生的一种强烈的情感，即来访者将产生于生命早期的对自己父母、亲人等重要相关人物的感情和情绪的依恋关系转移到咨询师的身上，把他们当成自己的父母、亲人、恋人等。移情是来访者无意识阻抗的一种特殊形式，表示来访者的力比多离开原来的症状而向外投射给咨询师。

没有移情就没有治疗，移情是产生学习过程的手段。移情能将来访者原来被压抑但未消失的负面情绪在没有危险的情况下表达出来，消除原有的紧张焦虑。如果处理得当，就能帮助来访者进一步认识其潜意识中的情绪，使移情成为咨询的推动力。咨询师可以通过移情了解到来访者对其亲人或他人的情绪反应，引导来访者讲出痛苦的经历，以便揭示潜意识中的内容。

（五）解释

解释是精神分析疗法中常用的技术，即咨询师运用自己的潜意识、同感、直觉以及他的理论知识，对来访者呈现的精神现象进行说明和解释。解释是揭示症状的潜意识隐义和动机，并使其进入意识领域的一种方法。

当咨询师提供解释后，来访者能更清楚地了解自己目前的情感、态度和行为方式，也能更多地明了自己潜意识的欲望和动机，并看到自己的情感、行为方式是如何受动机、欲望的推动和影响，看到当前所采用的心理活动方式是否能够真正有效地满足自己的心理需要。当来访者接受咨询师的这些解释时，他的思维、情感、防御方式以及行为等就会发生相应的改变。由此，解释也就起到了心理治疗的作用。

三、现代精神分析技术

（一）对象关系疗法

对象关系疗法是由英国精神科治疗师克莱恩（Melanie Klein，1882—1960）创立的，其关键是让来访者回忆究竟是什么性质的对象被压抑，目的是揭示内在自我的工作模式，使来访者理解其潜意识冲突。克莱恩认为，对象是指个人生命中的重要人物（包括自己），是以对象表征的方式存在的。我们对于人的反应是我们所知觉的和经验中的他们，而不是其本来的样子。与弗洛伊德最早提出的"性欲本能和攻击本能的对象"不同，这里的对象是一种混合物，是多维度、有很强情感成分、与愿望和害怕有关的动机相联系的，是意识的，也是潜意识的。

需要心理治疗的来访者可以追溯到婴儿期和童年期就具有的自我、他人、自我与他人关系的表征之间的交互作用。例如，有人可能会存在这样矛盾的自我：十分脆弱又完全不易受伤害、软弱无能又无所不能，既配得到自己需要或向往的一切又完全不配拥有一切。这种矛盾的自我表征，可能是因为此人在生活早期与重要他人有情感上的紧张关系。自我表征是有意识的，但与之相联系的深层感情以及它们在来访者的自我经验中与他人的关系所起的作用却是潜意识的。

克莱恩提出的游戏疗法，用儿童的游戏替代成人的自由联想，通过观察和解释儿童的游戏来接近儿童的幻想和潜意识。该疗法不仅是克莱恩对精神分析技术的一项创新,也开启了一系列关于幼儿心理的重要发现。

(二) 认知领悟疗法

认知领悟疗法是我国学者钟友彬先生(1925—2009)创立的,通过解释让来访者改变认识、得到领悟而使症状得以减轻或消失,从而达到心理健康的最终目的。儿童时期受过的精神创伤以及由此引起的恐惧会在个人脑中留下痕迹。当成年期遇到挫折时,这些痕迹就会再现出来影响人的心理,以至于个人会用儿童的态度去对待在成年人看来不值得恐惧的事物,为此,来访者心理症状的表现会带有幼稚性和不成熟性。

认知领悟疗法的重点不在于引领来访者回忆、挖掘幼年症结或初期焦虑的具体事件上,而是运用启发式的谈话和来访者一起讨论、分析症结的幼稚性,引领来访者用成年人的眼光和态度重新审视和评价这些情感和行为。通过让来访者深刻认识到其病态情绪和行为的幼稚性,领悟到这些情绪和行为是幼年儿童的心理和行为模式,从而用成人的行为模式来替代这些幼年模式,使来访者成熟起来。

综上,我们简要介绍了精神分析疗法的任务和程序,详细介绍了自由联想、释梦、阻抗分析、移情和解释五种经典的精神分析技术,以及对象关系疗法和认知领悟疗法两种现代精神分析技术。精神分析疗法为心理辅导提供了一种理解行为、理解症状成因和功能的框架,也有助于深入理解来访者内心冲突的根源,并帮助来访者最终解决问题。但由于精神分析疗法对咨询师的要求高,治疗时间长,整体辅导费用也比较高,并且需要来访者的高度配合等,因而限制了精神分析技术的应用。

第二节　行为主义疗法的运用

一、行为主义疗法的任务和程序

行为主义理论认为,人的行为习惯可以通过学习获得,也可以通过学习而改变或消除。行为主义疗法的主要任务是消除或纠正适应不良的或异常的行为。

行为主义疗法的实施程序可以划分为以下四个步骤:第一,要明确来访者的问题行为,确定目标行为。清晰明确的目标行为有助于咨询师选择正确的治疗方法,制订合适的咨询计划。第二,根据来访者问题行为的性质和特点,选择适当的方法技术。第三,实施心理辅导计划。在计划制定后,咨询师、来访者及心理辅导的其他人员都必须严格按照计划实施心理辅导。第四,对心理辅导结果进行评估。咨询师和来访者要对心理辅导过程及结果进行评估总结。

二、常用的行为治疗技术

（一）放松疗法

放松疗法也称为放松训练，是通过自我调整训练，由身体放松进而使整个身心放松，使心理应激而导致的交感神经的兴奋性降低，从而达到消除紧张和疲劳的目的。人的心情反应包含情绪反应和躯体反应两部分，二者相互影响。情绪反应会伴随一定的躯体反应，躯体反应也会伴随一定的情绪反应。假如能够改变躯体反应，情绪反应也会随之改变。为此，人们可以通过自己的意识操控紧张的躯体反应，进而使紧张的情绪反应松弛下来，建立轻松的心情状态。

放松疗法的关键是要学会辨认肌肉紧张和放松的不同感觉，对自身肌肉做"紧张—坚持—放松"的练习，从紧张与放松的感觉对比中学会放松。训练时，可以对全身多处肌肉按固定次序依次放松，坚持练习。

> **知识链接**
>
> ### 全身放松法的步骤及指导语[①]
>
> 1. 深深吸一口气，保持一会儿，慢慢把气吐出来。停一会儿，再做一次。
>
> 2. 伸出你的前臂，紧握拳头，用力攥紧，体会手上紧张的感觉。慢慢地放松，彻底地放松，体会前臂放松后的感觉。停一会儿，再做一次。
>
> 3. 弯曲你的双臂，用力弯曲紧绷双臂的肌肉，保持一会儿，感觉双臂的紧张。慢慢放松，彻底地放松，体会双臂放松的感觉。停一会儿。再做一次。
>
> 4. 紧张你的双脚，用脚趾抓紧地面，用力，保持一会儿，感觉双脚的紧张。慢慢地放松，彻底地放松，体会双脚放松的感觉。停一会儿。再做一次。
>
> 5. 将双腿用力向腹部收起，用力，保持一会儿，感觉腿部肌肉的紧张。慢慢放松，彻底地放松，体会腿部放松的感觉。停一会儿，再做一次。
>
> 6. 用力吸气，用力，使气息充满你的胸腔，保持一会儿，慢慢吐气，将气体完全吐出，放松，体会身体的感觉。停一会儿，再做一次。
>
> 7. 用力向上弓起腰部，用力，保持一会儿，感觉腰部的紧张，慢慢放松，彻底放松，体会腰部的放松。停一会儿，再做一次。
>
> 8. 用力紧绷面部肌肉，用力，保持一会儿，感觉面部的紧张。慢慢放松，彻底地放松，感觉面部放松的感觉。停一会儿，再做一次。
>
> 9. 现在体会全身放松的感觉，你觉得全身都很放松，很舒服。
>
> 多给自己几次暗示，慢慢地睁开眼睛。

---

① 张彦云.中小学生心理发展与教育［M］.北京：北京师范大学出版社，2016：251.

（二）系统脱敏疗法

系统脱敏疗法是由美国学者沃尔普（Joseph Wolpe，1915—1997）创立的，主要用于治疗各种焦虑或恐惧症状，例如考试焦虑、害怕某种动物、社交恐惧等。沃尔普认为，人和动物的肌肉放松状态与焦虑情绪状态是一种对抗过程，一种状态的出现必然会对另一种状态起抑制作用。例如，在我们全身肌肉放松的状态下，呼吸、心率、血压、肌电、皮电等生理反应指标都会表现出同焦虑状态下完全相反的变化，这就是交互抑制作用。

系统脱敏疗法又称为交互抑制法，主要是诱导来访者逐步暴露出导致焦虑或恐惧的情境，通过心理上的放松来对抗这种焦虑或恐惧情绪，从而达到消除焦虑或恐惧的目的。系统脱敏疗法一般包含三个步骤：建立焦虑或恐惧等级、肌肉放松训练、实施系统脱敏。

首先，建立焦虑或恐惧等级层次。咨询师找出所有令来访者焦虑或恐惧的事件，让来访者根据主观感受程度对每件事情进行打分。以考试焦虑为例，用 100 分表示极度焦虑，75 分表示高度焦虑，50 分表示中度焦虑，25 分表示轻度焦虑，0 分表示心理平静。来访者的打分结果可能是：考前一周的焦虑程度为 20 分，考前一晚的焦虑程度为 30 分，进入考场时的焦虑程度为 50 分，发卷子时的焦虑程度为 70 分，拿到卷子时的焦虑程度为 80 分[①]。

其次，开展肌肉放松训练。放松训练是一种独立的心理辅导方法，也是系统脱敏疗法的一个不可缺少的重要组成部分。来访者通过练习掌握放松训练的方法，当感到焦虑时，能够通过放松让自己平静下来。

最后，实施系统脱敏。在来访者放松的情况下，按照事先建立好的焦虑或恐惧等级层次进行脱敏治疗。从较低程度的焦虑或恐惧的事件开始，在来访者通过放松调整已达到平静状态后，再呈现下一个程度的焦虑或恐惧的事件。如果一个事件引起的焦虑或恐惧状态在来访者所能忍受的范围之内，经过多次反复的呈现，来访者便不会对该事件产生焦虑或恐惧，治疗的目标就达到了。以考试焦虑为例，首先让来访者想象自己正处于复习迎考的前一周，通过放松练习不再焦虑后，接下来想象明天就要考试。同样通过放松练习不再焦虑后，接下来想象自己进入了考场。以此类推，接下来想象监考老师发放试卷，不再焦虑后想象自己拿到试卷等。

真 题 链 接

心理辅导老师通过帮助李晓明建立焦虑等级，让他想象引起焦虑的情境，进

---

① 许艳.心理咨询与治疗[M].合肥:安徽人民出版社,2007:269.

行放松训练,从而缓解他的考试焦虑。这种心理辅导方法是(　　　)。

    A. 强化法　　　B. 系统脱敏法　　　C. 理性情绪疗法　　　D. 来访者中心疗法

(三) 代币疗法

代币疗法又称奖励强化法、代币管制法,是根据操作性条件反射的原理,用奖励的方法强化期望行为的一种治疗方法。如果一个刺激本身不具有强化作用,而是通过和一个强化刺激相联系才能获得强化力量,那么这个刺激就是条件性强化物。凡是能够累积并用来交换其他强化物的条件性强化物,就称为代币。代币可以是一种内部流通的、印有一定价值的"货币"、代金券或筹码,也可以是红旗或红星式样的印章符号。

代币疗法的使用应该注意以下四点:第一,明确目标行为,咨询师和来访者都需要明确需要改变的行为、期待增加的良好行为,并对此达成共识。第二,确定代币类型,选择适当的代币作为最终获得强化物的媒介,例如小红旗、小星星或者记录分数等。第三,选择支持代币的强化物,例如用代币可以换取食物、水果或参加某种有趣的活动等。这一强化物应该是来访者感兴趣并想获得的。第四,建立代币兑换规则,即完成哪些行为可以得到代币奖励,完成多少目标行为可得多少代币,多少代币能够换取强化物等等,同时还需要确定奖励的时间和方式。

(四) 示范模仿疗法

示范模仿疗法也称为榜样疗法,是以观察学习理论为基础的,通过让来访者观察榜样及其所示范的行为,进而增加或获得良好行为、减少或消除不良行为的一种心理辅导方法。

来访者观察学习的榜样可以是活生生的具体人物,可以是电影、电视、幻灯、照片、卡通片中的人物,也可以是存在于人们口头或书面语言中的人物。在模仿学习的过程中,来访者可以单纯地观察示范行为,也可以边观察行为边模仿实践。

综上,我们简要介绍了行为主义疗法的任务和程序,详细介绍了放松疗法、系统脱敏疗法、代币疗法以及示范模仿疗法四种经典的行为治疗技术。总体来看,行为主义疗法强调对来访者问题或症状的直接关注,所用方法客观且具有较强的针对性,疗程短,疗效快,对解决行为缺陷、饮食异常、药物滥用、心理性功能异常等行为现象是较为有效的。但也有研究者指出,行为主义疗法治标不治本,难以改变行为深层的问题;忽视咨询关系,使来访者成为被操纵、被控制的对象,咨询程序过于机械;忽视来访者的认识和信念,不注重全面发展,往往会影响来访者不良行为的最终根除。

第三节　人本主义疗法的运用

人本主义疗法认为,人的本性是善的,应当对人性采取积极的态度;人是有理性的,在适合的环境下,人们会努力朝向潜能充分发展的方向前进。任何人在正常情况下,都有着积极向上的、自我完善的、无限成长的潜力,如果为他创造一个良好的环境,使他能和别人正常交流,便可以充分发挥他的潜力。在人的成长中,如果环境条件不利,使人的潜力受到歪曲和阻碍,形成冲突,人就会感到适应困难或表现出各种异常行为。心理辅导的重点应该是最大限度地挖掘来访者自身的潜能和积极能动作用,引导来访者依靠自己的努力来解决心理问题。

卡尔·罗杰斯(Carl Ransom Rogers,1902—1987)开创的来访者中心疗法是人本主义心理辅导中的主要代表,强调咨询师与来访者之间关系的重要性,不太注重治疗技巧,只注意治疗关系。罗杰斯曾说过:"当一个为许多困难而苦恼着的人来找我们时,最有价值的办法是创造一个使他感到安全、自由的关系,目的在于理解他内在的感情,接受他本来的面目。制造一个自由的气氛,能使人的思想、感情和存在沿着他要去的方向发展……"在这样的关系中,心理学家不是以专家的身份去理解他的情感,促进他成长,也不是以自己的理论去影响来访者,而是要在良好的环境里,让来访者自己的内心世界发生变化。①

一、来访者中心疗法的任务和程序

罗杰斯常用"变成自己""从面具后面走出来"这样的话来表达来访者中心疗法的治疗目标。也有人用"去伪存真"来形容,"伪"就是一个人身上的那些与价值条件化了的自我概念相一致的,或者说由这些自我概念衍生出来的生活方式、思想、行动和体验的方式。"真"就是一个人身上那些代表着他的本性,属于他自己的真正自我的思想、情感和行动方式。一旦去伪存真的工作得以完成,来访者就会变成一个能够充分发挥其机能的新人。为此,来访者中心疗法的核心任务是重建来访者在自我概念和经验之间的和谐,帮助来访者自我成长。

来访者中心疗法包含以下步骤:

(1)来访者前来求助。来访者主动自发地需要帮助是心理辅导的重要前提。

(2)咨询师向来访者说明心理辅导的具体情况。让来访者明确,咨询师所提出的问题并无正确答案,心理辅导的最终目标是帮助他们自己找到某种答案或自己解决问题。

---

① 何宁.中学生心理辅导[M].西安:陕西师范大学出版社,2016:45.

（3）咨询师鼓励来访者情感的自由表现。咨询师要以友好的、诚恳的态度接受来访者，促使来访者自由表达自己的情感体验。

（4）咨询师要能够接受、认识、澄清来访者的消极情感。来访者表达的内容可能是荒诞的、滑稽可笑的，但咨询师都应该接受，深入来访者的内心深处，发现来访者影射或隐含的情感，例如矛盾、敌意或不适应的情感，帮助来访者认识到这些消极情感也是自身的一部分。有时咨询师也需要对这些情感加以澄清，但不是解释，促使来访者对自己有更清楚的认识。

（5）咨询师接受来访者成长的萌动，但不加以表扬或赞许，也不加入道德评价，只是促进来访者自然达到领悟与自我了解的境地。

（6）来访者开始接受真实的自我。因为处于良好的、被人理解与接受的气氛中，来访者能够有机会重新考察自己，对自己的情况达到一种领悟，逐渐接受真实的自我。

（7）咨询师帮助来访者澄清可能的决定及应采取的行动。在领悟的过程中，必然会涉及新的决定及要采取的行动，咨询师要协助来访者澄清其可能做出的选择。来访者常常会因为恐惧或缺乏勇气不敢做出决定，咨询师要有充分的认识，不能勉强来访者或给予来访者劝告。

（8）疗效的产生。领悟引起某种积极的、尝试性的行动，此时疗效就产生了。

（9）疗效的巩固。当来访者已能有所领悟，并开始进行一些积极的尝试时，咨询师的工作就转向帮助来访者发展领悟，以求达到较深的层次。

（10）来访者的全面成长。来访者不再惧怕选择，处于积极行动与成长的过程之中，并有较大的信心进行自我指导。此时来访者常常主动提出问题与咨询师共同讨论。

（11）治疗结束。当来访者感到无须寻求咨询师的协助，治疗关系就此终止。

上述步骤并非截然分开的，而是有机结合在一起的。

二、来访者中心疗法的具体技术

（一）真诚相待

真诚是指咨询师在心理辅导的整个过程中要言行一致，要真诚、坦白、开放地对待来访者。这就意味着在心理辅导过程中，咨询师是他自己，他可以让自己的任何经验、任何感受无阻碍地进入自己的意识。这也意味着他没有戴假面具，能以一种未经修饰过的面目、一种真实的面目面对来访者。

罗杰斯认为，真诚的主要功能就是产生信任，有了这种信任，心理辅导的过程也就更顺利。在这种安全、没有威胁的气氛中，来访者可以无顾虑地进行自我探索。当然，真诚也不是要求咨询师即时、无节制地把自己的内心世界袒露在来访者面前。咨询师在治疗过程中的真诚，应该是以来访者和治疗的需要为转移的。咨询师表达自己的内心感受，仍要考虑必要与否以及合适与否。

（二）无条件积极关注

无条件积极关注，就是咨询师对来访者表示看重、认可，欣赏其价值，不以来访者的某个特点、某个品质或者整体的价值为取舍依据，而且这种感受是自然发生而非强迫出来的。生活中，我们常常在表现好时才会受到关注，这是有条件的积极关注。有条件的积极关注非但没有治疗作用，而且会强化来访者的有条件的价值感。无论来访者是何种身份，咨询师都要给予尊重，一视同仁。无条件积极关注能够创造一种没有威胁的情境，在这种情境中，来访者能够自由地表达并且接受自己的感受，不担心被拒绝。

> **知 识 链 接**
>
> #### 一个无条件积极关注的例子①
>
> 以下是罗杰斯等人在 1967 年提供的一个关于无条件积极关注的例子，咨询师正在与一名叫作吉姆的精神分裂症来访者进行交谈。
>
> 咨询师：我想和你预约个时间，我相信你会愿意在那个时间来见我（停下来写预约单），还有另外一件事情我想告诉你：如果你的情况依然很糟糕，请不要犹豫，直接让预约员打电话给我。如果你想要停止咨询，提前告诉我，我会很高兴，这样我至少可以在第一时间见到你，放心我不会阻止你停止咨询，我只是想见你一面。
>
> 吉姆：我可能今天就走，我也不知道自己会去哪里，我不关心。
>
> 咨询师：只是心意已决，想要离开，你没有想去任何地方，只是……只是想要离开，是吗？
>
> 吉姆：（用泄气的语调嘀咕了一会儿）这就是我为什么想走，因为我不关心会发生什么。
>
> 咨询师：嗯？
>
> 吉姆：这就是我为什么想走，因为我不关心发生什么。
>
> 咨询师：嗯……嗯……这就是为什么你想走，因为你根本不关心你自己，你也不关心会发生什么。但是我想告诉你的是，我关心你，而且我也关心会发生什么。
>
> （沉默了 30 秒）
>
> （吉姆突然放声大哭并不停地抽泣）
>
> 咨询师：是什么让你把所有的情感都释放出来……而且你不停地流眼泪，你感觉非常不好……我不知道你内心的体验有多糟糕，你不停地抽泣……我想你把这几天一直压抑在心里的感受都释放出来了吧。

---

① 华东师范大学心理学编写组.基于教师资格考试的心理学[M].上海：华东师范大学出版社，2018：366.

一个成功的心理辅导过程之所以能够产生，是因为来访者感觉自己被咨询师完全接纳，所以他才有勇气将自己的内心展现在咨询师面前。但是，无条件积极关注不代表咨询师必须赞同来访者所说的每一件事，特别是可能对来访者本人或其他人造成伤害的行为。

（三）共情

　　共情是指咨询师放下个人的参照标准，站在来访者的立场上，尝试将自己融入来访者的感觉中，从来访者的立场设身处地地看待问题。共情能够反映咨询师体认来访者内部世界的态度和能力。咨询师所表达出来的想要了解来访者的态度，使来访者体会到自己是一个值得被了解与倾听的人。

　　罗杰斯曾这样描述：感受当事人的私人世界，就好像那是你自己的世界一样，但又绝未失去"好像"这一品质——这就是共情。它对治疗者是至关重要的。感受当事人的愤怒、害怕或迷乱，就像那是你的愤怒、害怕和迷乱一样，然而并无你自己的愤怒、害怕和迷乱卷入其中，这就是我们想要描述的情形。

知 识 链 接

辅导教师在心理辅导课上运用共情技术时要注意的问题[①]

　　1. 保持专注与倾听。教师只有高度专注和认真倾听，方能了解学生的感觉、经验或行为，并将自己的理解准确地反馈给学生。

　　2. 保持表里一致。注意语言信息和非语言信息的一致性。表达共情时，除了自己的反馈语言应该对学生有一个准确的理解和把握之外，教师还要注意自己的态度、姿势、表情必须力求与内容一致，如果"言不由衷"，学生就会心生反感。

　　3. 熟练使用开头语。要熟练地运用表达共情的开头语。例如，"你是不是觉得自己……""对你而言，好像有一种……""听你的意思，也许你认为……""哦，所以你才觉得……""我似乎已经感受到你的……""这件事情对你来说实在……"等。

　　4. 巧用表述的词句。共情的表达并非鹦鹉学舌。教师要善于用字、词、成语、经验性描述、行为性描述来表达自己的感觉与情感，措辞要符合学生的年龄特点和理解水平。

① 钟志农. 心理辅导课：操作指南与范例[M]. 北京：中国人民大学出版社，2022：48-49.

（1）使用字或词。比如，你觉得很"烦"，你觉得很"恼火"，你感到很"孤独"，等等。

（2）使用成语。比如，你感到"不知所措"，你是否觉得"心急如焚"，你好像有些"心灰意冷"，你有一种"不堪重负"的感觉，等等。

（3）使用经验性描述。比如，"你的意思是说，现在感觉连作业都来不及做了，更谈不到如何主动去复习，是吧？""你觉得老师在处理这件事情上显得不太公平，是吗？"

（4）使用行为性描述。比如，"你眼睛里的泪花已经告诉我了一切""你兴奋得好几天都平静不下来，是吧？"

5. 保持简洁与弹性。教师的共情表达必须简洁、富有弹性。教师过多传递共情时，团体的注意焦点就会从学生偏移到教师，教师决不应该喧宾夺主，应该把陈述的时间充分地留给发言学生。同时，教师的共情表达一定不能过于生硬、过于肯定，句式和语气都应富有试探性，以便让学生有修正、否定、解释、澄清或确认的机会。

共情是一个经常遭到误解的复杂过程。对理解共情而言，分清以下界限是有必要的。

（1）共情不是同情。同情是"我"对"你"产生的感受；共情是"我"感受着"你"的感受。

（2）共情绝不仅仅要求自己站在他人的立场上，更要求一种视角的转换。它不是"我"在"你"的位置上作为"我"自己去体验，而是在"你"的位置上作为"你"去体验。

（3）共情不要求辅导教师不断地在作为"你"体验着"你"的感受，和作为"我"思考着"你"的体验之间进行转换。

综上，我们介绍了来访者中心疗法的任务和程序，以及真诚相待、无条件积极关注和共情三种具体技术。来访者中心疗法打破了以前疾病诊断的界限，重视咨询关系而非咨询技巧，注重激发来访者自身的成长力，得到了很多实践者的肯定。但也有研究者提出了批评，第一，来访者中心疗法把人的情绪感受摆在第一位，重情轻理；第二，关注已存在而不是促成他人的成长和发展，个人主义取向在中国文化中的实用性有待思考；第三，咨询师的任务是促进来访者进一步了解自己的思想和情感，这对来访者自身素质的要求比较高，咨询师可能会受到来访者的操纵；第四，忽视客观评估与咨询技术，是否就能真正消除来访者扭曲的认识和经验，有待进一步研究。

第四节 认知主义疗法的运用

一、认知主义疗法的任务和程序

"天下本无事，庸人自扰之。"认知理论认为，人的情绪和行为是由人相应的思想观念所决定的。一个人表现出适应不良的情绪和行为是因为他脑中存在着不合理的认知观念和思维方式。认知主义疗法的主要任务是帮助来访者找出他头脑中不现实的、不合理的、扭曲的观念，并帮助其建立较为现实的认识问题的思维方式，减少扭曲认知所造成的不良后果。

认知主义疗法的实施程序包括：① 帮助来访者监察消极的自动化思想；② 引导来访者明确是他们的信念引起了情绪和行为的后果，而不是诱发事件本身；③ 采用多种方法帮助来访者认识到自己的认知或信念存在的错误或荒谬之处，用合理的认知代替不合理的认知；④ 帮助来访者巩固辅导效果，进一步摆脱旧思维方式和不合理信念。

二、认知主义疗法的具体技术

（一）贝克的认知治疗技术

亚伦·贝克（Aron Temkin Beck，1921—2021）是公认的"认知治疗之父"。贝克认为，心理问题不一定是由神秘的、不可抗拒的力量引起的，它也可能来源于日常的生活事件，例如错误的学习、根据片段的或不正确的信息做出错误的解释、不能妥善区分现实与理想之间的差别等。人的思想和信念是引发情绪状态和行为状态的原因。

贝克把人们在认知过程中发生的认知歪曲归纳为随意推论、过分概括化、选择性断章取义、夸大或缩小、极端化思考以及乱贴标签六种形式。具体的认知治疗技术如下：

1. 去灾难法

去灾难法也称为"如果……怎么办"技巧，主要适用于对事情后果反应过度的来访者。去灾难法可以帮助他们做好准备去面对所害怕的后果，有助于降低来访者的逃避行为。如果将这种方法与积极的应对策略相配合，效果更为显著。

2. 再归因法

再归因法，是指咨询师帮助来访者重新公正地分配责任。在某些情形下，来访者本来不需要承担责任，却常常把责任归于自身，从而产生负面情绪与心理障碍，例如自责、内疚和抑郁等。此时，咨询师要帮助来访者重新认识事件的原委，并再次分配责任，以缓解压力和问题。

3. 去中心化法

去中心化法,是指咨询师帮助来访者形成合理的自我关注。很多来访者会认为自己是别人关注的焦点,自己的一言一行、一举一动都会受到他人的评价。为此,他们常常感觉到自己是无力的、脆弱的。例如,来访者可能会认为自己的行为稍有改变,就会引起周围每个人的注意与非难。那么,咨询师就可以建议他做好观察记录,即当他在行为举止上有所变化时,他要记录别人的不良反应次数。当发现几乎没有人注意到他言行举止的变化时,去中心化的效果就达到了。

4. 理解特殊意义法

理解特殊意义法,需要咨询师确切理解来访者所要表达的意义。由于来访者的自动化思维和认知图式与常人不同,或许一个词对他们的意义就非比寻常,因此咨询师一定要注意,在使用词语的时候首先要明确其在来访者角度是怎么被理解的,不能随意按照自己的理解与来访者进行交流。确切理解来访者所表达的意义,对于咨询师与来访者双方都是非常重要的,这有助于他们理解咨询双方的思维过程。

5. 质疑绝对化

质疑绝对化,是咨询师对来访者极端化认识的质疑。来访者往往用绝对化的方式表现自己的负面情绪,他们常常使用"所有人""总是""从来不""没有人"等词语。咨询师对这些极端化的质疑可以帮助来访者学到更为客观正确的思维方式。

(二)埃利斯的理性情绪疗法

理性情绪疗法是美国临床心理学家埃利斯(Albert Ellis,1931—2007)创立的,该疗法旨在通过纯理性分析和逻辑思辨的途径来改变来访者的非理性信念,以帮助解决其情绪和行为上的问题。

1. ABC 理论

ABC 理论是理性情绪疗法的核心理论,主要观点是:情绪和行为反应并不是外部的某一诱发事件引起的,而是个体对这一事件的解释和评价引起的。在 ABC 理论模式中,A、B、C 各自的含义如下:

A 是 Activating events 的简称,即诱发性事件或行为。可能是客观事实,例如丢了一笔数目不少的钱;可能是他人的态度和行为,例如有人对自己很冷淡;也可能是与别人的关系发生了变化,例如失恋;还可能是自己所造成的后果,例如考试成绩不理想等。

B 是 Beliefs 的简称,是指个体在遇到诱发性事件之后相应产生的信念,即个体对这一事件的看法、解释和评价。

C 是 Consequences 的简称,代表个人对事件的情绪反应和行为结果。这种反应可能是积极的,也可能是消极的;可能是适度的,也可能是过度的。

埃利斯认为,不是 A 直接引起了 C,而是 B 直接引起了 C,B 是 A 和 C 之间的中介因素。也就是说,不是事件本身的刺激情境直接引起了情绪反应,而是个人对刺激情境的认知、解释和评价直接引起了情绪反应。例如,一个同学没有通过英语考试,他感到很沮丧,但不是考试没通过直接引起他的沮丧,而是这位同学对考试失败所持的信念所引起的。关于考试失败的信念才是导致沮丧的主要原因。合理的信念会引起人们适当、适度的情绪反应,而不合理的信念会导致不适当的情绪和行为反应,长此下去将不利于人们的身心健康。

知 识 链 接

不合理信念①

埃利斯根据自己的临床观察,总结了以下 11 种不合理信念:

1. 自己应该获得周围的人特别是重要人物的喜爱和赞许;

2. 要求自己是全能的,只有在人生的每一个环节、每一个方面都成功的人,才能体现自己的人生价值;

3. 对于那些邪恶、可恶的人,应该给予严厉的惩罚和制裁;

4. 任何事物都应按自己的意愿发展,否则会很糟糕;

5. 生活中的不愉快是由外部环境因素造成的,因此人们无法控制和改变自身的痛苦与困扰;

6. 生活中充满了艰难困苦,要面对现实中的困难和承担责任很不容易,因此应设法逃避它们;

7. 对危险和可怕的事情应该高度警惕,一个人应该担心随时可能发生灾祸;

8. 自己是无能的,必须找一个比自己强的靠山才能生活,自己不能掌握情感,必须有其他的人来安慰自己;

9. 一个人过去的历史对现在的行为起决定作用,一件事过去曾影响自己,所以现在必然影响自己的行为;

10. 人们应该十分关心他人,并为他人的问题感到难过;

11. 一个人碰到的种种问题,总应该都有一个正确、完满的答案,如果一个人无法找到它,便是不能容忍的事。

一般认为,不合理信念具有以下三个特征:

(1) 绝对化要求,是指人们从自己的意愿出发,对某一事物怀有"必定会发生"或"不会发生"的信念。通常与"必须""应该"这类字眼连在一起,例如"我必须获得成功""别人必须对我好"等等。

---

① 姜淑梅.中学生心理辅导[M].北京:清华大学出版社,2015:67.

(2) 过分概括化,是以偏概全的不合理思维方式的表现。一方面是对自身的不合理的评价,表现为以某一件事或某几件事的结果来评价自己整个人以及自己作为人的价值,例如面对失败的结果时,往往会认为自己一无是处,结果常常会导致自卑自弃的心理及焦虑和抑郁情绪的产生。另一方面是对他人的不合理评价,例如别人稍有差错就认为他一无是处,这会导致一味地责备,以致产生敌意和愤怒等情绪。

(3) 糟糕至极,是一种将可能的不良后果无限严重化的思维定势。一旦有不好的事情发生,即使发生的是一个小问题,也会认为是非常可怕、非常糟糕的,甚至是异常灾难。这将导致个体陷入极端不良的情绪体验的恶性循环之中,难以自拔。例如,如果考不上大学,自己就没前途、活不下去了。糟糕至极常常是伴随人们的绝对化要求出现的,当人们认为"必须"和"应该"的事情并非如他们所想的那样发生时,他们就会感到事情糟糕到了极点。

每个人都会或多或少地具有不合理的思维与信念,而那些有严重情绪障碍的人,这种不合理思维的倾向尤为明显。情绪障碍一旦形成,往往是难以自拔的,此时就极需进行干预治疗。

真 题 链 接

1. 高三学生小辉因一次模拟考试失败,就认定自己考不上理想中的大学,感觉前途无望,根据理性情绪疗法原理,小辉的这种不合理信念属于(   )。

A. 主观要求　　　B. 相对化　　　C. 糟糕至极　　　D. 片面化

2. 小阳总认为他是一个完美的人,任何事情都会按自己的意愿发展,但是现实往往事与愿违,这让他非常苦恼,希望得到心理辅导老师的帮助。如果对小阳进行心理辅导,最可行的办法是(   )。

A. 放松训练法　　B. 系统脱敏法　C. 理性情绪法　　D. 代币强化法

2. 理性情绪疗法的策略与技术①

理性情绪疗法的治疗策略和技术主要集中于两个核心思想:检查非理性信念;与非理性信念进行辩论。

(1) 检查非理性信念的策略

检查非理性信念的关键是把握它的"非理性"特征,是从识别非理性思维开始的。

---

① 伍新春.中学生心理辅导[M].北京:高等教育出版社,2010:50-53.

识别非理性思维的策略有:探寻"必须""应该"的思想,探寻"我无法忍受"的信念,探寻"糟糕可怕至极"的想法,探寻自我贬斥、自我谴责的思想等。

（2）与非理性信念辩论的策略

一旦非理性信念被识别出来,就要帮助来访者与非理性信念辩论。这是理性情绪疗法的核心环节。与非理性信念辩论的工作实际上包括"破"和"立"两方面,即一方面设法动摇、破坏当事人的非理性信念和自损思维,一方面设法树立理性信念和思维,用理性思维取代非理性思维。具体策略包括:

① 质疑。质疑的关键是抓住信念中违反逻辑、不合常理、与经验事实相悖之处,从而撼动当事人的非理性信念。可以采用一般的提问方式,例如,"有什么证据支持这一信念?""你这样想的理由是什么?"等。也可以采用夸张式提问,例如,一个有社交恐怖情绪的当事人说:"别人都看着我。"治疗师问:"是否别人不干自己的事情,都围着你看?"当事人回答:"没有。"治疗师说:"要不要在身上贴张纸写上'不要看我'的字样?"答:"那人家都要来看我了!……"

② 辨析。辨析即帮助来访者分辨理性观念和非理性观念。例如,"我想要得到某人的爱"是意愿,"我必须得到某人的爱"是绝对化的要求;前者是理性的,后者是非理性的。辨析常包含三项工作:识别或分辨;证明前者为什么合理,后者为什么不合理;作用或后果分析,说明为什么前者不会导致情绪困扰,后者会导致情绪困扰。辨析的主要意图是使当事人认识到非理性信念的不合理及其对自己的危害,从而产生想要抛弃它们的动机。

③ 用理性的、现实的信念、思维、体验和行动取代、替换非理性的信念,其中重要又富有特色的方法有以下几种:

第一,语义精确法。思维规定着语言,反过来,语言也塑造着思维。因此,咨询者可以帮助来访者首先以合理、现实的方式来界定自己面临的情境,例如,"老师不喜欢我"这一事件(A),只能得出以下一些界定:"老师今天跟我说话的态度不是很好,但这不一定意味着他就真的不喜欢我了"。然后,要求来访者学会并经常练习相对正向、积极的思考和"自语",例如,不用"必须……""应该……"这样的说法,而用"要是……就好了"这样的说法;不再说"要是……就糟糕透了",而说"要是……就麻烦了";等等。

第二,替代性选择,即引导当事人思考、想象其他可能的解释、其他可能的行事方式或其他可能的解决问题的办法,并且通过让他们想象其他可行办法可能导致的积极后果,来激励当事人改变行动。

第三,去灾难化,是让来访者设想最坏的可能是什么。因为任何事情总是相对的,总有比"可怕"还要可怕,比"糟糕"还要糟糕的东西,所以当事人认为的可怕事实上不可能是绝对"到顶"的可怕。

除此之外,理性情绪疗法的治疗策略和技术还有很多,例如家庭作业、角色扮演、击溃羞耻练习、阅读 REBT 书籍等。

真题链接

1. 晓颖以为做事应该尽善尽美,绝不允许出任何差错,因而平时稍有失误就极度焦虑,张老师通过改变认知偏差来帮助她克服这种焦虑,这种心理疏导叫（　　）。

A. 强化法　　　B. 系统脱敏法　　　C. 消退法　　　D. 合理情绪治疗法

2. 小华最近遇到了一些困难,心理辅导老师引导他梳理了错误观念,形成了正确的认识,解决了问题,小华所接受的这种心理辅导方法是（　　）。

A. 行为分析法　B. 合理情绪疗法　　　C. 系统脱敏法　　　D. 来访者中心疗法

综上,我们简要介绍了认知主义疗法的任务和程序,详细介绍了贝克的认知治疗技术和埃利斯的理性情绪疗法。总结来看,认知主义疗法强调人的意识的重要性,认为人的意识是导致情绪障碍和非适应行为的根源,把人与动物最根本区别的理性还给了人;在咨询方法及效果上,认知主义疗法将认知调整技术与行为训练方法有机结合起来,治疗时间短、见效快,适用范围比较广。但是,认知主义疗法忽视了来访者过去经历的影响,对认知、情绪及行为之间的关系的论述不够清晰,可能会影响辅导效果。

章小结

在明确精神分析疗法、行为主义疗法、人本主义疗法和认知主义疗法的策略与技术后,我们系统总结了中学生心理辅导的一般化技术与操作,包含建立关系的技术、参与性技术和影响性技术。

一方面,良好的咨询关系是开展心理辅导的前提条件和达到理想辅导效果的先决条件。人本主义疗法为良好关系的建立提供了具体的技术和方法,包括尊重、热情、真诚、共情、积极关注等。另一方面,咨询师运用参与性技术澄清问题,启发来访者思维,引导来访者的自我探索,促进成长和问题解决。参与性技术包括倾听技术、问话技术、鼓励和重复技术、内容反应技术、情感反应技术和具体化技术;影响性技术包括面质、解释、指导、情感表达、内容表达和自我开放。

拓展阅读

参与性技术与影响性技术[①]

1. 参与性技术

(1) 倾听技术。倾听是每个心理咨询师的基本功,是建立良好咨询关系的基本要求。有些初学者往往以为咨询主要是"讲",而不知道最重要的还是"听"。要做到善于

---

① 白学军.心理学概论[M].北京:北京师范大学出版社,2015:352-353.

倾听,用心去听,设身处地,积极参与,适当反应。

（2）问话技术。一是封闭式提问,通常使用"是不是""对不对""有没有""是这样吗"等词,回答只能用"是""否"式的简单答案。这种询问常用来收集资料并加以条理化。二是开放性询问,通常使用"什么""如何""为什么""能不能""愿不愿意"等词来发问,启发求助者就有关问题、想法、情感、行为独立思考或予以详细说明。

（3）鼓励和重复技术。在倾听过程中,使用某些词语如"嗯""好的""继续讲""还有呢"等,或把对方的话概述一下,一方面表示咨询师在专注地听,一方面可澄清某一问题。鼓励除促进会谈继续外,另一个功能则是咨询师通过对其所述内容的某一点、某一方面做选择性关注而引导谈话内容朝某一方向进一步深入。

（4）内容反应技术。也称释义或说明,是指咨询师用十分简明的方式把求助者的主要言谈、思维、情感加以综合整理,再反馈给对方。

（5）情感反应技术。着重于求助者的情感反馈,有初级情感反应和高级情感反应之分。另外,情感反应往往和内容反应连在一块。求助者所使用的情绪性词语,是观察其对周围环境认知的很好线索,如果发现求助者身上一些混合情绪的含义以及影响的程度,有可能就发现问题的症结和核心。

（6）具体化技术。咨询师协助求助者清楚、准确地表达他们的观点、所用的概念、所体验到的情感以及所经历的事物。当求助者表达问题模糊、过分概括化、概念不清时使用这一技术澄清。

2. 影响性技术

（1）面质。质疑、对质、对峙、对抗、正视现实等,指咨询师指出求助者身上存在的矛盾,促进其思考,达成其统一。当求助者表现出言行不一致,理想现实不一致,前后言语不一致,和咨询师意见不一致时使用。

（2）解释。运用某一种理论来描述求助者的思想、情感和行为的原因、实质等。

（3）指导。咨询师直接指示求助者做某件事,说某些话或以某种方式行动,指导是影响力最明显的一种技巧。

（4）情感表达。咨询师告知自己的情绪、情感活动状况,让求助者明白。可针对求助者:"我觉得你很坦然。"可针对自己:"我很抱歉没有听清你刚才说的话。"

（5）内容表达。咨询师传递信息、提出建议、提供忠告,给予保证,进行褒贬和反馈等。指导、解释、自我开放都是内容表达。

（6）自我开放。又称自我暴露、自我表露,指咨询师提出自己的情感、思想、经验,与求助者共同分享。

思考训练

1. 精神分析疗法的经典策略有哪些?

2. 行为主义疗法有哪些常用技术?

3. 如何看待来访者中心疗法？尝试用来访者中心疗法的具体技术去解释某个人的心理状态或者某种现象。

4. 试述如何运用理性情绪疗法的具体技术对以下这位学生进行辅导。（源自《基于教师资格证考试的心理学》配套习题，华东师范大学心理学编写组编著，2018）

小雅为某初中女生，学习成绩名列班级前三名，进入初三后，由于家长、老师对她考重点学校寄予厚望，给她造成了很大的压力。在临近月考或期末考时，她总是担心考试会考不好，害怕父母会责骂自己，甚至考试几天还失眠，感到非常苦恼。

第8章　中学生发育中的身心问题与辅导

章结构

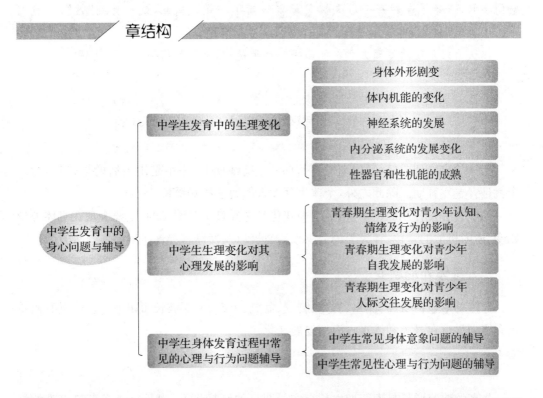

中学生发育中的身心问题与辅导

- 中学生发育中的生理变化
  - 身体外形剧变
  - 体内机能的变化
  - 神经系统的发展
  - 内分泌系统的发展变化
  - 性器官和性机能的成熟
- 中学生生理变化对其心理发展的影响
  - 青春期生理变化对青少年认知、情绪及行为的影响
  - 青春期生理变化对青少年自我发展的影响
  - 青春期生理变化对青少年人际交往发展的影响
- 中学生身体发育过程中常见的心理与行为问题辅导
  - 中学生常见身体意象问题的辅导
  - 中学生常见性心理与行为问题的辅导

章首语

中学生在生理发展上,正处于青春发育期;在心理发展的年龄阶段上处于少年期和青年初期。青春期生理上的急剧变化,为中学生心理的发展提供了重要条件。青春期的生理变化对中学生心理发展的影响,主要是通过个人、社会的评价和态度间接发生作用的。青春期生理发展对中学生的影响并不在于身体变化本身,而在于中学生对这些变化的意义和重要性的解释,在于中学生对他人反应的理解,以及他们对这些变化是否符合社会文化模式的认识。而这些认识和解释依赖于个体对自身变化快慢的认知、他人对此所持的态度和看法以及社会对青春发育期相关变化的看法等。因此,了解中学生发育中的身心问题并加以辅导对于中学生的健康成长具有重要意义。

━━━◢ 关键词 ◣━━━

青春期;早晚;体形;性

━━━◢ 情境导入 ◣━━━

　　一位高二女生平时最不能听到"性""性行为"之类的词。原来初二时,一次自习课上她偷看一本性教育读本,班主任发现后严厉批评,还在全班同学面前说"居然看这种东西""你脑子里一天到晚想些什么""这么小的年龄就对这种东西感兴趣,真丢人"。她被同学取笑,老师告诉家长后又被父母狠狠骂了一顿。从此,她一听到"性",一看到"性"字就恶心、发抖。

　　你认为班主任的处理方式有问题吗? 如果是你,你将如何解决这一问题?

第一节　中学生发育中的生理变化

　　个体从出生到成熟,其生理发育有两个"高峰期"。一个是出生后的第一年,另一个就是青春发育期。除此之外,个体生理发育的速度相对缓慢。

　　处于青春发育期的中学生,其生理变化是多样且十分明显的,主要表现在身体外形剧变、体内机能的变化、神经与内分泌系统发展以及性器官和性机能的成熟等方面。

一、身体外形剧变

　　身体外形包括身高、体重、肩宽、胸围、盆宽、坐高、上下肢长短粗细等。这里我们着重介绍中学生在身高和体重方面的发展变化。

(一) 身高的变化

　　身高的快速增长是青春期生长突增最明显的测量指标,也是个体发育最直观的外显标志之一。

　　中学生在身高上的变化是有性别差异的。童年期男女身高区别不大,男孩稍高于女孩。但到了青春发育期,情况就发生了改变。一般来说,女孩青春期生长发育的高峰出现在 10~13 岁(平均 11.5 岁),男孩出现在 12~14 岁(平均 13.5 岁)。在青春发育高峰期,男孩身高平均每年可增长 7~9 厘米,最多可达 10~12 厘米;女孩的身高平均每年可增长 5~7 厘米,最多可达 9~10 厘米。在青春期,由于生长激素、甲状腺激素和雄性激素的分泌,促进了个体骨骼结构和成分的变化,导致身高快速增长,骨骼变得更坚硬、密度更大,但也更容易骨折。青春期身体各部分的生长,首先是身体末端(头、手和足)开始加速生长,然后是胳膊和腿,紧接着是躯干和肩膀的生长。长骨末端的生长终结是青春期结束的一个标志,表示身高停止增长。

处于青春期的个体,其身高增长幅度最大、个体差异也最为明显,男女生的身体形态差异极为悬殊,他们也最容易为自己的身体发育而苦恼。

(二)体重的变化

青春发育期,中学生的体重迅速增加。女孩体重在 9 岁以后进入快速增长期,12～13 岁达到高峰,14 岁后增长速度下降。男孩在 12～13 岁时体重开始迅速增长,到 13 岁左右,体重便开始超过女孩。

青少年体重增加除与骨骼增长有关外,还与肌肉、脂肪的增长以及内脏体积增大有关。肌肉组织的发育在青春发育期主要是肌纤维随身高的急剧增高而增长。15～18 岁,肌肉组织的快速增长主要是肌纤维的增粗,这时肌肉组织变得比较坚实有力。男孩比女孩的肌肉组织生长得更快,力量也更大,男性肌肉的增长一直持续到 20 多岁才达到高峰。

肌肉生长发育的同时,身体脂肪含量也在增加,女孩从 8 岁、男孩从 10 岁起开始加快增长。女孩比男孩拥有更多的皮下脂肪,并且女孩脂肪的增长速度更快。男孩在青春期结束时,肌肉和脂肪的比率大约为 3∶1,而女孩约为 5∶4。男孩经过身高、体重的生长高峰后,体内脂肪逐渐减少,但身体肌肉的发育要好于女孩,看起来也更强健,因此在力量和运动能力等方面表现出明显的性别差异。

中学生身高体重的突增与骨骼、肌肉的迅速发育紧密相关。少年期的骨骼、肌肉的发育最快,但脊柱、胸廓、骨盆和四肢尚未完全骨化,肌肉纵向、横向发展不够,因而体形显得瘦高而耐力不足。同时,由于身体各系统和肌肉的发展往往超过神经系统对各运动器官调节能力的发展,因而常出现一些动作不灵巧、不协调的现象。

二、体内机能的变化

青春发育期,身体各种机能迅速发展,并逐步趋向成熟。生理学上一般将脉搏、血压、肺活量等看作一个人的生理机能的基本指标,涉及人体心肺与循环及呼吸系统的发展变化以及肌肉力量的变化。

(一)心肺与循环及呼吸系统的发展变化

心脏是人体的重要器官。青春期心脏生长迅速,重量可增加到新生儿的 10 倍左右,17、18 岁时心脏重量已接近成人水平,在适当的体力活动下,心脏重量还会增加。心脏重量增加主要源于心肌增厚,而心肌增厚会增强心脏的收缩力,也使其功能得以完善。心脏机能的强弱可由脉搏、血压来衡量。脉搏反映个人的心率水平。青少年的脉搏已接近成人水平,但一般要到 20 岁以后才趋于稳定,平均每分钟约为 75 次。

人的血压随年龄增长逐渐增加。15～18 岁,内分泌腺活动加强,血管发育反而落后于心脏发育。血管口径相对血流量来说过于狭窄、阻力增大,会出现高血压现象,这是发育中的一种暂时现象,随着年龄增长会自然消失。我国男女青少年在 19 岁左右时血压趋于稳定,逐步达到成人的协调状态。此外,青春期青少年体内红细胞数量、血色素与血容量增多,可以促使氧在体内更有效地分布,从而使个体在运动后能迅速恢复体力。

肺的结构到 7 岁时基本发育完成,呼吸功能随之增强,20 岁左右肺的生长主要是肺泡数目的增加。肺活量的增长是肺发育的重要指标。随着年龄增长,肺组织和呼吸肌逐渐发育,肺活量也逐渐增大。一般来说,肺活量从 12、13 岁起增长加快,14 岁时急速上升,到 19、20 岁趋于稳定,可达成人水平。肺活量存在明显的性别差异,男孩比女孩的肺活量要大得多。14 岁左右是呼吸系统发育的重要时期,也是呼吸肌发育的高峰期。加强体育锻炼可以有效促使呼吸肌的发育,增加肺活量,增大胸围和呼吸差,呼吸系统的功能得以全面增强,从而有利于青少年的身体发育和成长。

(二)肌肉力量的变化

肌肉力量是身体素质的重要方面,是个体在运动、活动和劳动中所表现出的机能力量。肌肉在青春期发育特别快,肌肉发达带来力量增强。以手的握力为例,14 岁前男孩的握力略高于女孩,14 岁后男女握力的差距就越来越明显。总体来说,在肌肉力量的发展水平上,男孩要高于女孩,13～17 岁时这种差别迅速加大。如女孩臂肌静止耐力只是男孩的 1/3,腰腹肌力量为男孩的 2/3,下肢爆发力为男孩的 3/4,速度和速度耐力为男孩的 4/5。意识到自己体力增强,对中学生心理发展具有重要意义,因为一旦他们体会到"有力量",就会加速其"成人感"。虽然青少年的肌肉力量有了很大发展,但与成年人相比,他们更容易疲劳,不能适应长期紧张的状态。这是教师在组织体育活动和体力劳动时应该考虑的。

三、神经系统的发展

(一)脑的发展变化

1. 脑重量增加

脑发育的最重要时期在胎儿期和出生后的一两年内。6、7 岁儿童的脑重量与脑容积已达到成人的 90%;青春发育期,中学生的脑重量已达到成人脑重量的水平。不仅脑重量和容积继续增加,更重要的是,在青春发育期,脑皮层细胞的机能迅速发育,这主要反映在脑电波频率的变化上。

2. 脑电波频率变化

脑电波是个体大脑皮层有节律的脑电活动。脑电波频率的快慢是大脑发育过程的重要参数,随年龄增长脑电波频率逐渐加快。13～14 岁时脑电波出现第二次飞跃(第一次飞跃在 6 岁左右),说明大脑机能逐渐发育成熟,具体表现为感知灵敏、记忆和思维能力迅速提高。

(二) 脑皮层结构复杂化

出生后脑的发展主要在于脑皮层结构的复杂化和脑机能的完善化。根据大脑生理学的研究,儿童大脑重量的增加并不是神经细胞大量增殖的结果,而主要是神经细胞结构的复杂化和神经纤维的伸长。新生儿大脑皮层表面较光滑,沟回很浅,构造十分简单,以后神经细胞突触数量和长度增加,细胞体积增大,神经纤维开始以不同的方向越来越多地深入皮层各层(2岁前神经纤维的延伸多系水平方向,2岁后则有斜线与垂直纤维)。与此同时,神经纤维的髓鞘化逐渐完成,6岁末几乎所有皮层传导通路都已鞘化。6～20岁之间,虽然大脑的重量仅仅增加10%,但是脑细胞的结构和机能却不断地进行着复杂化的过程。青春末期,神经系统的发育与成人基本上没有差异,大脑皮质沟回组合完善。随着脑和神经系统的发育成熟,青少年的兴奋和抑制也逐渐趋于平衡。

尽管如此,脑和神经系统要发育到与成年人完全一样,还要到20～25岁以后。例如,内分泌腺中的脑下垂体和甲状腺以及肾上腺等,在青春发育期都分泌出大量的激素,促使全身组织迅速发育,但也加强了脑和神经系统的兴奋性,因而使中学生的情绪容易激动,也容易疲劳。到20～25岁以后,这种激素分泌才显著减少。

知识链接

大脑潜能开发与教育

大脑是学习的基础,学习是大脑的功能。开发大脑潜能、激活智慧潜质的教育才是真正的教育。脑科学研究的新发现给予我们新的教育启示。

1. 大脑功能定位与全脑开发

20世纪60年代以来最盛行的关于大脑功能定位的理论是大脑两半球分工说。这一学说源自1861年法国神经解剖学家保罗·布洛卡对一个运动性失语症病人的研究,他发现病人左侧脑前部的损伤是其不会说话的直接原因。这一区域被称为"语言功能区(布洛卡区)"。大脑两半球功能一侧化的理论是由美国神经生理学家斯佩里在"裂脑实验"中提出的。1961年他在对裂脑病人进行神经心理检查时发现,病人对右侧视野的刺激物能正确说出名称,而对左侧视野刺激物只能做出反应却说不出名称,于是提出两半球认识风格不同的"左右脑分工说"。主要观点是:大脑左右两半球完全以不同的方式进行思考,左脑是语言、阅读、记忆、书写和逻辑思考的脑,其演绎推理、抽象思维、数学运算、形成概念的能力较强;右脑有形象学习与记忆、图形识别、音乐、美术、空间知觉等其他许多高级功能。左脑也被称为理性的脑、知识的脑,右脑则被称为感性的脑、创造的脑。受"大脑两半球分工说"的影响,人们提出开发"左脑""右脑"的主张,将人的不同能力与大脑的具体区域相对应。

随着脑科学研究的深入,如今人们认识到"大脑功能定位说"并非定论,准确说是人的大脑左右两半球既有明确的功能分工,又有连为一体的协作,也有一定的互补能力,只是在一些具体功能上有着主次之分,但这种区分只是相对的,并不是全或无的关系。大脑两半球既各司其职,又互相配合、互相补偿,从而保证大脑整体功能的协调统一。因此,教育中单纯提出"开发右脑"是比较轻率的。教育要做的是"大脑的全面开发",以多种教育活动、内容及方式对大脑进行整体、全面的开发。

2. 脑发育的关键期与教育的适时性

大脑发育关键期的概念是英国学者戴维·林伯尔等人在20世纪60年代提出的。他们通过实验发现,将刚出生的猫或猴的眼睛遮起来,长时间以后再打开眼罩,则其视知觉能力很难正常发展。关于狼孩语言能力的个案说明,自幼失去语言发展环境、多年以后即使复得语言环境,其语言能力仍不能达到正常人水平。此类研究揭示了脑在个体发育中存在不同功能的发育关键期。在关键期,相应的神经系统可塑性大,发展速度特别快,过了关键期则可塑性与发展速度都会受到很大影响。有学者认为这种影响并非不可补救,发育"敏感期"的提法更妥当。无论用"关键期"还是"敏感期",都说明教育应根据大脑不同功能发展的关键期(敏感期)适时进行,以使脑的不同功能得到及时发展。

3. 脑的可塑性、无限性与教育的重要性

与脑发育关键期密切相关的是脑的神经系统结构和功能的可塑性,即脑可以被环境或经验所修饰,具有在外界环境和经验的作用下不断塑造其结构和功能的能力。这一结论是美国心理学家罗森茨韦克等人通过一系列学习期间脑变化的实验研究而得出的。脑科学研究发现,多姿多彩的环境刺激对早期大脑的发育和发展具有显著影响。大脑的生理变化是经验的结果,而大脑功能的水平在很大程度上取决于其工作时所处的环境状态,服从"用进废退"原则。人并非生来就拥有一个功能完备、高效运转的大脑,大脑的成熟是基因与环境交互作用的结果。人脑不仅是可塑的,而且具有无穷的学习与创造能力。这说明教育对于将大脑潜能转化为可资运用的现实能力非常重要。教育必须为儿童创设一种具有丰富刺激的、顺应脑的学习机理的学习环境,从而让浸润在其中的大脑能够最佳地激发、延伸自身拥有的各种潜能。我们既要认识到脑的自然性、潜在性与延展性,更要意识到刺激、调动脑的学习潜能的重要性。

此外,脑科学研究还提醒我们,对儿童的大脑不仅要开发,还应注意保护,即积极维护儿童大脑的健康状态,科学开发儿童的脑功能潜力。第一,让青少年的大脑皮质处于积极的"休息态"。大脑具有非常有效的自我调节功能,要使之能从过度紧张、疲劳、充满压力的学业中解放出来。大脑的"休息"不是消极地睡觉,而是通过艺术、体育活动或"头脑体操"(脑力训练)等方法来调节。第二,保证大脑的充分营养,使大脑信息活动变得更有效率,使之具有健康的生理基础。脑的重量不到人体重的2%,而需消耗的能量却占人体营养的15%~20%左右,可以通过呼吸、环境调整、丰富多彩的教育活动和营养等来保证脑功能活性化。

四、内分泌系统的发展变化

人体内分泌腺分两类:一类是在形态功能上独立存在、肉眼可见的内分泌器官,如甲状腺、肾上腺、松果体、性腺等;另一类位于其他器官内部,以内分泌腺细胞群的形式出现,称为内分泌组织。内分泌系统分泌激素并调节和控制激素水平。激素是一种由内分泌腺分泌并渗入血液或淋巴,从而影响身体新陈代谢和生长发育的重要化学物质。激素在血液中的含量甚微,但具有重要的调节作用,负责内分泌系统的信息传递。

青春发育期激素水平的变化影响青少年身体外形的变化、生理机能的增强以及第二性征的出现和性成熟。激素在青少年的成长发育中具有组织和激活的重要功能,如皮下脂肪增加,皮肤变得细腻有光泽,内分泌激素也能造成脸上长粉刺,但这种现象会随着成熟而消失。青春期激素水平的变化会直接导致青少年外表和行为的某些变化,如性激素水平的提高刺激了第二性征的发育,由肾上腺控制的激素水平变化引起性驱力的增强。

青春期的生长发育与内分泌系统的发育密切关联。激素的分泌主要受下丘脑—垂体系统的调节。内分泌系统接受中枢神经系统(主要是脑)的指令,提高或降低体内循环中的激素水平,促进个体的生长发育。下丘脑、脑垂体和性腺的不断循环调节构成了内分泌系统的反馈环。下丘脑执行脑的较高级功能,控制吃、喝和性等基本生理活动,并监控脑垂体的活动。脑垂体控制个体的生长并调节其他腺体的活动,调节体内激素的总体水平。青春发育期,性腺和肾上腺分泌重要的激素。雄激素和雌激素作为主要的性激素,在青春期的水平提高最明显,导致青少年出现许多身体变化。

五、性器官和性机能的成熟

性成熟开始的年龄是有性别差异的。一般地说,女生从十一二岁开始、男生从十三四岁开始进入性成熟期。

中学生性器官和性机能的迅速成熟,使他们的性意识"觉醒"起来,他们开始意识到两性的差别、产生对异性的特殊好感和好奇心,开始关心异性,寻求异性朋友等。

(一)第一性征与第二性征的发育

中学生的性器官和性机能开始成熟,这是青春发育期的主要标志。性发育的表现即出现性征,性征是指由性别差异而表现出来的身体内外的不同。性征分第一性征和第二性征。第一性征:男女两性生殖器官的差异叫作第一性征。男性的第一性征是指具有睾丸、附睾、输精管等器官;女性的第一性征是指具有卵巢、输卵管等器官。第二性征:指进入青春期后,男女之间出现的除生殖器官以外,在性别上的其他差异,男子长胡须、喉结突出、声音低而粗、肩宽、骨盆窄,呈倒三角形体型等;女子乳房隆起、声调高而尖细、皮下脂肪较多、肩窄、骨盆宽大,呈正三角形体型等。青春期各年龄的发育指征大致顺序如下表所列:

表 8-1 青春期各年龄的发育指征

年龄(岁)	女　子	男　子
8~9	身高突增开始	
10~11	乳房发育开始,身高突增高峰,出现阴毛	身高突增开始,睾丸、阴茎开始增大
12	乳房继续发育	身高突增高峰,出现喉结
13	月经初潮,出现腋毛	睾丸、阴茎继续增大,出现阴毛
14	乳房显著增大	变声、出现腋毛
15	脂肪积累增多,丰满,臀部变圆	首次遗精,出现胡须
16	月经规律	阴茎、睾丸已达到成人大小
17~18	骨骺愈合,生长停止	体毛接近成人水平
19 以后		骨骺愈合,生长停止

(二)性意识的觉醒和渴望了解性知识

1. 性意识的觉醒

在性生理发育与性别角色社会化双重因素的作用下,青少年的性意识产生了质的转变——性意识的觉醒。10、11 岁之前,儿童处于性无知状态,他们一起玩耍,互相打闹、嬉戏,可谓"青梅竹马,两小无猜"。随着性的发育,青少年清楚地意识到两性间存在的基本差异,并导致对异性的疏远,这就是性意识觉醒的标志。从性意识的觉醒到性意识的初步成熟大致经历了三个阶段:

(1)异性疏远期(11、12~13、14 岁)。第二性征开始出现后,有了男女性别的差异,朦胧地意识到两性的不同而感到陌生、难以接受,又怕异性注意自己,于是在异性同学面前产生心理上的不安和羞涩,从而使男女同学之间彼此疏远。小学四年级到初中一二年级,基本属于这个阶段。这个时期的青少年产生了朦胧的性意识和一种愿意彼此接近的倾向,但由于周围环境和传统观念的影响,他们对两性关系存在着神秘感与戒备感,因而在交往中显得不自然,甚至趋于"疏远"。

（2）异性亲近期（14、15～16、17岁）。随着性机能的不断成熟和性意识的不断发展,男女之间开始感受到异性的吸引力,逐渐注意异性。如女生往往注意男生的性格、能力和风度,男生则注意女生的容貌、身材和气质。他们开始以欣赏和友好的态度来对待异性的言谈和行动,逐渐愿意一起学习,一起聊天、一起唱歌、跳舞、演节目和参加体育锻炼,以及结伴外出郊游,并希望博得异性好评。初中二三年级到高中一二年级,基本属于这个阶段。随着性知识的增加和异性交往的增多,两性间的相互了解更多,他们开始产生对异性的爱慕。由于受周围环境的影响以及自身能力、经济条件的制约,此时的性意识大多停留在内心活动中,这种内心活动往往通过折射的方式不知不觉地表达出来。如男生喜欢在女生面前做怪动作、逞强,以引起女生的注意;女生则以矜持或娇气来吸引男生的注意。

（3）浪漫恋爱期（18岁以后）。男女青年的性意识已达到初步成熟程度,并形成一定的恋爱观。他们对异性的爱慕和追求更趋专一,并尝试择偶,从而进入恋爱时期。初恋具有一定的选择性、专一性和排他性。爱情作为人生的美好体验和精神追求是性意识发展到成熟阶段的特征。但这一时期许多人把恋爱对象理想化,如果对方某个特点符合自己的要求就"一见钟情";一旦闹矛盾就会很快分手。显然这离成熟的恋爱还有一定的距离。由于性意识并不完全成熟,恋爱选择标准等尚未定型,随着个人经历的变化,工作、学习环境的变化,恋爱观也在发生变化,这时所确立的恋爱关系成功率并不高。

2. 渴望了解性知识

进入青春期的中学生,其性器官已达到成熟阶段,性激素分泌旺盛。在性激素的作用下自然会出现对性的好奇心理,开始对性知识、性现象产生浓厚兴趣,尤其是第二性征的出现,男女生有了明显不同的体态特征。有时还会有性冲动,这种本能的冲动往往不受理性控制,比如男孩容易出现阴茎勃起,有时会使他们感到尴尬。但随着年龄的增长,意志力不断加强,他们会逐渐控制这种冲动。到了这个年龄段后,产生性欲、性兴趣、性冲动、性幻想、性自慰都是正常的现象。对于这些变化,中学生在陌生、惊讶之后,往往充满好奇,非常渴望了解这方面的知识,这些都是合理的、正常的现象,但一定要让中学生通过正规渠道来获取科学的性知识,教师和家长也应该适当地加以引导和教育,帮助中学生平静而顺利地度过青春发育期。

第二节　中学生生理变化对其心理发展的影响

身体的生长发育是心理发展的物质基础。青春期生理变化对中学生心理发展的影响几乎涉及青少年期的所有发展主题,主要表现在认知、情绪、行为、自我、社会性等方面。

一、青春期生理变化对青少年认知、情绪及行为的影响

(一) 对认知的影响

青春期在身体其他部分变化的同时,大脑及其功能也在发生重大变化,但这种变化因人而异。青春期认知的转变特别是思维的拓展,对于青少年的心理成长有着深远的影响。

皮亚杰的认知发展阶段理论认为,青春期是从具体运算阶段到形式运算阶段的转型期,即从形象思维到抽象思维的过渡期。尽管大部分的认知过程在 8～10 岁期间都已功能化,但抽象思维、逻辑推理、计划和认知的灵活性等在青春期才开始并不断提高。儿童早期不经过思考就表现出来的行为,到了青春期会更多地被置于有意识思考的控制之下。例如,年幼的孩子虽能区分不同的面部表情,但很难抽象地领会人类的情感。而青春期的孩子能够根据人的面部表情或姿态来进行复杂的推理,以了解他人的情绪状态。青春期的"认知性过渡"主要表现在五个方面:第一,相对于儿童而言,青春期的个体更善于思考可能情况是什么,而不仅仅限于思考实际情况是什么;第二,青少年更善于思考抽象事物;第三,青春期的个体开始更频繁地对思维过程本身进行思考;第四,青少年的思维开始向多角度发展,而不只局限于单一方面;第五,青少年比儿童更可能把事情看成是相对而非绝对的。这些变化和青少年的生理发展特别是脑的发育紧密相连。

1. 突触出现明显重构,使得信息加工效率更高

研究表明,从儿童期进入青春期,大脑神经元突触不断地在"修枝剪叶",因此,与幼儿相比,青少年在注意、工作记忆、加工速度、学习策略以及元认知等五个信息加工领域都会有所发展,在抽象思维、多角度思维和假设性思维等方面的能力都显著增强。

2. 额叶迅猛发育,促进青少年抽象思维能力的发展

除突触"修剪"以外,青少年认知能力的发展主要归功于额叶的发育。大脑内侧的额叶(包括海马)的结构在发育早期已经成熟,但其功能要到青春期过后才能达到完全

成熟，而且大脑前额叶皮层比后部区域成熟的时间更晚。

前额叶皮层是进行计划、做决定、设置目标和元认知等复杂认知活动时被激活的大脑区域。青春期初始阶段，前额叶皮层会发生大量的突触裁剪，因此整个青春期前额叶皮层会持续髓鞘化。这些都使得青少年在完成高级认知任务中比儿童的表现更出色，也使其演绎推理、归纳推理等能力获得显著提升，更容易理解隐含在双关语、谚语、隐喻和类比中的抽象逻辑等，并且出现"假设性思维"，即站在别人的角度去思考别人的所思所想，而这有助于他们采纳别人的观点。

前额叶皮层的发育成熟也进一步促进青少年社会性思维的发展。青少年拥有更强的抽象思维能力也使其能够将高级推理过程和逻辑思维过程应用在诸如人际关系、政治、哲学、宗教、伦理道德等社会问题和意识形态问题上，抽象思维能力的发展也会促使青少年开始思考生命本身的意义。这种社会性思维（也称"社会认知"）的发展与青少年抽象思维能力的进步有着密切关系，也与大脑的发育成熟直接关联。

此外，调节情绪、注意和认知功能的前扣带回脑区髓鞘化的增加也带来皮层和皮层下结构之间连通性的提高。从皮层和皮层下区域到扣带回的投射提高了对心理过程的协调与控制能力。总之，青春期所发生的心理变化不但与前额叶皮层的突触修剪有关，也与连接前额叶皮层和大脑其他部分的轴突的髓鞘化有关，并且依赖于扣带回皮层、杏仁核和前额叶皮层之间稳固回路的建立。

3. 对性有了初步认识

性生理成熟和性心理发展是中学生面临的一个独特而新奇的发展主题。身体急速发育成熟和心理复杂多变紧密交织在一起，这是其成长历程中不曾遭遇的。生理变化对中学生产生的巨大冲击首先表现在对性的认识上，即性意识觉醒。

性意识指人对性的认识、理解、体验和态度，与所处社会文化背景有密切关系。随着性生理的成熟，中学生开始认识到自己的身体发育。虽然初中生的性意识发展还处于较低水平，但发展速度很快。当代青少年身体发育成熟呈现提前的趋势，使得青少年对性的认识也大为提前。当然，性意识的觉醒不仅受生理成熟的影响，更受社会环境、时代风气、教育条件和主观心理因素的影响，具有较大的不平衡性和个体差异性，对此教师应予以关注。

（二）对情绪的影响

1. 行为不协调导致的情绪困扰

中学生的运动能力迅速发展，但其行为却不协调，从而导致其产生情绪困扰。处于青春期的中学生，其运动能力发展到前所未有的水平，表现出强烈的运动需要，他们对各种文体活动都有浓厚的兴趣，喜欢富有拼搏性和竞赛性的活动，对困难艰巨的任务跃跃欲试，以显示和发挥自己的力量和技能。但由于他们生理发育尚未完全达到成熟水平,因而经常会出现行动、认知、情绪不协调的现象。他们的情绪爆发性强,但控制能力较低,因而容易出现神经系统疲劳等现象。这些都是青春期的正常现象,教师应当给予特别关注,有针对性地组织集体活动,使中学生的旺盛能量得到适当释放和发挥,防止其从不良活动中寻求发泄。

2. 性成熟导致的情绪体验

进入中学后,性生理成熟带来的一系列生理变化(如第二性征出现、月经初潮或遗精等)都会使中学生产生不安、惊恐、羞涩等心理。特别是内向敏感的学生,如果性知识缺乏,对于这种突然变化往往不知所措,又羞于启齿,不愿向家长和老师求助。

女孩在第二性征出现时,会表现出局促不安、羞怯、害怕别人注视等情绪体验。女孩对月经初潮的反应则更加复杂,这与其所在社会关于初潮的文化特征、父母态度以及教师、同学反应等都有关联。一般地,女生对月经初潮的心理体验有害羞、恐慌、新奇、无所谓等,害羞和恐慌表现更突出。与女生对月经初潮的心理体验相似,男生对首次遗精的心理体验也主要表现为害羞、新奇、恐慌、无所谓等,害羞和恐慌表现更突出。

受月经周期影响,随着雌性激素和黄体酮含量的增加,女性会在月经周期的特定时间里产生强烈的头痛、乏力、疲倦等身体感受,更容易出现抑郁、焦虑、烦躁、自尊心下降等情绪。月经周期的心境变化与激素含量的变化有关,这是身体变化直接影响情绪的体现。青春期女生对自己身上突然出现的性特征的反感和抵触情绪比男生更为强烈,如女生会说:"如果可以自己选择性别的话,我绝不选择做女人。"这种性别不认同的强烈情绪主要源于生理上的麻烦所带来的心理不适,而度过青春期之后,女孩子会逐渐恢复自信、更悦纳自己。因此,帮助中学生尽快适应青春期的各种生理变化,是保证其身心健康发展的重要任务,也是青春期性健康教育的重要任务。

3. 性成熟早晚导致的情绪困扰

个体在青春期的起始时间、性发育高峰出现的时间以及发育速度上存在着明显的个体差异,表现为早熟、正常及晚熟三种类型。他人和社会文化对早熟者和晚熟者的评价,直接影响到中学生的自我意识和自我评价。

一般来说,早熟男生比同龄晚熟男生处于更有利的地位。在成人和同伴看来,早熟男生显得更有能力也更具吸引力;与早熟男生相比,晚熟男生肌肉不够发达、缺乏身体魅力,显得幼稚,也更紧张、烦躁,缺乏自信。人格测量发现,早熟男生比晚熟男生在自我形象和同伴声望方面有更明显的优势;晚熟男生则表现出更强烈的不满足感、更消极的自我概念。对青少年日常情绪的研究也表明,早熟男生在情感和恋爱方面拥有更多的积极感受。

早熟女生与早熟男生处境完全不同,她们处于不利地位,遇到的最大问题是适应问题。一般来说,早熟女生不太自信、不善表达、更顺从和孤僻;而晚熟女生被认为更有吸引力、好交际和富于表现力,具有更高的活动性、社会性、领导能力,更受同伴喜爱。早熟女生有更多的情绪障碍,如更低的自我形象和更高的压抑、焦虑、饮食失调和无谓攻击。这些情绪障碍与其对自身体重的感知有很大关系,早熟女生一般体重更重,但社会往往将苗条作为女性有吸引力的重要标准;相比之下,晚熟女生可能更符合这一形象,因而早熟女生便会产生更多的情绪障碍。当然,早熟是否对女生的自我形象产生消极影响还受社会文化背景的影响。实际上,青少年认为自己发育较早还是较迟,主要取决于他们对自身生理成熟度的感受,而不是真的早熟或晚熟,青少年的行为取决于他们觉得自己有多大,而不仅仅取决于他们事实上的生理成熟水平。

4. 性渴望增强

性渴望即对性知识的好奇与渴求。进入青春期后,由于性的成熟,少男少女猛然感到了自己和异性的强烈差异,唤起了对性(异性)的好奇,强烈要求探索"性",迫切需要了解"性",出现对性知识的好奇和兴趣,这即性渴望。性渴望的程度因人而异,有的敏感,有的迟缓;有的强烈,有的微弱;有的主动追求,有的被动产生;有的付诸行动,有的停留在想象之中。

中学生对性知识的好奇与渴求要求学校要适时开展科学的性健康教育,要理解和尊重中学生正当合理的性渴望,这不仅有助于破除青少年对性的神秘感,促进其生理发育和心理健康,而且对其一生的健康和幸福都有重要影响。

(三) 对行为的影响

1. 出现行为不协调的现象

进入青春期后,体内激素变化等生理变化会直接影响心理行为的发展,如青春期睾丸激素的增加直接导致男孩子性驱力和性活动的增强,同时由于身体发育太快(尤其四肢长得过快),导致一定时期内和神经系统的发育不相适应,加上这段时期脑的兴奋和抑制过程不够稳定和平衡,大脑皮层和皮层下中枢的活动协调性降低,所以许多中学生会感到自己的动作、行为有时会不协调,如在体育活动中会感到突然比以前笨拙了,灵巧性、敏捷性等也似乎突然下降了等等。

2. 产生各种性心理行为

中学生的各种性心理现象并非同时出现,一般而言,性意识觉醒后随之会出现性萌动、性梦幻和性自慰等各种性心理行为。

性萌动指青春期的性冲动。随着性器官的成熟、性意识的增强,中学生尤其高中生进入性能量的旺盛时期,出现性冲动,使他们产生了接近异性的愿望,对同龄异性产生强烈的亲近感和好奇心。但是,由于社会道德规范等因素的制约,中学生会把青春期萌发的性意识和出现的性渴望视作下流和不道德,对性冲动常常感到困惑与窘迫,甚至产生恐惧心理。大多数中学生处在既想控制又难以控制的矛盾之中,也有个别中学生由于自制力、是非辨别力和道德观念薄弱等原因而做出越轨行为。因此,通过科学的性健康教育帮助中学生提高性意识水平、增强心理自控能力、掌握科学方法等途径来淡化性冲动、抗拒性诱惑是十分必要的。

性梦幻指处于青春期的中学生,有时会想入非非,以梦幻与想象来寻求心理的满足。性梦幻的具体方式则因人而异。只要中学生的日常行为语言没有异常,偶然产生的性梦幻,是正常而自然的心理现象。但若经常以性梦幻代替现实,就可能引发心理障碍,影响其学习和身心健康发展,教师应当对此加以关注,帮助他们学会自我调节。

性自慰是指用手或借助其他物体刺激自己的性器官而获得性满足的行为。手淫是自我发泄的一种方法,进入青春期后很多青少年会产生这种行为。一般男生更多见,这是因为男性比女性更容易引起性冲动。医学界认为,正常的非习惯性的性自慰,对身体和精神都是无害的,只是为了缓解性紧张引起的不安和躁动所采取的性宣泄手段,既不涉及感情纠葛,也不导致性犯罪。但是,习惯性的不正常的性自慰则是有害健康的,会使中枢神经处于紧张状态,导致性控制失调、大脑疲乏、精神萎靡、记忆力减退、头晕失眠等。因此,学校、家庭要注重加强青少年的意志力和良好心理素质的培养,帮助学生把注意力转移到兴趣爱好的培养上,升华精神境界,淡化性自慰行为。

二、青春期生理变化对青少年自我发展的影响

青春期生理变化对青少年自我发展影响的一个典型表现就是体像意识增强,关注"身体自我",随之也会出现自尊感受挫等心理。

伴随青春期的到来,青少年开始喜欢照镜子,开始关心自己和其他伙伴的高矮、胖瘦、相貌、嗓音、肤色、毛发,同性别伙伴聚在一起则常常谈论异性:关心服饰的时尚,收集歌星、球星的照片,并进行形象的比较分析。这是由于性生理的成熟、第二性征的出现等使青少年的身体外形发生了变化,激起青少年对自己身体的兴趣,自己和他人(特别是异性伙伴)的外貌、性格、能力等都成了关注的焦点。

自我形象是中学生关注的焦点之一,身体形象则是影响中学生自我形象的重要方面,心理学称之为"身体意象"(body image),又称"身体自我概念""体像"等,指一个人对自己身体的全部或其中一部分所做的心理描画,也即个人对自己身材、体型、容貌、仪表、体力等方面的整体性判断和自我知觉。身体意象不仅指身体的具体外形条件,还包括由身体外形条件引起的他人评价在自己心中产生的内心感受。身体的外形条件指身高、体重、肩宽、盆宽、胸围、头围以及肌肉的发育状态。进入青春期,因为身体的迅猛发育,中学生往往对自己的身体外形变化产生不适应的感觉,甚至因过分关注自己的身体外形而产生许多烦恼,这些烦恼的根源来自身体意象,但其真实的身体外观或许并不像他们想的那样糟糕。

人有三种关于自己身体的意象:自认的身体意象(即认为自己真实的样子)、理想的身体意象(认为适合自己期望的身体意象)、白日梦的身体意象(在幻想的世界里遐想的身体意象)。这些身体意象反映了人在现实、理想和幻想世界中的不同心理感受。处于

青春期的中学生都非常关心自己的身体形象，但由于每个人的情况不同，一般不可能具有十全十美的形象，因而很多中学生会出现"体态容貌恐惧症"。女生进入青春发育期后，体型会由于脂肪增加而发生变化，这常使她们看起来与当今社会时尚所推崇的审美偏好（"苗条美"）大相径庭，于是为了"减肥"而过度节食、过分锻炼，以致虚弱不堪甚至患上"神经性厌食症"；还有的女生会为自己身材过高、脚太大而忧虑，为自己容貌不美而烦恼。青春期的男生会为自己身材矮小、胳膊肌肉不发达、力量不强大等而焦虑。而脸上长"小痘痘"则无论男女都会感到烦恼。

体像意识增强导致的对自我身体形象的不满会严重挫伤中学生的自尊。有关青春期女生身体意象与其自尊关系的研究发现，身体满意度与自尊呈正相关、与抑郁呈负相关。对自己的体型、体重不满意的女生与那些身体意象较为积极的女生相比，自尊往往更低；即使是考察不同的自尊维度也都得到一致的结果。

一般来说，随着年龄的增长，由身材、体型引起的焦虑情绪和自尊挫伤会逐渐减少，但体像意识、身体意象作为对自己身体生理特征的态度和反映，一直被认为是自我发展中的核心要素，并对青少年未来的社会适应有着重要影响。更重要的是，社会文化中关于个体形象美的判断标准和审美偏好对青少年的自我意象有重要影响。这些判断标准和审美偏好会以各种微妙的方式由家庭、同伴、大众传媒等传递给青少年个体。中学生对于青春期身体变化的反应在很大程度上是对这种社会标准和期望的折射。因此帮助中学生正确认识自己的身体形象、悦纳自己的身体形象，是必不可少的教育工作。

三、青春期生理变化对青少年人际交往发展的影响

青春期生理变化对青少年社会性发展的影响，会在亲子关系、师生关系、同伴关系以及性别角色发展、道德发展等多方面表现出来，这里着重介绍和分析青少年生理发展和性心理发展带来的"异性交往敏感"现象。

（一）异性关系的发展及其特点

从个体性心理发展的全过程看，异性之间的关系一般经历以下几个发展阶段，各阶段年龄因人而异，同时受社会文化环境的影响。

1. 两小无猜期（约 6 岁以前）

男女儿童的友谊完全以个人兴趣和爱好为纽带，性别并未引起特别关注。男孩和女孩手拉手一起玩耍，自然亲切，还没有明确的两性意识，对于性的真实含义懵懂无知。虽然儿童 2 岁左右就知道自己是男孩还是女孩，但"性别"概念在其头脑里仅仅是个符号而已，没有任何特别意义，可谓"青梅竹马，两小无猜"。

2. 性朦胧期（6、7～9、10 岁）

随着儿童生活经验增长和生理发育加快，小学生开始对性的问题感到好奇、神秘，

比如接触到有关"性"方面的视听觉信息时,会表现出关注的态度。但总体而言,儿童这一时期对"性"还是朦朦胧胧、似懂非懂。

3. 异性疏远期(9、10～13、14 岁),也称"性反感期"

小学高年级和初中低年级学生的性意识开始觉醒。进入青春期后,少男少女们开始发现自己一系列的生理变化,也就自然而然地意识到"性",但由于知识经验的缺乏,对这种生理突变和性发育,他们既觉得神秘又觉得有趣,既觉得好奇又感到害羞。敏感与无知等矛盾心理反映在情绪上就表现为忐忑不安、羞羞答答;反映在行为上便是手足无措、躲躲闪闪。由于对性知识和两性关系的一知半解,男女同学之间会产生一些不安和羞涩感,对异性采取冷淡甚至敌视的态度,在学习和活动中表现为男女界限分明,如课桌上的"三八线"以示"男女有别""互不侵犯"等。

4. 异性亲近期(13、14～17、18 岁)

伴随性生理成熟,中学生进入情窦初开的异性亲近期。一方面表现出"异性崇拜"甚至将之"偶像化",崇拜对象的一举一动、一颦一笑都对其有着强烈的吸引力,如"追星现象"。另一方面表现为对异性同学的好奇感和亲切感俱增,喜欢寻找机会和异性同学一起活动、讲话;着意打扮自己,很在意自己的容貌、体态,喜欢在异性同学面前显示自己的特长和优秀品质;在各种集体场合故意打打闹闹、嘻嘻哈哈以博得异性同学的注意;喜欢谈各种有关爱情的趣闻轶事,摘抄文学作品中对爱情的精彩描述和流行歌曲等。处于异性亲近期的男女生,既有一种自然的亲和力,又有一种不自然的退避和羞怯。由于学校规章制度的制约,家长、教师的严格规劝,中学生会出现"心相近而形相远"的现象,也有男女生开始发出各种试探或主动进攻,以含蓄而心照不宣的方式表达自己的心意等;有的学生干脆递纸条、写情书,明确地向对方求爱。此时,他们对异性的好感与亲近只是一种自然的、本能的、朦胧的情感,对爱情的看法就好像雾里看花、朦朦胧胧。

5. 两性恋爱期

这是异性亲近期的自然延续,但开始年龄因人而异,难以确定。

6. 婚姻期

到达法定结婚年龄的青年男女,经过一定时期的恋爱生活,就会正式结婚。结婚是受到法律和社会认可的特定异性共同生活的方式。

(二) 中学生异性交往的教育指导

中学时期,男女生之间很容易发生亲近感,在有意无意的交往中自然会产生敏感微妙的情绪情感变化。"爱情与友情"的困惑是中学生异性交往中普遍存在的敏感问题。这种分不清是友情还是爱情的情感像迷雾一般令中学生苦恼、迷惘,这就是"成长的烦恼"。如果不妥善引导和控制,极易发生以性为诱因的过失甚至犯罪行为。因此,异性亲近期是性教育的重要时期,需要教师、家长以及社会共同努力,通过正确而灵活的教育方式促进中学生的身心健康发展。

1. 慎用"早恋"二字

中学生对"早恋"一词很敏感,也很反感给他们戴上"早恋"的帽子。教师、家长都要防止把一些正常的异性交往说成"早恋",给当事人带来不必要的心理伤害甚至产生意外的负面影响。教师应掌握必要的心理学知识,在处理有关事件时以正面引导为主,切忌武断地下"早恋"的结论,注意保护当事人的自尊心。

2. 加强有关异性交往原则、方法的教育引导

中学生尚未能够准确地区分"友情"和"爱情"。很多中学生在与异性交往过程中,确实对某些异性(包括自己的老师和同学等)产生好感甚至爱慕之情。在他们看来,这种感情是纯真、美好的,有时意识不到这种感情是爱的萌芽,有时又会为此异常焦虑,产生"我是一个坏男(女)生"的念头。因此,有必要引导中学生正确交往,帮助他们了解异性交往的基本原则和方法,掌握异性交往中应把握好的"度",让同学之间的交往保持在纯洁的友情界限内,建立一种健康、文明的交往原则,也使他们形成相应的自我保护意识。

第三节　中学生身体发育过程中常见的心理与行为问题辅导

一、中学生常见身体意象问题的辅导

处于青春期的中学生,其身体面貌会发生很大的变化,其身体意象和自我概念的发展也进入关键时期。此时,他们更加注意自己的体重和身形,容易放大自己身体的"缺点",尤其重视外界对自己体貌的评价,出现很多常见的身体意象心理与行为问题,如过度节食或暴饮暴食、药物减肥、容貌焦虑、神经性厌食症以及躯体变形障碍等。

(一) 过度节食或暴饮暴食

过度节食很容易导致营养失衡,可能会引起蛋白质、维生素和矿物质的摄入不足,长此以往甚至会影响到正常的免疫功能,导致身体基础代谢率下降。处于青春期的中学生,尤其是女生,可能会因为喜欢某个人,而迎合大众审美中的瘦,主动选择过度节食来保持一个较瘦的体型,去吸引异性的目光。暴饮暴食的特征是间断性、无法控制,但这与食欲过盛不同,暴饮暴食者不会强迫自己呕吐或者吃泻药,结果导致体重极大增

加。暴饮暴食症患者发现自己很难处理伤心、愤怒、抑郁或焦虑等，只有通过暴饮暴食来排遣自己的情绪。

过度节食或暴饮暴食都属于饮食紊乱，这类人群通常需要帮助，其中自我帮助也很有效，认知行为疗法尤其有效。青少年对身体的自我认识还不够全面，需要学会改变自己的认知，重新训练身体来识别是否饥饱，养成正常的饮食习惯。更为重要的是，个体需要消除有关体重对个人影响的思维障碍，调整自己的负面身体意象。

（二）药物减肥

药物减肥是指通过使用具有减肥作用的药物来减少人体过度的脂肪、体重。大部分减肥药都有一定的副作用，因此，药物减肥虽然疗效显著，但会影响到人们的身体健康。由于中学生接触了大量关于减肥药品的信息和媒体的宣传，因而也会做出购买药物进行减肥的行为。

药物减肥一定要严格掌握适应症，哪些人使用何种药物最好是在专科医生的指导下进行。青少年正处于生长发育阶段，减肥时必须经过严格筛选才能用药，并且必须进行严密的用药监护。必须让中学生明白，凡是药物都有一定的副作用，所以不要盲目地自行服用，最好先看医生，在医生的指导下服用，这样比较安全，也更能收效。

（三）容貌焦虑

爱美之心，人皆有之。但随着"颜值社会"的到来，视觉文化背景中的"颜值"崇尚现象与日俱增。社会评价体系对"颜值"的过分倚重直接导致青少年对自我外形的过分关注，对其审美产生消极影响。"容貌焦虑"指受社会审美标准和社会媒介语境影响，个体对自己的外貌、体型等身体形象产生不自信、不满意与不认同的负面情绪，从而陷入一种焦虑的状态。这主要是由于审美认知直观浅显、过度依赖的商业营销以及"颜值即正义"亚文化的泛化，而使身处"颜值"时代的青少年无意识地陷入审美困境。

其实美的标准具有多样性，美也不是一成不变的。每个人都有自己独特的美，再完美的容颜也会老去。经得起岁月检验的美，才是真的美。如果过分在意别人对自己的看法，生怕人们关注到自己容貌上的"瑕疵"，这是一种心理不健康的表现。减轻"容貌焦虑"，真正恒久的做法是放大自身的优点，接纳真实的自我，增强自信，学会欣赏自我，提高自身能力，只有打磨、润色内心，提升生活状态和个人内涵，才能在最好的年华遇上最好、最美的自己。

面对中学生的"容貌焦虑"，教师应因势利导让其产生积极的影响。比如，要让中学生明白，与其焦虑自己的容貌，不如加强自我建设，在知识、能力、心理等方面不断完善自己，不断提升自己的修养，使自己仪表得体、气质优雅，"腹有诗书气自华"，这才是决定其未来是否幸福和成功的关键因素。

(四) 神经性厌食症

　　神经性厌食症是指个体通过过度节食等手段,有意造成并维持体重明显低于正常标准的一种进食障碍,这种障碍以女生居多。长期盲目过度节食,会导致中枢神经系统下丘脑里的摄食中枢和饱食中枢丧失平衡,出现神经性厌食现象。

　　研究表明,神经性厌食症者是典型的无法控制生活的人。神经性厌食症的治疗较复杂和困难,药物治疗虽有一定作用但不能从本质上使其改善。但运用心理治疗的方法来治疗神经性厌食症却具有显著的疗效和治愈的成功案例。首先,用认知疗法纠正患者的错误认识:苗条未必就是美;其次,运用负强化等手段矫正其不良行为,运用正强化手段强化其积极行为,或运用家庭治疗方法,把家庭当作一个治疗系统,通过每一个家庭成员的相应改变去影响患有神经性厌食症的家庭成员。

知 识 链 接

神经性厌食症

　　神经性厌食(AN)指个体通过节食等手段,有意造成并维持体重明显低于正常标准的一种进食障碍,属于精神科中"与心理因素相关的生理障碍"。其主要特征是以强烈害怕体重增加和发胖为特点的对体重和体型的极度关注,盲目追求苗条,体重显著减轻,常有营养不良、代谢和内分泌紊乱,如女性出现闭经。严重者可因极度营养不良而出现机体衰竭从而危及生命,5%～15%的患者最后死于心脏并发症、多器官功能衰竭、继发感染、自杀等。

　　AN的发病年龄多在12～25岁,多是发生在青少年期,多见于女生。其发病的两个高峰为13～14岁和17～18或20岁,30岁后发病者少见;AN在高社会阶层中比低社会阶层中更普遍,发达国家高于发展中国家,城市高于农村。

　　神经性厌食症无生理上的病因,完全是受社会文化因素、个体心理因素影响或受突发性事件的冲击等所致。比如,盲目追求苗条的社会时尚、媒体对女性健美和女性外部形象美的片面宣传等,以致很多体重与身高相协调的少女仍然对自己的形体不满意,想方设法、挖空心思地"减肥",最后陷入"节食—厌食—拒食"的恶性循环而不能自拔。

(五) 躯体变形障碍

　　躯体变形障碍是指个体的身体在客观上并不存在缺陷,但从主观上认为自己身体丑陋,从而产生痛苦心理,是个体对躯体外形的一种歪曲意识。躯体变形障碍主要出现在青春期的早期阶段,平均年龄为16～17岁,没有明显的性别差异。这样的人长时间封闭自己,感到自己毫无价值、没有人关爱自己,因此很容易出现暴力、物质滥用和自杀行为等。

二、中学生常见性心理与行为问题的辅导

中学生常见的性心理与行为问题是很多的,如性幻想、性梦、单相思等。

(一) 性幻想

这是指有意识地想象"性活动"的场面,较多地发生在入睡前及睡醒后卧床的那一段时间,"自编自演"。一般说来,青春期是性幻想的活跃时期。因为处在青春期的青少年情窦初开,对异性产生强烈的爱慕和渴望,可是又无法向心目中的对象表露爱慕之情,于是便把文艺作品、影视节目中所见到的两情相爱的情景,重新组合,通过自己的想象改编成自己参与的性活动的过程,以满足自己的性欲需求。

如何看待性幻想呢? 青少年时代是一个人一生中多梦的时节,他们对未来充满了无穷的遐想。对于性幻想,一般人只是想想而已,不会付诸实施,这并非"不正经",也非道德品质不健康的表现。因此不必惊奇,也无需有精神压力或负罪感。性幻想对心理的发展不会有什么妨碍,但得有一个限度。如果整天沉溺于性幻想中,而妨碍正常的学习、工作、生活和人际交往,则会产生负面效应。因此,应教育引导青少年把精力放在学业和事业上。

(二) 性梦

性梦是指睡梦中与异性亲昵的梦。如在睡梦中与异性朋友交谈、拥抱、亲吻、抚摸等,并多富有诗情画意。性梦的发生与体内性激素水平、性心理有密切关系。进入青春期后,性生理与性心理逐渐成熟,对异性产生爱慕和倾心,有时也会出现性冲动。这种性冲动在清醒状态下被理智所抑制,但在睡梦中却不受理智束缚,并通过大脑皮层的兴奋灶而活跃起来。性梦是在某一段时间,潜意识中被压抑的性欲望冲动的自发暴露,是一种自我调整性张力过高的现象。心理学家认为,性梦是一种正常的性生理和性心理活动,性梦不是病,所以不必为此担忧或求医。

对性梦没有什么药物的防治措施,但应教育青少年做到:不看色情的书画、录像;多参加正常的社会实践活动和体育锻炼;多阅读有关性方面的科普读物,只有这样才能破除性神秘的观念,才能用科学的态度去对待性梦。

(三) 单相思

单相思就是单恋,是指以一方对另一方的一厢情愿的倾慕与热爱为特点的畸形"爱情"。情窦初开的青少年对异性产生爱慕和倾心,这是一种正常的现象。有些青少年没有勇气向对方挑明,自己却长期处在冥思苦想之中。如"我喜欢上了本班一个男生,可是他并不知道,他也没有在意我,使我痛苦的是天天都能见到他却不能言明,我该怎么

办呢?"

单相思者可以通过让自己忙碌起来、充实自己的生活、发展自己的兴趣爱好、向自己确定的目标奋斗等方式来淡化自己对"意中人"的一厢情愿的思念。此外,还可通过写日记、听音乐、参加社会活动、扩大交友范围等方式来克服自己的"单相思"。

对于中学生出现的性心理问题,除了通过性健康教育、性知识普及、性道德与性法律宣讲等方式帮助中学生科学地认识性、了解性以解决其性心理问题之外,还可通过心理咨询和心理治疗的方式来解决中学生遇到的性心理问题。同时,还需要中学生自身加强修养、加强自我心理建设,扩大交往面,只有这样才能使中学生顺利度过青春期。

章小结

处于青春期的中学生在身体发育方面的变化主要表现为身体外形剧变、体内机能变化、神经系统迅猛发展和性成熟等方面,这些生理变化又会使中学生产生复杂而微妙的心理变化,直接影响中学生的认知、情绪、行为、自我发展和人际交往等。教师应了解中学生的生理发展特点及其对中学生心理发展的影响,尤其要关注中学生身体意象及性心理与行为的问题,并开展针对性的辅导,引导中学生加强自我心理建设,帮助他们顺利度过青春期。

思考训练

案例 1:小杰因为脸上长满了青春痘,从高二起便陷入焦虑情绪之中,对事对人也变得极度敏感。小杰会随身携带一面小镜子,时不时地拿出来照一下自己的脸,每天总会因为多长出来的几颗痘痘或者是下不去的痘印而陷入沮丧、烦躁、忧郁之中;他人眼中的开心果也由此变得沉默寡言起来,总是担心别人会嘲笑自己、害怕别人会盯着自己的脸看、害怕别人用惊奇异样的眼光打量自己,甚至想象别人会在背后议论自己、给自己起外号。

案例 2:12 岁女孩小雅,热情活泼,性格外向,学习成绩优秀,人际关系较好。但是,最近几个月,变得情绪波动,闷闷不乐,不爱活动,学习成绩也有下降的倾向。她自述:"几个月前初次月经来潮时,流经血带来的极度恐慌伴随着腹部隐隐作痛,我害怕极了,当听妈妈说,以后每月还会来时,我更为不安。至此,每月来月经前都会感到周身不适、情绪低落、提不起精神,而且变化无常,时常有心烦意乱的感觉,容易与同学和家人闹矛盾,对学习上遇到的困难也感到难以克服,学习成绩下降。我很苦恼:为什么平时好好的我,到月经来临时会变得连我都不认识自己了呢?"

请你运用本章学习的知识,分析这两位同学产生这种现象的心理原因,并给出心理辅导建议。

第9章　中学生学习心理问题与辅导

章结构

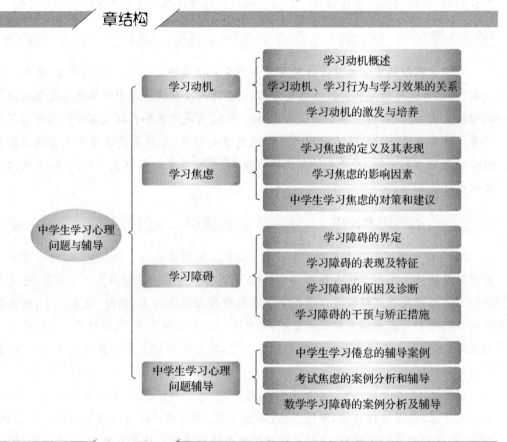

中学生学习心理问题与辅导
- 学习动机
  - 学习动机概述
  - 学习动机、学习行为与学习效果的关系
  - 学习动机的激发与培养
- 学习焦虑
  - 学习焦虑的定义及其表现
  - 学习焦虑的影响因素
  - 中学生学习焦虑的对策和建议
- 学习障碍
  - 学习障碍的界定
  - 学习障碍的表现及特征
  - 学习障碍的原因及诊断
  - 学习障碍的干预与矫正措施
- 中学生学习心理问题辅导
  - 中学生学习倦怠的辅导案例
  - 考试焦虑的案例分析和辅导
  - 数学学习障碍的案例分析及辅导

章首语

　　学习是中学生的主导活动。尽管学习是基于人认知活动的心理过程，但是学习活动中的一些非认知因素也影响着学习的开展和效果。学习活动中的非认知因素是指以认知活动为主要特征的智力因素以外的、不直接参与认知活动过程却又深刻影响认知活动效率的一切心理因素的总称，主要包括动机、兴趣、情感、意志、人格等。这些非认知因素是中学生在学习过程中经常面临的挑战，可能会带来一些问题，比较突出的有学习困难、学习倦怠和考试焦虑等。这些问题能否解决好，将直接影响中学生的学习效率及身心发展。教师要了解学习心理问题的原因及解决策略，以便及时对出现学习问题的中学生进行帮助和辅导。

关键词

学习动机；学习焦虑；学习困难

情境导入

洋洋就读于高二，几年前父母去外地打工后，就跟随奶奶生活。从小学开始，洋洋各科成绩都很优秀。进入高中以后，他学习开始有点吃力，于是便更加努力，但进步并不明显。在一次期中考试中没考好，洋洋心里特别烦躁，经常说头痛、难受，不想上学。每次与父母视频通话，最不想提的就是学习、学校。

高一的寒假，一个同学约他一起玩游戏，他觉得游戏比上学精彩得多。因此，一回家就想玩游戏，有时玩到很晚，以至于上课总是无精打采，提不起精神，上课时老师讲到什么地方都不知道。老师针对他的表现，多次提出批评教育。但是由于没有父母关心和管教，他不愿专心听课，不愿记笔记，拿起课本就烦，学习成绩下降很快，而成绩越下降越不愿学习。

案例中洋洋的情况比较普遍，由于中学阶段的学习任务繁重，学生学习的过程中会面临一定的心理问题。

你认为洋洋面临的学习心理问题主要是什么？

第一节 学习动机

一、学习动机概述

（一）什么是动机

动机是由某种需要引起的，直接推动个体活动、维持已引起的活动并使该活动朝向某一目标以满足需要的内在过程或内部心理状态。一般认为，动机由需要和诱因两个要素共同构成。因此，动机的强度或力量既取决于需要的性质，也取决于诱因力量的大小。

需要是动机产生的基础。当个体或群体存在内在的欲望、渴望或不满足感时，就会产生生理上的需要（如食物、水、睡眠）或心理上的需要（如社交、尊重、成就感）。当需要得不到满足时，人就会设法满足这个需要。只要外界环境中存在着能满足个体需要的对象，个体活动的动机就可能出现。例如，一个人感到饥饿时会去寻找食物，如果发现了食品店，他想吃东西的需要就会转化为购买食物的动机。需要是人的一切行为动力的源泉,但并非所有的需要都能转化为动机。当需要的强度较弱,不能被人清晰意识到时,就难以转化为人的行为动机。当需要达到一定强度时,才会产生迫切满足这种需要的强烈动机。需要是动机形成的内在条件,离开需要的动机是不存在的。但人的需要转化为动机,还要有满足需要的对象的存在。否则,就只能停留在需要的水平上而难以形成特定的动机。

诱因是动机形成的外部条件。诱因是指能够满足个体需要或能引起个体动机的外部刺激物、情境或活动。如有考研升学需要的人,只有在研究生招生的情况下,才有去报考的动机。这里,"高校招生"就是诱因。诱因使个体的需要指向具体的目标,从而引发相应的活动。诱因按其性质可分为正诱因和负诱因两种。正诱因是指能使个体因趋向和接近它而满足需要的刺激物,如食物、水、名誉、地位等。负诱因是指能使个体因回避它而满足需要的刺激物,如饥饿、贫困、危险、灾难等。诱因可以是物质性的刺激,也可以是精神性的鼓励。如教师对学生的表扬,就是一种激发学生学习和产生良好行为的精神诱因。

动机的形成是一个非常复杂的过程。一般来说,个体只有在内在需要和外部诱因的综合作用下才能产生活动的动机。但有时人并无明显的需要,仅凭诱因也能激起活动。如人在某些时候并不很饿,但看到美味佳肴时,也会有进食的动机和行为。究竟形成动机的这两个因素中的哪一个作用更重要,要视具体情况而定。有些动机形成时需要的作用强些,有些动机形成时诱因的作用强些。

(二) 学习动机及其分类

人的一切活动都是由一定的动机引起的,它能对人的活动增添力量并使之具有方向性,是一切活动的原动力。学生的学习行为同样受到动机的支配和调节,对学习活动起着激起、调节、维持和停止的作用。

根据对动机的分析,可以把学习动机界定为:激发个体进行学习活动、维持已引起的学习活动,并使学习行为朝向一定目标的一种内在过程或内部心理状态。学习动机贯穿于学习活动的全过程,学习动机与学习活动相辅相成。一方面,学习动机可以加强并促进学习活动,学习动机越强,学习活动持续越久;另一方面,学习活动又可以激发、增强和维持学习动机。

根据学习动机的来源,可将学习动机分为内部动机和外部动机。内部动机是指由个体的内在需要引起而进行学习活动的动机。它包括两类:① 与学习本身有关的内部动机,这里的学习既包括学习任务,又包括学习过程;② 与自我相关的内部动机,如提高自己的能力或者自尊心、自信心的动机。学生带着内部动机学习时,会将学习当作一种享受。外部动机是指由外在环境因素引起而进行学习活动的动机。如某些学生为了获得奖励或避免受到惩罚而努力学习。如游戏教学的形式也是利用了学生的外部动机。

内部动机和外部动机导致的学习效果是不同的。首先,在学习自主性方面,内部动机高的学生的学习具有自主性、自发性,他们求知若渴;外部动机高的学生的学习具有诱发性、被动性,他们不爱学习或者对学习内容本身的兴趣较低。其次,在学习的持续性方面,一般而言,内部动机比外部动机更持久地推动个体进行学习。因为具有内部动机的学生能不断地在学习活动中获得满足,而具有外部动机的学生一旦达到目标,学习动机就会下降,需要更具吸引力的东西才能再次激起其学习动机。再次,在学习的稳定性方面,由于外部学习动机受外在诱因的影响,容易随着外部条件的变化而变化,因而与内部学习动机相比,具有较大的可变性。

学习动机对个体的学习成果和学习效果有很大的影响。具有积极学习动机的学生更有可能投入更多时间和精力来学习,更有可能设定高目标并努力实现之。而缺乏学习动机的个体可能会缺乏兴趣和动力来学习,导致学习效果不佳。因此,了解和培养学习动机对于学生的学习发展和成长非常重要。教师和学生可以通过激发学习兴趣、设定具有挑战性的学习目标、提供及时的反馈和奖励等方式来增强学习动机,从而提高学习效果。

二、学习动机、学习行为与学习效果的关系

一般来说,学习动机与学习效果的关系是一致的,即有强烈的学习动机就会有良好的学习效果。但学习动机是通过学习行为这一中介来影响学习效果的,而影响学习行为的因素有很多,学习动机只是其中的一个原因,这就有可能使学习动机与学习效果之间的关系不一致。

把学习动机、学习行为、学习效果三者放在一起进行分析,可以发现常见的四种关系类型,如表 9-1 所示。

表 9-1　学习动机、学习行为与学习效果之间的关系

	正向一致	负向一致	正向不一致	负向不一致
学习动机	＋	－	－	＋
学习行为	＋	－	＋	－
学习效果	＋	－	＋	－

(注:"＋"表示积极或好,"－"表示消极或者不好)

学习动机与学习效果之间的关系也并不是简单的线性关系。耶克斯—多德森定律解释了刺激强度与表现之间的关系。它指出:个体在面临适度刺激时,任务的表现会更好;但当刺激过弱或过强时,个体的表现将下降。这意味着个体在适度的动机水平下,能够达到最佳表现状态。因此,动机强度与工作效率之间的关系不是一种线性关系,而是倒 U 形曲线关系。中等强度的动机最有利于任务的完成,一旦动机强度超过了这个水平,对行为反而会产生一定的阻碍作用。如图 9-1 所示。

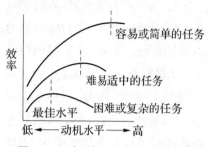

图9-1 动机与行为效率之间的关系

在学习活动中,当动机水平较低时,个体可能会感到无聊和缺乏动力,导致表现不佳。然而,当刺激水平过高时,个体可能会感到过度紧张和压力,同样会影响表现。因此,在教育教学过程中,教师需要提供适度的挑战和刺激,以激发学生的学习兴趣和动力。需要注意的是,适度的动机水平因人而异。每个人对刺激的敏感程度不同,因此需要个体化地调整和管理,以达到最佳表现状态。

三、学习动机的激发与培养

学习动机既受个体内部的需求、价值观、兴趣、目标等因素的影响,也受外部的教育环境、教学方式、奖励和惩罚等因素的影响。在学校教育中,我们往往从内部学习动机和外部学习动机两个方面出发来激发与培养学生的学习动机。内部动机着眼于内部各种心理因素(如需要、好奇心、求知欲、兴趣、自尊和自信等)来激发学习动机;外部动机着眼于创设各种外部条件(如获得奖赏、父母称赞、老师表扬或取得好成绩等)来激发学习动机。接下来,我们从内部学习动机和外部学习动机两个方面分别谈谈激发与培养学习动机的方法与技术。

(一)内部学习动机的激发和培养

1. 激发和维持学生的求知欲和好奇心,培养学生的学习兴趣

求知欲和好奇心是内部动机最为核心的成分,它们是激发和培养学生内部学习动机的基础。心理学家怀特指出,人有一种探索和认识外界环境的内在需要,这种内在需要会引起个体的好奇心和探索行为,并表现为求知欲。克什的研究表明,发现学习比指导学习更能提高学生的内部学习动机,原因就是学习者能根据自身的情况向有适当难度的任务发起挑战以满足其好奇心。

教育实践证明,创设问题情境是激发学生求知欲和好奇心的一种十分有效的方法。创设问题情境指提供的学习材料、条件、实践能使学生产生疑问、渴望从事活动,探究问题的答案,经过一定的努力能成功地解决问题。有效的教学在于形成一种使学生似懂非懂、一知半解、不确定的问题情境,由此产生的矛盾、疑惑、惊讶最能引起学生的求知欲和学习兴趣,使其产生学习的愿望和意向。研究表明,人类从出生起就具有一种好奇求知的本性,只不过儿童入学后,他们的求知欲、好奇心开始出现分化,有些儿童的好奇心、求知欲随着学习的成功而不断得到发展,而大多数学生因学习失败而对知识失去好奇心、求知欲。成功的教学应不断创设问题情景,激发学生的好奇心、求知欲,激发学生的内部学习动机。例如,有位物理教师在教"压强"这一概念时,从让学生设想把一块砖

放在沙地上,怎样才能陷得最深这样一个生动有趣的问题入手,在横着放、竖着放、斜着放、砖的一角触地等热烈提议中引出"压强概念"。这样的教学由于激发了学生的好奇心和求知欲,因此教学效果往往是良好的。

2. 设置适合的目标定向,使学生获得成功体验,鼓励学生自我强化

德维克的成就目标理论关注的是学生能力发展观的差异对动机的影响。德维克认为,人们对能力有两种不同的观点,即能力增长观和能力实体观。能力增长观认为能力并非固定不变,可以通过知识的积累和技能的增强来提高能力。而能力实体观认为能力是不能改变的,不会因为努力的增加而提高,所以持能力实体观的人认为有一些人天生就比别人聪明。持能力增长观的人确立的往往是追求掌握目标,即期待通过学习知识和技能来提高自己的能力;但持能力实体观的人确立的往往是追求表现目标,即期待着通过知识来证明自己的能力,希望自己看起来更聪明,希望得到别人的积极评价。掌握目标和表现目标对人的行为的影响有相同的地方,不过更多的是不同之处。在选择学习任务时,学习目标定向的学生更易于选择困难的课程、寻找挑战,而成就目标定向的学生关注的是分数的高低,因而选择容易的课程,回避有挑战性的情境。当遇到困难时,成就目标定向的学生很容易丧失信心,而学习目标定向的学生会不断尝试。特别是,那些觉得自己能力低的成就目标定向的学生很容易形成习得性无助现象,而学习目标定向的学生却不会,因为他们关心的是自己学会了多少知识,并不关心成绩的高低。

需要说明的是,一个人进行某项任务,既可以是因为他想获得进步,也可以是因为他想向别人证明自己的能力。因此,教师在教学过程中,最重要的是强调知识在运用到生活中时的重要性和价值性,同时激发具有不同目标的学生的学习动机。

首先,培养学生的能力增长观,形成积极的能力信念。① 学生持有哪种成就目标是由其能力观决定的,所以教师可以向学生解释能力的含义,说明能力的多元内涵,不仅仅包括词汇、逻辑和抽象的推理能力,还包括其他方面的能力,比如视觉空间能力、运动能力、音乐能力、人际交往能力等。② 让学生意识到能力是一种用来解决问题的资源,可以随着知识和经验的增加而增加。③ 鼓励学生能力的多元表达。

其次,通过合理设置课堂环境激发学生的学习动机。第一,根据学生的成就目标类型,设置不同倾向的课堂目标结构。与表现目标相对应的是自我卷入的课堂目标结构,即强调在限定的时间内完成作业,发生错误答题时只是给出正确的答案,有意或无意地强调课堂中的成功意味着高能力,失败意味着低能力。这无疑是创设了一种威胁性的环境,损害了学生的兴趣。与掌握目标对应的是任务卷入的课堂目标结构,即强调学生能学到什么:鼓励学生拿现在的水平和过去的水平进行比较,而不是和别人比较,奖励学习的进步。这促使学生更愿意去学习,而不只是为了完成任务。因此,教师应该设置

任务卷入的课堂目标,并且创造支持性的课堂条件不断向学生传递学习的重要性,鼓励学生掌握目标,让学生不会因恐惧失败而分心。

第二,根据学生的成就目标类型,设置不同类型的课堂目标结构。① 合作型课堂目标结构激发以社会目标为中心的动机系统。合作情境下,个体认为自己和别人的能力是相近的,这种平等的感觉使合作能最大限度地调动学习的积极性,但要使合作学习有效,必须同时强调小组奖励和个体责任。② 竞争型课堂目标结构激发以表现目标为中心的动机系统。竞争对学习也有促进作用,但竞争意味着将相互间的能力进行比较,因而会导致学生更多考虑自己是否比别人更聪明更优秀,而不是学习本身。为了使竞争激发更多学生的学习动机,应注意让成功者多一些,可以设置小组竞赛而非个人竞赛。教师尤其要避免高竞争性的评分或诱因体系,只有这样才能使学生获得成功体验和进一步学习的动机。③ 个体型教学情境目标结构激发以掌握目标为中心的动机系统。个体型教学情境强调关注自己是否掌握了学习任务,强调个体的进步。与此同时,要鼓励学生对自己学习的成功结果进行自我奖励和强化。

3. 帮助学生正确认识自我,提高自我效能感

自我效能是指个体对自己能够进行某一行为的实施能力的推测或判断,即对自己行为能力的主观推测,也可以说是对自己是否有能力胜任某种学习任务的认知。在个体拥有了一定的知识技能后,自我效能就成为个体行为的决定因素。

国内外有不少研究表明自我效能与学业成绩呈正相关。舒恩克 1991 年的研究表明,学生的自我效能水平可以准确地预测学生的学业成就水平。何先友发现,自我效能与学习成绩呈正相关,成绩好的学生往往具有较高的自我效能感。格伦纳等人的研究表明,经过一定的教学干预,学生的自我效能感也是可以改变和提高的。

为了激发学生的动机,开发学生的潜能,提高学生的自我效能感,教师可从以下方面入手:

(1) 让学生获得成功的体验

第一,为学生创造更多的成功机会。有厌学、畏学倾向的学生,常常过分夸大学习中的困难,过低估计自己的能力。这就需要教师在学习活动中创设更多的成功机会,让这些学生通过成功完成学习任务、解决困难来体验和认识自己的能力。

第二,通过观察学习能力相近者的学习行为来培养自信心。树立的榜样要与学生具有相似性,差距不能太大。若榜样标准比学生实际高出许多,学生觉得"可望而不可及",就达不到激励的目的。而看到与自己水平差不多的示范者取得成功,就会增强学生的自我信念,认为自己也能完成同样的任务。

第三,让学生从自身进步中体验到成功。要增强学生的自信心和胜任感,要求学生必须确立自我参照目标,从自身变化中认识到自己的能力。要引导学生与自己的过去比,在点滴进步中获得成功体验,增加自信心。

（2）鼓励学生接受挑战性任务

挑战性任务是指有一定困难，但经过个人努力能够解决的任务，也就是学生"跳一跳能把果子摘下来"的任务。一味去应付低水平的学习任务，是不会提高学生的自信心的。过分容易的成功不具有强化的价值，因为容易的成功是一种常规性行为，对其进行奖励并不反映人的功效，不能促进个人的内在动机；而接受挑战性任务是一种进取性行为，对其进行奖励能够证实人的功效。例如，教师可将学习任务按学生水平分成不同层次，鼓励较低层次的学生在完成同层作业的基础上，尝试高层次的作业，这就是一种挑战性任务。实践证明，挑战性任务可以激发学生的学习积极性。

4. 训练学生对学习结果进行积极的、现实的归因

归因理论认为，学生将学业成败的原因主要归为能力、努力、任务难度、运气、身心状态和外界环境等因素，这些因素又可归为稳定性、内外性和控制性等三个维度。稳定性是指成败的原因是稳定的还是不稳定的，如一个人的能力是比较稳定的，运气是不稳定的。内外性是指成败的原因是来源于内在的个人因素还是来源于外在的环境因素，如能力是内在的，运气是外在的。控制性是指成败的原因是可以被个体控制的还是不可以被控制的，如努力是可控的，运气是不可控的。不同的归因方式对学生后续学习行为产生的动机作用是不同的。

因此，在教学中对学生进行归因训练是十分必要的。我国学者隋光远提出的"积极归因训练"模式是改变学生不正确的归因、提高学习动机的一条有效途径。"积极归因训练"包含两层含义，一层是"努力归因"，无论成功或失败都归因于是否努力，因为学生将自己的成败归因于努力与否会提高学生学习的积极性，当学习困难或成绩不佳时，一般不会因一时的失败而降低对将来取得成功的期望。第二层含义是"现实归因"，针对一些具体问题引导学生进行现实归因，以帮助学生分析除努力这个因素外，影响学习成绩的因素还有哪些，是智力、学习方法还是家庭环境、教师等因素，这些因素在多大程度上影响其学习成绩，并尽力指出解决这些问题的方法，以提高学生克服困难的勇气，增强自信心。这种归因训练的好处在于，在学生进行成就归因时兼顾"努力归因"和"现实归因"，体现了主客观相统一的辩证法思想，在教育实践中也被证明是行之有效的好方法。

5. 利用原有的内部学习动机，向不同的学习情境迁移

教育心理学的研究表明，不仅一般的知识、技能可以迁移，学生的学习动机也是可以迁移的。布鲁纳就把原理和态度的迁移看成是教育过程的核心。在学生还没有对某种学习产生内部学习动机之前，教师不应消极地等待，而应积极利用学生原有的学习动机，因势利导地使之迁移到新的学习活动中去。伯尔林指出，人有一种"认识的好奇心"，总是试图获取用以理解和控制环境的各种知识。他认为，这种认识的好奇心源于遇到的新信息与原有知识之间的不一致所导致的观念冲突。这种认识的好奇心是内部

动机得以迁移的根本原因所在。伯尔林提出可利用惊奇、疑问、困惑、矛盾等方法来激发个体的这种认识好奇心。教师在教学过程中,应特别重视这一点,因为学生总是在学习和接触新知识。至于怎样才能更有效地做到这一点,则需要教师发挥创造性。

(二) 外部学习动机的培养与激发

1. 提供学习结果清楚的、具体的、及时的反馈信息

此处,"反馈"是指提供给学生关于其成绩的信息。心理学家发现,反馈作为一种诱因,在很多情况下是对个体行为的适当强化。通过反馈,学生及时了解自己学习的结果,包括运用所学知识解决问题的成效、作业的正误、考试成绩的优劣等。知道自己的学习结果会对学生产生相当大的激励作用:看到自己的成功、进步,会增强信心,提高学习兴趣;知道自己的缺点和错误,可以及时改正,并加倍努力,力求获得成功。

运用反馈时,要注意的是反馈必须清楚、具体。此外,及时的反馈也是很重要的,反馈应该紧随个体的学习结果。如果反馈与作业结果相隔的时间太长,反馈就会失去其动机和信息价值。最后,经常性的反馈能使学生付出最大的努力。

2. 合理运用外部奖赏

这里所说的外部奖赏是指物质上的奖励。根据奥苏贝尔对课堂学习动机的分析,学生的课堂学习动机既有认知的内驱力,又有自我提高的内驱力和附属的内驱力,仅仅依靠认知的内驱力是不足以激发和维持学生学习动机的。大量的心理学研究表明,对学生的学习行为和学习结果给予外部的物质奖励能有效地促进其学习。但外部奖励运用不当,也有可能引起意想不到的负面效果。因此,教师在运用外部奖励时,应持谨慎的态度。对那些已有内部动机的活动最好不要轻易运用物质奖励,只有对那些缺乏内部动机的活动予以物质奖励才可能产生积极的激励作用。

3. 正确运用表扬与批评

表扬在课堂教学中的作用主要是强化学生适当的行为,为他们所表现出的期望行为提供反馈。教师对学生的肯定评价具有积极的强化作用,能鼓励学生产生再接再厉、积极向上的力量。对学生进行评价时,赞扬、表扬、奖励一般比责备、批评、惩罚更具有激励作用。需要注意的是,教师在运用表扬与批评时,要做到客观、公正、全面、恰到好处,既要赏罚分明,又要以理服人,这样才能收到预期的教学效果。

4. 营造适度紧张的竞赛或竞争气氛,调动学生的好胜心

竞赛或竞争活动历来被当作激发斗志、争取优良成绩的手段之一。国内外的研究表明,学校开展适当的竞赛,对提高学生学习的积极性有促进作用。需要注意的是,为了开展好竞赛,教师要注意竞赛内容的广泛性、组织形式的多样性,并做好宣传教育。

第二节　学习焦虑

一、学习焦虑的定义及其表现

（一）什么是学习焦虑

焦虑是心理学研究的一个重要话题。《心理学大辞典》将焦虑定义为个人预料会有某种不良后果或模糊性威胁将出现时产生的一种不愉快的情绪。其特点是紧张不安、忧虑、烦恼、害怕和恐惧，可能伴随出汗、颤抖、心跳加快等生理症状。焦虑通常可分为特质性焦虑和状态性焦虑，前者作为一种人格特质具有持久性，后者亦称情境焦虑，因情境而发生，具有暂时性。适度的焦虑不仅对人无害，反而可激发斗志、唤起警觉，提高工作效率；过度的焦虑则可能损害身心健康。

学习焦虑是指学生在学习过程中，对现实或预期中对自己的自尊心和价值感构成威胁的特定学习结果感到担忧的情绪反应，主要表现为惧怕家长或教师的否定评价，对考试的担心与恐惧，课堂上害怕提问，趋向回避、退缩，并伴随植物性神经系统唤起的症状，如失眠、做噩梦等。它一方面反映了学校教育中的现实竞争状况以及学生对遭遇失败、挫折的担忧和恐惧；另一方面反映了学生对特定学习结果的情绪性预期。适度的学习焦虑可以使个体维持学习的兴奋性，增强学习的积极性和自觉性，提高注意力和反应速度等；过度的学习焦虑则可能导致个体无法投入学习，对学习和考试产生厌烦及恐惧，甚至出现厌学情绪。

（二）学习焦虑的表现

在我国升学选拔政策的大背景下，中学生群体的学习焦虑问题比较多发，主要表现为一旦进入学习就会产生极度的焦虑情绪，并且容易出现头痛、紧张、出汗等一系列表现。具体来说，学习焦虑主要表现在以下三个方面：

（1）躯体问题：长期睡眠质量差，会有头晕胸闷、呕吐心慌、脸色苍白、手脚冰凉、呼吸急促、厌食、肠胃不适、尿频尿急等方面的症状。

（2）心理问题：自卑、压抑、紧张、胡思乱想、注意力涣散、记忆力下降、学习效率低下、情绪抑郁、没有学习动机、太过看重成败。

（3）行为举止问题：不能及时完成任务、害怕考试、忐忑不安、神经敏感、考试时思维短路、不断冒汗、看不清题目、不能认真做题、提前离开等。

综上所述，过度的学习焦虑对个人的学习和生活都会产生严重的负面影响。因此，学校和教师应该重视并采取相应措施来帮助学生应对学习焦虑。

二、学习焦虑的影响因素

青少年学习焦虑是外源性因素与内源性因素相互作用的结果，与生物因素、个体自身因素、家庭环境因素、学校环境因素、社会因素有关。

(一) 生物因素

遗传因素在个体的身心健康发展中起着重要作用。研究表明，在焦虑性神经症患者中约有 15% 的患者其父母和兄弟姐妹也患有焦虑，并且焦虑性神经症患者中约有 50% 的孪生者也有类似的症状。也就是说，患有焦虑症的父母，其后代易具有焦虑性特质，即具有容易焦虑的个性特点。这类青少年在面临学习方面的困难或挫折时，会感到无所适从、孤立无援，从而出现严重的焦虑反应。

(二) 个体因素

影响青少年学习焦虑的个体因素包括成就目标、认知风格、归因倾向、人格类型等。过高的成就目标是致使青少年出现学习焦虑的重要因素之一。处在青春期的中学生自尊心较强，想赢得父母、教师的认可。在这种情形下，部分青少年往往会制定过高的成就目标，且对得失成败过分在意，一旦出现差池，就会产生较高的学习焦虑。认知风格也会影响青少年的学习焦虑，有研究表明，与场独立的青少年相比，场依存的青少年表现出较多的学习焦虑；在面对学习失败时，场依存的青少年更倾向于进行内部归因，将失败归为自身能力的不足。还有研究表明，人格类型与青少年学习焦虑有着密切相关，与高感觉寻求特质的青少年相比，低感觉寻求特质的青少年在学习过程中难以有效调节自身的状态，较难适应校园紧张的学习氛围，学习焦虑水平较高。

(三) 环境因素

环境因素包括家庭环境和学校环境。

家庭环境中影响青少年学习焦虑的因素包括父母的期望、文化程度、教养方式等。合理的父母期望可以有效促进青少年的学习，当父母的期望过高，超出青少年的实际水平时，就会降低青少年的学习动机和学习效率，使他们产生较高的学习焦虑。父母的文化程度对其是否对子女抱有合理期望有重要影响，父母的文化程度越低对子女的期望就越高，子女随之产生的学习焦虑也越高。父母的教养方式与青少年的焦虑情绪也密切相关，积极的教养方式如关爱、鼓励等，与青少年的焦虑情绪呈负相关；消极的教养方式如父母过高的心理控制等，与青少年的焦虑情绪呈正相关。除以上这些因素外，家庭成员关系不和睦、家庭出现变故等因素也会成为青少年的焦虑源，使其焦虑水平升高。

学校是青少年学习的主要场所，也是培养青少年各种能力的重要场所。在学校环境中，青少年学习焦虑的产生主要与过重的课业负担、不良师生关系、恶性同伴竞争以及教师不当的教学方式等因素有关。过重的课业负担是诱发青少年学习焦虑的首要原因。过重的作业负担可使青少年产生大脑疲劳、精神状态不佳等现象并由此引发学习焦虑。师生关系与青少年的学习焦虑也有关系,良好的师生关系可以减轻学生的学习焦虑,消极的师生关系则会诱发并加剧学生的学习焦虑。同伴的学习焦虑与个体的学习焦虑呈显著正相关,同伴学习焦虑是刺激个体产生学习焦虑的诱因,而个体学习焦虑反过来又会影响同伴学习焦虑,两者可以不断叠加强化。除此之外,教师不恰当的教学方式也可能诱发青少年产生学习焦虑,如教师对学生不恰当的批评、过多的课堂控制、教学方法死板、上课态度冷漠及过分严厉等都容易使青少年产生学习焦虑。

(四) 社会因素

目前,我国正推行素质教育,并出台了就近入学、"双减"、扩大高校招生规模等政策,但考试仍然是评定学生的主要指标,直接关系到学生能否迈入下一学段继续学习,关系到学生的就业及前途。这种激烈竞争的现状给青少年造成了很大的压力,诱发了他们的学习焦虑。

三、中学生学习焦虑的对策和建议

(一) 家校共育,提供青少年心理健康的支持环境

家庭是青少年成长的第一环境,直接影响青少年人格的形成。为避免或缓解青少年的学习焦虑,家长需要为孩子提供温暖的家庭氛围。首先,家长应该营造良好、和睦、有爱的家庭环境,调整对孩子的期待,减轻孩子的心理压力。其次,家长应对孩子进行挫折教育,帮助孩子正确看待学习中的挫折,鼓励孩子积极应对挫折。再次,家长应监督孩子养成良好的学习习惯,制定合理的学习目标,树立学习的自信心。此外,还要帮助孩子学会合理宣泄负面情绪,通过运动、听音乐、游戏等途径缓解学习压力。

学校作为青少年学习和生活的主要场所,应担负起助力青少年健康成长的责任。学校应定期开展心理论坛、专题讲座和专题宣传,帮助青少年了解学习焦虑,掌握缓解学习焦虑的方法。教师应与学生建立良好的关系,在教学过程中,要善于营造宽松愉悦的学习氛围,改善教学方法。此外,有效的体育锻炼可以改善学习焦虑,学校应开设体育课,并重视课外活动的开展,以缓解学生的学习压力。

(二) 自我调节,提高学生的心理素质

1. 帮助学生建立正确的认知和合理的期望

正确的认知是减轻学习焦虑的根本原因。哪怕是客观因素,也是以主观的态度和体验为中介发挥作用的。首先,期望是对个体自身和他人行为结果的某种预测性认识,

不仅会影响个体的行为结果，也可能对个体行为中的焦虑产生影响，太高的期望和较低的期望都会给学生带来压力或挫伤学生的积极性，只有对学习活动的目的进行客观、准确地估计才能使学生做好准备，从而确定合理的活动目标，顺利地克服障碍，获得学业的成功。其次，学生对过去成败经验的评价会影响其学业焦虑。学生越是将成功归因于可控因素，对任务成功的期望越大，而这种期望恰恰是焦虑的来源之一；将失败归因于外控的背景和运气时既不会影响自我效能感，也能使个体避免失败带来的威胁感，因而不增加焦虑。合理归因和期待有助于学生的心理健康。

2. 培养学生的自我效能感，提高心理弹性

心理弹性的内涵包含两个要素：个体遭遇逆境和个体适应良好。心理弹性是对挫折和压力的一种反弹能力，是个体面对逆境、挫折、压力时的良好适应。提高心理弹性，主要措施是减少威胁性因素和增加保护性因素。积极的自我认知是提高心理弹性的关键，能够建立起对自我和现实环境的正确认识，提高自我效能感。提高个体心理弹性的因素主要有：① 向前的姿态，乐观主义，幽默。② 积极的应对方式，探索解决问题的方式。③ 灵活的认知，认知再评价（即反思性自我）。④ 寻找价值基准，建立核心信念。⑤ 定期的身体运动。⑥ 充足的社会支持系统。

3. 改善学生的学习策略，提高学习效能

学习策略是指学习者为了提高学习的效果和效率，有目的有意识地制定的有关学习过程的复杂方案。学生对学习方法和策略的掌握程度会影响其学习焦虑状况。具有良好认知策略的学生会运用现有的知识去解决将要面临的问题，在此过程中，学生了解学习材料、控制学习时间、确定学习目标，并选用合适的学习方法是很重要的。制定适合自己的详细学习计划，避免因许多细碎时间的浪费而造成的内心彷徨以及对学习的倦怠和焦虑，也能让自己更自信地面对问题和主动寻求解决学习问题的方案。

> **知 识 链 接**
>
> ### 焦虑量表
>
> 本量表旨在测查学生是否存在学习焦虑情况，共由13道题目构成，请你根据自己的实际情况如实选择"是"或"否"，并在相应的空格处打"√"或"×"。
>
> | 序号 | 题 项 | 是 | 否 |
> | --- | --- | --- | --- |
> | 1 | 遇到难题我的胃部就不舒服。 | | |
> | 2 | 考试时我就觉得透不过气或发抖。 | | |
> | 3 | 当老师上课进度快时我就头晕。 | | |
> | 4 | 课堂上我害怕与老师双目对视。 | | |

序号	题　项	是	否
5	想到要考试我就睡不好觉。		
7	我担心我的功课做得很差。		
8	我害怕与同学交流学习。		
9	我害怕在全班同学面前讲话。		
10	在学校时我会突然产生恐慌感。		
11	我需要反复检查书包和学习用品。		
12	我时常盯着书本却看不清题目。		
13	明明会做的题目却经常做错。		

【记分规则与结果解释】

评分：每题选择"是"记 1 分，选择"否"记 0 分。然后将各题得分相加，即为总分。

解释：分数越高，焦虑问题越严重。

第三节　学习障碍

一、学习障碍的界定

学习障碍最初是由美国特殊教育专家柯克提出的。他认为，学习障碍是指那些能看、能听，没有显著的智力缺陷，但在行为和心理上表现出相当的偏差，以至于无法良好地适应家庭生活，在学校中依靠通常的教学方法无法有效学习的现象。自此以后，许多教育学家也意识到，的确有这样一部分学生，他们既没有视听障碍、脑损伤病史以及其他智力障碍现象，也没有明显的情绪紊乱和非规范性行为，但就是在学业上表现不佳，表现出学习困难，学习成绩不良，甚至每况愈下。

一直以来，研究者试图完善学习障碍的定义，但至今对于学习障碍的概念还没有形成统一的界定。尽管如此，在学习障碍的各种定义中存在以下几个共同点：① 中枢神经系统功能失调。中枢神经系统功能失调带来的认知功能缺陷可能涉及注意功能、抑制加工、工作记忆、语音加工、视觉加工、推理、计划等多个领域。② 糟糕的学业表现。学习障碍的个体会在学习中遭遇到阅读困难、写作困难、计算困难、空间运算困难、书写困难、学习活动的自我调节困难等。③ 当前成就与潜能的不匹配。一般而言，教育者主要通过评估个体的智力水平来判断其学习潜力,高智力者往往被期望有高学业表现,反之亦然。而学习障碍者则偏离了这种期望,主要体现在智力正常甚至良好,但是学习成绩却明显滞后。④ 发展的不平衡性。学习障碍儿童各项心理能力的发展并不同步,有可能出现特定认知能力的发展并没有达到年龄要求的情况。⑤ 排除其他原因。导致学习困难的原因非常复杂,其中大部分原因导致的学习困难并不属于学习障碍的范畴,例如家庭原因、教学因素、动机缺失、经济因素、社会文化、情绪障碍、精神发育迟滞、生理缺陷等因素导致的学习障碍被排除在学习障碍之外。

二、学习障碍的表现及特征

学习障碍是一组异质性障碍。它涉及多种可能的认知功能缺陷,但是每一类学习障碍都是独特的。他们均会在特定学业领域表现出不同程度的缺陷,很少有障碍者在全部学业领域都表现出缺陷。不同类型学习障碍学业缺陷的特征既有重叠,又有区分。此外,不同类型的学习障碍也可能表现出年龄特征上的差异,特定类型的学习障碍可能在特定的年龄水平更容易发生,同一类型的学习障碍在不同的年龄段也可能以不同的方式表现出来。例如,一个有潜在语言障碍的儿童在学前期可能表现为延迟说话的问题,在小学可能表现为阅读障碍,在中学可能表现为写作障碍。

不同类型的学习障碍者也表现出一些共同的特征,这些特征会在绝大多数的学习障碍者身上发生。一般而言,学习障碍儿童的主要特征包括以下几个方面:

(1) 注意困难。学习障碍儿童在听课及完成课业时很难做到注意力集中,他们容易注意力分散,注意范围窄,注意持续时间短,难以同时处理几项认知作业,并且可能表现出多动或者冲动。

(2) 记忆功能受损。不同类型的学习障碍者可能在特定的记忆加工领域表现出不同程度的受损。语音记忆、视觉记忆和空间记忆,短时记忆、工作记忆和长时记忆,语义记忆、物体记忆和情景记忆等不同类型记忆的功能受损虽不是全部学习障碍者的特征,但有可能与特定类型的学习障碍有关。另外,学习障碍的记忆功能缺陷还可以细化到记忆加工的具体阶段,即编码、复述和提取。

(3) 不会使用学习策略。学习障碍者不仅表现出学习的认知能力缺陷,通常也在学习活动的自我调节尤其是学习策略的运用上不如正常儿童,他们很少采用元认知和时间管理技能来调控自己的学习行为,往往使用机械的学习策略。他们在掌握一些高效能的较为复杂的学习策略上有困难,他们并没有选择使用学习策略的意识,甚至不愿意使用学习策略。

(4) 自动化能力低下。学习障碍儿童信息自动化加工能力滞后,他们在多次面临同一学习任务时,仍然可能犯同样的错误,他们需要更多的时间学习新知识,需要更多的练习将新技能自动化。糟糕的自动化加工能力让他们的认知资源经常处在不够用的状态,不仅影响了当前的问题解决,也影响了新知识的获取。

（5）学习动机不足。在付出同等努力的情况下，学习障碍者所取得的学业成就往往不如正常儿童，他们很容易感到挫败，并且糟糕的学业表现往往掩盖了他们所付出的努力，从而得不到家长和教师的理解，甚至被无端责备，他们逐渐对学习失去了信心，也逐渐丧失了学习动机。

（6）社会化问题，主要表现为不适当的社会行为。很多学习障碍者由于学习困难或者糟糕的自我控制能力导致自尊低下，不善于进行社会交往，缺少朋友，从而导致社会适应困难。另外，认知功能的缺陷也可能阻碍了学习障碍者社会技能的发展。学习障碍儿童的社会性发展问题，突出表现为自我概念、社会认知、同伴关系、社会行为、情绪等方面。与正常儿童相比，学习障碍儿童的自我概念有明显的差异，主要表现在对自我、学业等方面的评价比较低且消极。社会认知是考察人们如何看待他人以及如何看待与他人有关的自我。有研究发现，学习障碍儿童难以对他人在交往中的社会线索或者情绪做出适当的理解，在建立并维持适当的人际关系、解决人际冲突等方面缺乏适当的技巧，因此他们常常表现出不合群、孤僻等现象。而在社会行为方面，学习障碍儿童较正常儿童表现出更多的攻击性行为、暴力行为等。在情绪方面，学习障碍儿童的特质焦虑或者状态焦虑高于非学习障碍儿童，且其抑郁情绪发生率比一般人要高。

三、学习障碍的原因及诊断

（一）学习障碍的原因

在学习障碍研究的几十年时间里，神经生理缺陷问题受到了极大关注。虽然近年来研究者对生理缺陷的关注程度在下降，对相关神经心理功能的关注在上升，但从来没有人否认学习障碍的神经生物学基础。以阅读障碍为例，在严重的阅读障碍中，左颞叶与阅读障碍关系密切。在 20 世纪的大部分时间里，大量来自人体解剖的结果都发现大部分正常阅读者的左右颞叶的不对称性，左侧颞叶更大，显然这与阅读关系密切。近些年，研究者利用磁共振成像（MRI）和功能性磁共振成像（fMRI）来探查阅读障碍者的神经机制问题，得到了类似的发现。现在有大量的证据表明基因对阅读和书写障碍的发展有影响。这些证据主要来自对双胞胎的研究，基本上证实了学习障碍，主要是阅读障碍的高度遗传特点。但是，研究者也从未否认环境因素的作用。虽然环境作用并非导致学习障碍的原因，但是环境变量仍然在学习障碍的形成与发展模式上产生了影响。基因信息提供了学习障碍的潜在发生基础，环境作用则加剧或减轻了学习障碍的症状程度。

（二）学习障碍的诊断

据估计，中小学生中具有学习障碍的人大约为 5%～10%。在我国适龄学生人口数量如此庞大的情况下，这一问题就显得尤为严重。需要明确的是，学习障碍并不会自愈，因此成人群体中也有不少学习障碍者。然而，我们却很少谈论成年人的学习障碍。

这是因为每个年龄段的学习特点和学习要求不尽相同,学习任务所卷入的认知技能差异很大,学习障碍的某些特征可能在特定的年龄层次更加突出。另外,接受学习障碍评估的人群主要集中在中小学阶段,而成人很少主动去寻求学习障碍的评估。当然,尽早地评估和诊断学习障碍,对有效预防学习障碍有实际的帮助和长远的意义。

根据美国《所有残疾儿童教育法》,诊断学习障碍的标准主要有:

一是排他标准,即排除由外在因素所引起的学习困难,是指学习障碍不是视觉障碍、动作障碍、听觉障碍以及智能不足、情绪困扰、文化或者经济不利等残疾或外在因素的结果。

二是特殊教育的标准,这一标准的主要目的是将普通教育中的学习障碍儿童和应给予特殊教育的学习障碍儿童区分开来。

三是差距标准,即学习潜能和实际学习成就之间的差距。潜能大多由智力和认知能力的测试得出,实际学习成就多由一系列的学科标准测试成绩得出。在分析差距程度时,除了要运用适当的差距公式之外,还应考虑其语文能力与非语文能力的程度。在诊断学习障碍儿童的过程中,临床医疗人员或者特殊教育专业人员通常采用"差距分数"作为分类与教育安置的标准。差距分数是指儿童潜能与成就之间的差距量。

此外,参考美国的三个标准,我国台湾地区也提出了有关学习障碍儿童的评估标准,主要有:① 智力正常和正常程度以上;② 个人内在能力有显著差异;③ 注意、记忆、听觉理解、口头表达、基本阅读能力、书写、数学运算、推理或动作协调等能力有明显困难,且经评估后确定为普通教育所提供的教育和辅导没有明显效果的儿童为学习障碍儿童。

在我国大陆地区多采用以教师为主的弹性评估方法来鉴别学生在校的学业水平,主要类型有国家统考、学校或年级命题的期末考试、单元测试等。

(三) 评估学习障碍的常见工具

学习障碍成因的复杂性,决定了诊断采用的测验工具类型也不同。不过各项测验工具的选用都是根据学习障碍儿童的问题类型与程度来决定的。

1. 日常学习检查

由于学习障碍儿童大部分都存在读写困难、数数困难或者数学困难等,因此需要采用日常学习检查来对其进行诊断。比如,采用语文测验、数学测验、写作测验、非标准化阅读能力测验等。其中,非标准化阅读能力测验要求挑选由易到难、循序渐进的一组段落或词汇让学生阅读,并由教师观察学生在阅读过程中出现的错误,如漏字、发音错误、词序颠倒等。

2. 标准学业成绩测验

学习成绩低下是学习障碍儿童的主要特征,标准学业成绩测验是用于学习障碍儿童最普遍的测验方法,它旨在客观地反映学生学习情况。常用的标准学业成绩测验有加利福尼亚成就测试(CAT)、艾尔华基本技能测试(LTBS)、斯坦福成就测试(SAT)等。

3. 神经心理测验

神经心理测验包括三个方面的测验,即神经心理筛选测验、成套神经心理测验和其他能力的测验。其中,神经心理筛选测验主要用于筛查儿童有无神经问题,以决定是否要对儿童进行更详细的检查。用于神经心理筛选的测验有本德格式塔测验和快速神经学甄别测验等。本德格式塔测验主要是作为脑器质性疾病的筛选方法,也可用作投射测验来测量人格。快速神经学甄别测验主要用于测量与学习有关的神经心理功能。

成套神经心理测验主要用于检测学习障碍儿童的神经心理模式或探索其神经心理机制。属于这一测验的有考夫曼儿童成套测验、单项神经心理测验、鲁利亚—耐布拉斯卡神经心理成套测验等。

其他能力测验主要包括记忆量表、视觉保持测验等。

四、学习障碍的干预与矫正措施

对于学习障碍者而言,中学的课程难度进一步加大,任务要求进一步提高,学习负担更为繁重。此阶段,学习障碍的核心症状表现依然存在,并且带来学习上的适应困难。而糟糕的学业表现对于处在青春期的中学生而言,还会诱发情绪问题和职业生涯发展问题。他们常常感受到过度的压力、焦虑不安、自尊低下,甚至对学习产生恐惧感;他们对学习逐渐失去信心,并且对于家长和教师给予的学习要求非常反感;他们容易卷入不良的青少年群体中,自我约束能力下降;他们缺乏长远的学习目标,面临着辍学的风险。因此,对中学生学习障碍的辅导不仅要关注其学习能力发展和学业技能获得,还应该关注其情绪和社会性发展问题。

对中学阶段学习障碍的干预与矫正,可从学习障碍学生的教育安置、认知训练、行为矫正、环境控制和家长的干预指导这五个方面来阐述。

(一) 教育安置

对学习障碍儿童进行教育安置有以下七种模式:① 普通班模式,保留在全日制的普通班上课,免标签化,有利于和普通学生接触,但教学过程为学习障碍儿童考虑得过少;② 咨询模式,对学习障碍学生进行专门的教育咨询,解决他们的实际困难,有一定的针对性,但实际执行起来需要大多数教师的配合;③ 巡回模式,负责这方面教育的特殊教师巡回于各个学校,协助普通教师解决问题;④ 资源教室模式,每天用 45～60 分钟在备有特殊教育资料和专职教师的资源教室上课;⑤ 特殊班模式,普通学校将学习障碍学生组织起来,编成特殊班级,为严重学习障碍的学生提供服务,但会让学习障碍学生感到被孤立、教师放弃对他们的严格管理;⑥ 走读特殊学校模式,离开普通学校,每天到特殊学校上学,虽然能够获得较好的服务,但不利于学生回归主流和社会化;

⑦ 寄宿特殊学校模式,学生日夜住在特殊学校,同样不利于学生回归主流和社会化。

(二) 认知训练

1. 元认知取向的教学策略

学习障碍学生通常在学习活动的计划性、选择恰当的认知策略、对结果及自身能力的评价等方面存在困难,这是元认知能力缺乏的表现。元认知训练对于学习障碍的价值尤为凸显,它直接影响到认知策略的应用,对学习成绩也有很大的影响,并且将认知策略与元认知策略结合起来,会更好地促进学习成绩的提高。针对学习障碍儿童的元认知监控主要有自我监控策略和自我调节发展策略。

（1）自我监控策略

自我监控是一个完整的过程,包括学习活动前、学习活动中和学习活动后的监控,它贯穿于学习活动的始终。下面分别介绍每个环节相应的监控策略。

第一,学习活动前的自我监控。① 制订学习计划和目标。根据将要学习的内容做好学习计划,合理安排时间;计划和目标的设置要合理,要量力而行;多设置几个分目标,以便中途检查完成情况;根据等分时间段或者任务分解来灵活设置分目标。② 留预习作业。在学习新知识之前,学生需要做好相应的准备工作——复习旧知识,教师可以事先告诉学生和新知识相关的旧知识点,学生在掌握旧知识的基础上再来学习新知识,更容易发生正迁移。对于基础较差的学习障碍学生,教师应先给他们讲解旧知识,保证他们在掌握旧知识的基础上再来讲授新知识。

第二,学习活动中的自我监控。学生在学习过程中需要经常检查自己前期设定的目标和计划的完成情况,并及时进行调整和完善。学习活动中的自我监控有如下几种策略:① 认知进攻策略。这是一种可以从各种角度影响学生输入模式的策略,它可以帮助有数学学习障碍的学生。辅导者向学习障碍学生示范问题解决策略,帮助他们理解数学语言,促使其形成自己的学习策略,并指导其记录下问题解决步骤以便迁移到同类问题情境中。② 出声思维。学生在解题的过程中,边思考边大声说出自己的思路和每个解题步骤,这样学生对自己的解题思路就更加清晰,提高了思考和学习的效率,也有利于集中注意力,更好地实现反馈和自我监督。③ 自我提问。在学习过程中,学生通过一系列问题的自问自答,来提高自我监控能力。④ 学生互问。同学之间相互提问,相互检查掌握的情况。⑤ 教师提问。教师针对解题过程提出问题,根据学生的回答情况检查其掌握情况。这些策略都属于提高元认知能力的外显训练。⑥ 内隐训练是教师将自己对解题过程的元认知监控过程自然地流露于例题教学中,由学生自己领会元认知策略的有效性,使其无意识地习得教师的思维方式,在潜移默化中渐渐转变原本的思维方式。

第三,学习活动后的自我监控。整个学习活动结束后,学生应对自己的表现和掌握情况做一个总的分析和反馈。主要有三种监控策略：① 自我评价表。让学生对自己的学习状态和学习效果进行自我评价，清楚下一步的努力方向，制定适合自己的学习目标。② 元认知监控问题单。分别针对题目的理解、解题思路以及解题后的自我评价，让学生进行自我反馈，以促进学生优质高效地学习。③ 反思日记。要求学生对课堂学习情况进行小结，并尝试对"错题"和"不会的题"进行自我反思。一方面，可提高学生的自我反思能力；另一方面，教师也可以通过反思日记了解学生知识掌握情况和存在的盲点，以便及时调整教学策略和教学安排。

(2) 自我调节发展策略

自我调节发展策略包括三个要素：特定任务知识、策略知识和动机。在写作情景中，特定任务知识是指各种写作类型的背景知识，策略知识是指具体指导写作的策略，写作动机则是指目标的建立、持续性的努力、自我效能感和学生在写作中的自我指导、自我强化。该策略对于存在写作困难的学习障碍儿童很有帮助。

在实际操作中，自我调节发展策略包含八个基本步骤。① 发展背景知识，学生需要发展写作的背景知识和先备技巧。② 初步讨论写作的目标，师生经过讨论共同决定写作的目标。③ 进一步讨论要使用的策略，师生共同讨论学生目前的写作技巧水平和已经会用的策略，并用简图绘出，以确定使用的写作策略并自我监控。④ 教师示范策略，教师可以给学生选定一个议题，然后使用"出声思维"技术向学生展示如何建立策略模型。⑤ 学生记忆并掌握如何使用这个策略，学生需要掌握写作策略的步骤，这一步骤对有学习障碍的学生尤其重要。⑥ 教师提供支持与协助，师生进行合作练习，师生合作共同写一篇文章。教师应把握写作的方向，其他部分由学生完成。写作完成后，还要检查是否达到了先前拟定的目标。⑦ 学生独立练习，教师要鼓励学生运用所学的写作策略及自我指导策略独立完成一篇文章，如非必要不给予提示。同时要给学生积极的评价，并逐步减少反馈的次数。⑧ 师生共同评估策略的使用情况和写作目标的完成情况。

2. 认知能力训练

(1) 基本认知能力训练

学习障碍儿童往往不能长时间集中注意力、缺乏自我掌控能力，因此需要针对他们的认知能力进行一些基本训练。一般来说，主要包括言语能力训练、注意力集中及手眼协调训练、记忆能力训练等。

(2) 工作记忆训练

工作记忆能力是指在一个较短时间内，保持并加工处理信息的能力。在教育领域，工作记忆的训练可以为特殊儿童的治疗、干预和教育辅导提供有效的帮助。研究表明，工作记忆任务训练可以显著提高注意缺陷多动障碍儿童的工作记忆能力，显著减少多动症儿童的肌肉活动。

（三）行为矫正

行为主义认为,人们的行为都是可以通过训练而改变的。其理论假设为:个体的情感、认知态度和行为都是个体生活经历的产物;不适应行为是习得的,可以通过学习进行矫正。因此,学习障碍儿童的不良行为也可通过特定的行为矫正方法来进行改变,并且这些特定行为矫正方法可以帮助学习障碍儿童重新塑造良好的行为表现。正强化法、代币制法、消退法、契约法和暂时隔离法是常用的行为矫正方法。

（四）环境控制

学习障碍矫正的辅助取向强调在充分考虑学习障碍学生身心特点的同时,为其提供全方位设计的具有针对性和丰富性的学习环境。

在此,我们将简单介绍一下资源教室方案的应用。① 资源教师必须受过专业训练,熟练掌握学习障碍相关知识以及训练矫正的方法,要比普通班级的教师更加温暖、热情、耐心、包容和理解。资源教师还应积极与普通班级教师保持联系,为其提供咨询和帮助,并按期组织家长培训交流,为学习障碍学生提供更完善的服务。② 资源教室的布置。资源教室的选址很重要,应选在方便教师和学生进出的地方,临近保健中心尤佳,教室外面不做特殊标识。教室要宽敞明亮,通风良好,干净整洁,温馨舒服,强调个别化教学。可以摆放一些适合学生阅读的书籍,或放置一些学生感兴趣的小玩具,营造安全放松的氛围。也可以专门设置一个展示学生作品的区域。总之,资源教室的布置既要方便学习障碍学生的活动和训练,也要使学习障碍学生乐于来到资源教室里学习。③ 资源教室方案是在普通教育课程基础上,协助就读于普通班级学习障碍学生的一项补充方案。资源教室不单单指教室本身,它更多包含的是可以利用的教学资源,如传统教具、多媒体设备、社区资源、人力资源等。

（五）家长的干预指导

学习障碍的儿童需要来自父母极大的情感付出。这些儿童的父母面临着很多与教师相同的难题,而且问题的强度更大。父母跟儿童的相处时间会更长,而且要面对儿童所有类型的问题。抛开这些压力,父母在对学习障碍儿童的帮助中扮演着一个至关重要的角色。首先,他们必须是知情者,不断努力学习以解决更多有关学习障碍的问题。同时,他们必须成为坚定的支持者。他们必须在对儿童的情感、挫折、恐惧和苦难保持同情的同时,还具有坚定的管理儿童的行为。在两者之间,他们还必须对家庭中的其他成员给予时间和关注,并努力过好自己的生活。对于学习障碍儿童的父母来说没有容易的答案和简单的解决方式。

目前,父母管理训练法已广泛应用于干预学习障碍儿童,尤其是注意缺陷多动障碍（ADHD）儿童。父母管理训练法不同于其他干预方法,针对的是学习障碍儿童家长的训练。它通过教会父母改变孩子在家中的行为,来干预学习障碍儿童。该方法的理论假设是:不良的亲子相互作用是儿童不良行为发生和持续的部分原因。因此,改变父母与儿童之间的互动方式就可能改善儿童的不良行为。家长干预指导的应用并不简单易行。父母通常意识不到不良互动的存在。他们相信之所以有问题,是因为子女的固执、不幸的婚姻、工作使他们没有时间与子女相处或者学校有关人员不公平等。因此,要想干预成功,就要重视父母的这些信念和想法。

第四节　中学生学习心理问题辅导

一、中学生学习倦怠的辅导案例

张某,女,15 岁,某重点高中高一学生,学习成绩优异,名列年级前三。高一下半学期考试后,该生觉得对学习麻木,生活没有激情。除了学习,不知道自己还有什么价值,内心空空荡荡,深感茫然,故主动前来求助。张某感到自从进入高中,又累又乏味,高中生活就是一份作业接着另一份作业,学习强度大,任务应接不暇,总是感觉睡不够。同时,也不知道这样的生活有什么意义,身心疲惫。

(一) 学习倦怠的含义

学习倦怠是指学生对学业没有兴趣或者缺乏动力却又为外部因素所迫不得不为之时,其对学习的有关认识就会发生改变,从而感到厌倦、疲惫、沮丧、挫折和缺乏热情等身心俱疲的心理状态,并有以消极或者逃避的态度对待学习的一系列行为。学习倦怠的形成不是一蹴而就的,其产生是多种消极经验累积的结果,其中包含了一系列心理变化的过程。

(二) 中学生学习倦怠形成的原因

1. 中学生的学习压力大

2004 年《中国青年报》报道,81％的北京中学生认为自己的最大压力来自学习。这是一项由《中国青年报》社会调查中心和北京市东城区教育团工委合作完成的调查得出的结论。这项调查共访问了北京市东城区 6 所中学的 705 名初一到高三的学生。目前中学生中普遍存在"三多"和"三少"的现象,即作业多、考试多、补课多;睡眠少、体育活动少、课外活动少。严格的课堂纪律、高负荷的学习压力、激烈的升学竞争使得很多学生时刻处于应激状态。

2. 中学生的校园生活单调

大部分学校没有严格按照规定开齐体育课、音乐课、美术课、科学课及综合实践活动课等课程,甚至这些课程被其他学科挤占,课外活动少之又少。在以高考为指挥棒的学校教育下,繁重的学业负担,造成了校园生活的单调、机械,也造成了学生强烈的压抑感、孤独感。校园生活没有趣味,缺乏应有的活力,学生的情感需求无法得到满足,他们丰富的想象力、创造力等得不到应有的发展。

3. 部分教师教学方法不当

在教学方面,一些教师教学理念落后,教学方法陈旧单一,教学缺乏激情,是中学生学习倦怠的重要原因。现行教学方法以课堂教学为主,课堂教学又主要以教师为主,"一支粉笔,一块黑板",采用缺乏互动性的"填鸭式"或"满堂灌式"的授课法,缺少讨论、启发、谈话、参观等多种多样的教学形式。同时,由于条件限制,录音、录像、投影、计算机等先进的教学手段也较少使用。单调的课堂氛围,固定不变的教学模式,使学生学起来索然无味,课堂气氛沉闷,教师讲授的内容无法在学生中产生共鸣与回应,学生很容易产生疲劳感,精神倦怠。

4. 部分家庭教育不当

家长对子女有着"望子成龙,望女成凤"的期望。家长对子女过高的期望和不恰当的教养方式,容易给孩子带来沉重的精神负担,是导致学生学习倦怠的原因之一。现在的家长往往把不合理的期望强加在孩子头上,在孩子达不到的时候贬低孩子,在孩子达到的时候,新的期望又产生了。对孩子没有更多的肯定,只有不断的期望,这让孩子觉得自己永远也达不到父母的要求,从而产生学习倦怠。

5. 中学生自我效能感低

自我效能是指个体在执行某一行为动作之前对自己在什么水平上完成该行为活动所具有的信念和判断。学业自我效能是指学生在学习活动中对自己是否有能力完成学习任务或进行具体学习活动的能力的预测。作为对自身学习能力判断和估计的学业自我效能感,实际上体现了学生对自身学习的一种自信和期望。如果个体确信自己有能力顺利进行和较好完成某一活动,则其具有较高的自我效能感。有研究表明,自我效能感对中学生学习成绩有直接的影响。自我效能感高的学生富有自信心,能积极面对各种困难和挫折;而自我效能感低的学生则缺乏自信,在遇到困难和挫折时,就会消极面对,甚至心灰意冷。

(三) 中学生学习倦怠的应对策略

1. 减轻学生的学习负担

要采取有力的措施,切实把学生过重的课业负担减下来,要统筹好各科作业,要制定减轻学生作业量的具体实施办法,鼓励学生通过上网、读书、翻阅资料等办法自学,还可以有计划地组织学生开展校外实践活动、撰写调查报告、制作科技作品。限制考试次数,降低考试难度,不对考试结果排名,考试形式多样化。学校要严格执行作息时间、课时标准,不搞各种形式的补课活动。还要保证学生每天 1 小时的体育锻炼时间,音乐、美术、体育、信息技术教育、劳动技术、研究性学习等课程都要开设齐全,社会实践活动也要落到实处。

2. 开展健康多元的校园文化活动

《中共中央关于进一步加强和改进学校德育工作的若干意见》中指出:"要大力开展学生喜闻乐见的丰富多彩、积极向上的学术、科技、体育、艺术和娱乐活动,建设以社会主义文化和优秀民族文化为主题、健康生动的校园文化。"中学生正处于身心发展开始走向成熟、人生观初步形成的阶段,他们性格活泼,有着强烈的个性发展愿望,对新事物敏感,乐意参加各种内容丰富、形式多样的活动。健康多元的校园文化活动,符合学生的身心特点,对学生有着较大的吸引力,对充分发挥学生的主体作用,培养学生较强的创新意识、组织能力、交际能力、应变能力,促进中学生的全面发展具有十分重要的价值和意义。

3. 丰富教学手段,激发学习兴趣

苏霍姆林斯基说:"教师如果不想方设法使学生产生情绪高昂和智力振奋的内心状态,而是不动感情的脑力劳动,就会带来疲倦。"常言道,兴趣是最好的老师,因此教师在教学过程中要精心设计教案,以丰富多彩的教学手段激发学生学习兴趣,用兴趣来激活他们的思维,唤起他们的注意,进而充分调动学生的学习积极性,让他们积极参与到教学中去,真正成为课堂的主人。

4. 提高自我效能感

中学生学习成功和失败的经验对他们的自我效能感影响最大,成功的经验会提高自我效能感,失败的经验会降低自我效能感。因而,教师应该尽量让学生在学习活动中更多地体验到成功,引导学生更多地进行自我比较,看到自己的进步,从中获得信心,提高自我效能感,减少焦虑。学生考试失败时,应引导学生进行正确的归因,同时还要帮助学生端正学习态度,掌握合适的学习方法。

二、考试焦虑的案例分析和辅导

(一)案例

高某,男,某中学的初三学生。初二期末考试时因为患了急性肠炎影响了复习进度,导致考试成绩不理想。自此之后,他每次一到考试将近的时候就会非常紧张和焦虑,在开始考试的时候就会出现心跳加快、呼吸短促的情况,他心里很着急但脑子里一片空白,甚至会出现思维错乱,但走出考场后,就能恢复常态。

高某的父母都是小学老师,高某从小成绩非常优秀,深受老师的喜爱和看重,所以

老师经常会让他去参加各种比赛来锻炼他。但随着比赛的增加,再加上学业的繁重,双重压力下高某逐渐感觉痛苦不堪。在每次比赛之前,高某总要提前准备很久,以便自己能取得好成绩。进入初三,老师仍旧很看重他,依旧让他参加比赛。有一次竞赛前的晚上,他正在宿舍里准备第二天要比赛的东西,可正巧这时隔壁宿舍的同学在庆祝生日,他们在很大声地欢呼打闹,以至于高某没法静心看书。他心中非常急躁,担心比赛成绩不好。于是他就产生了极大的不满和愤怒:一是埋怨老师总是让他参加各种比赛,难以兼顾学习;二是厌烦隔壁宿舍的同学,他们庆祝生日造成了自己没法静心准备比赛。于是高某在这种不满和愤怒中,整晚没睡,精神状态很差,考试时出现了肚子疼痛的现象,但仍坚持到考试结束,后来去医院检查是得了急性肠炎,高某这次的比赛彻底失败。这次比赛后高某就会经常性睡不着和多梦,在梦里他总在为比赛做准备,不然就是在比赛的时候考了零分。此后,高某只要参加考试,就会出现焦虑、心悸和睡不着的症状,所以他总是考试失败。现在又要期末考试了,神经本来就很紧张,现在更紧张了,他失眠的情况越来越严重。白天,他精神不济,无法投入学习,导致考试连续失败。

(二)案例分析

案例中高某由于一次考试失利导致其产生了考前紧张焦虑等情绪,往后每次临近考试就会焦虑,出现一些由焦虑引起的异常生理心理现象,而随后逐渐演变为对日常学习的焦虑,出现失眠、多梦、入睡困难等症状,影响了他的正常学习、生活和社会功能,恶性循环,最终导致成绩不理想。

高某的考试焦虑主要是由以下四个方面的原因造成的:

1. 动机水平失衡

奥苏贝尔将学习动机分为认知内驱力、自我提高内驱力和附属内驱力三个方面。认知内驱力属于内部动机,自我提高内驱力和附属内驱力均属于外部动机,这三种内驱力对学生的影响会随着学生年龄的增长而变化。高某的学习焦虑反映出三种内驱力的失衡,案例中没有明显表现出他的认知内驱力水平,反而是附属内驱力比较明显。一般来说,附属内驱力对低年级学生的影响更大,而到了高年级,其影响逐渐减弱。案例中高某从小被给予过多关注,成绩优异使得他很看重家长和老师的评价,因此也从不向他们反映内心"不好"的想法,努力保持优秀的形象。虽然他内心压力很大,却没有宣泄的方式,学习压力逐渐引发为程度较为严重的焦虑,心理异常导致生理异常,遂出现了案例中提到的各种焦虑症状。学业成就动机水平失衡引起的考试焦虑是很常见的,需及时对学生进行指导,帮助其克服考试焦虑。

2. 归因方式不当

导致学习焦虑的另一个重要因素是不合理的归因方式。一次考试的失败让高某失去了以往的优越感,接二连三的考试失利,更让他产生了较大的心理落差,进而产生了挫折感与失落感。认知偏差导致了其自我评价的不合理,否定了他自己之前所取得的成就。他把所有的失败原因都归结于外界因素,比如同学吵闹影响学习等等。这种习惯性地把失败归因于他人的行为,会对其心理产生严重的负面影响,也让他对自己越来越不自信。只要临近考试,就总是焦虑、心慌和失眠。

3. 心理弹性较差

心理弹性是对挫折和压力的一种反弹能力,是个体面对逆境、挫折、压力时的良好适应。心理弹性是构成抗压能力的一个因子。高某在经历一次重大考试失败后,他潜意识里把原因归结于考试前夕的身体不适,至此每次考试都会出现躯体、行为上不同程度的问题来逃避他心理上的问题,焦虑和对糟糕体验的防卫失效,导致其心理崩溃,严重影响其理性判断能力,即使考试内容对他来说不难,但在高度焦虑和恐惧下,也无法相信自己的考试能力。

4. 学习策略有待改进

高某每逢比赛的前几天都要苦练苦学到深夜,学习方法缺乏科学性,熬夜学习,造成第二天精力不济,引起考试焦虑,导致失误。显然,高某缺乏有效的学习策略,不能很好地认识和掌握知识,更不能有效调控自己,一进入考场就焦虑,从而影响了考试。

(三)对策及建议

面对高某的考试焦虑问题,可从以下几个方面进行调整:

(1)培养适度的成就动机。针对高某附属内驱力水平过高这一问题,应该适当地平衡三种内驱力水平之间的关系,改变不恰当的认知,形成合理的建构,学会调整对自我的认识与评价及对考试的认识与评价。同时,通过一些课外活动来愉悦身心,缓解考试前的紧张情绪。

(2)采用元认知干预技术,进行认知矫正,树立正确的考试观。元认知干预技术是通过调整来访者的认知结构,采用临床暗示技术改变来访者的焦虑情绪的技术。针对考试焦虑,元认知干预技术采用渐进式的肌肉放松训练,使来访者获得轻松、愉快和舒适等积极的心理体验,在此基础上想象美好的风景、过去成功的体验或通过个人的努力实现理想等情景,从而迅速减弱以至于消除来访者对考试和考试相关情景的焦虑情绪。

(3)提高心理弹性,主要措施是减少威胁性因素和增加保护性因素。

(4)改善学习策略。其一,要提前做好知识的储备工作。知识的巩固与积累、考前的系统复习、有目的的训练都是必要的。其二,正确处理学习与休息的关系,劳逸结合、松弛有度、合理用脑、注意营养、维持神经系统的正常机能,是防治考试焦虑的重要措施。其三,制定适合自己的详细学习计划,有效利用碎片化时间,自信地面对问题,并主动寻求解决学习问题的方案。

三、数学学习障碍的案例分析及辅导

（一）案例

小明是一个初中二年级学生，平均成绩一直处在班级的后 30％。他的语文、历史等科目成绩还不错，唯独在学习代数时很困难。他常常无法理解字母代表未知数的概念，也无法理解方程式中的变量和常数之间的关系。尽管他能做对课堂上的例题，但在作业中常常出错。小明说，他常常记不住重要的公式和定理，导致在做题时无法正确应用。有时候，他在进行基本运算时也会出错，尤其是在进行较复杂的计算时更加容易出错。老师认为，小明在阅读理解题目时经常无法准确理解题目的要求，容易将题目中的条件和问题混淆，导致答案错误。老师还发现，小明拿到题目后不知道从何处入手，也无法合理地选择解题方法。在提到数学时，小明很无奈："我的成绩还是那样，没什么进步。做题时都不太会，都是以前的问题。""妈妈建议我在数学上多花些时间，我已经连续两个月早起背数学公式，都能记住，但还是不会用。我感觉可能自己在数学上没有任何天赋。"

（二）案例分析及辅导建议

对上述案例进行分析发现，小明很有可能患有数学学习障碍。小明的问题主要体现在，数学学习中难以理解抽象概念、记忆困难、题目理解能力差、计算错误频繁以及缺乏解题策略。数学学习障碍的诊断还需根据进一步的诊断结果，由教师、家长和学生本人一起制订详细的个案辅导计划，并加以认真实施，以解决其学习困难，提高自信心，最终提高学习成绩。针对案例中呈现的临床表现，对小明的学习障碍问题，提出以下辅导建议。

首先，结合数学学习困难的诊断标准和方法，对小明的学业困难问题进行筛选和诊断，确定具体类型，明确其所处数学发展阶段，制订特殊的教学方案。

其次，针对小明的问题和表现进行认知干预。① 通过联想、组块和借助媒介提示等方式训练小明的记忆策略。联想是由一事物（或观念）想到另一事物（或观念）的心理活动。实际上联想策略与数学关系不大，毕竟数学涉及的记忆不是太复杂。同样，组块也是在涉及大量复杂的信息时效果才比较明显。针对数学学习中的特点，我们可以要求低年级的学生在环境允许的情况下，大声说出计算步骤，或借助手，以声音或手指作为媒介进行运算；对于高年级学生，可以引导其把关键变量、关键数据写在纸上，计算步骤要尽量写清，从而减少自己的记忆负担，提高运算准确性。② 表征技术训练。这种方法指对数学题中所呈现的信息和观念进行解释和表征。研究表明，建构一个恰当的问题表征是数学问题解决的关键环节。解决数学问题时的表征方法包括图示的（如画图表）、具体的（如动手操作）和言语的（如语言训练），其中很重要的一点是指导学生辨

别问题中各关键成分之间的重要关系。而且,学生使用具体的材料学习数学,确实能更精确更充分地理解一些数学陈述,激发更多的动机和作业行为,能更好地理解数学思想,并把它们运用到实际生活之中。③ 认知和元认知策略训练。有效的数学问题解决要选择和采用适当的认知和元认知策略来理解、描述和解决问题。认知过程可作为"去做"策略,元认知作为"反思"策略。认知策略的应用离不开具体的数学内容,所以认知策略的教学应作为学生面临的实际学习任务的一部分来教,通过提供策略可以应用的情境,让学生逐步学会数学的认知。元认知就是对自己认知的认知,属于自我意识的范畴,它是一种极为重要的认知策略。自我提问的元认知训练方法能让学生在自我调控过程中反复体验自己的思维过程,并与所教的思维方法反复对照,及时更正不正确的解题思路,使自己真正掌握老师所传授的思维策略。

最后,合理设计活动,培养积极归因。研究表明,自我效能感低的学生通常将成功归因于外部不可控因素(运气难度),将失败归因于内部稳定性因素(能力)。对结果消极的归因,反过来又会降低学生的自我效能感,形成习得性无助。而积极的归因方式可以通过提高学生的动机水平和自我效能感,进而提高学习成绩。教师通过小组讨论、观察学习、努力归因训练等活动,让学生相信他的成功是不断努力、不断超越自己的结果,从而形成积极的归因倾向。另外,教师对学生的评价也会影响学生的归因方式。教师应对成功完成较难任务的学生给予肯定,引导其做出努力和能力强的归因;而对没有完成较简单任务的学生提出适当批评,督促其多加努力。

章小结

本章主要围绕学习动机、学习焦虑、学习障碍等方面介绍中学生学习心理问题与辅导,阐述了学习动机的激发与培养、中学生学习焦虑的对策和建议,以及学习障碍的干预与矫正措施,并针对中学生学习倦怠、考试焦虑、数学学习障碍的案例进行具体分析和辅导。

思考训练

小陈是一名高三学生,进入高三后,突然对未来有些迷茫,学习没有了向前向上的动力,生活没有了拼搏努力的目标,学习成绩直线下降,越学习越没有热情,甚至开始讨厌学习,他想过为自己定一个目标,但不知道具体怎么做。每每想到自己这个状态将来怎么能考上好的大学,就更加不想学习,觉得自己怎么也学不好,觉得自己高考肯定要泡汤了。有时当脑海中想到辍学的妹妹和年迈的父母,小陈也埋怨自己不争气和不努力。当他想到家人的期望以及自己的未来,压力很大。但他却找不到奋斗的目标与学习的动力,总是提不起精神去学习。每次考试成绩不好的时候就很压抑焦虑。如果你是这位同学的老师,该如何帮助他摆脱这种状态呢?

第10章　中学生情绪情感问题与辅导

章结构

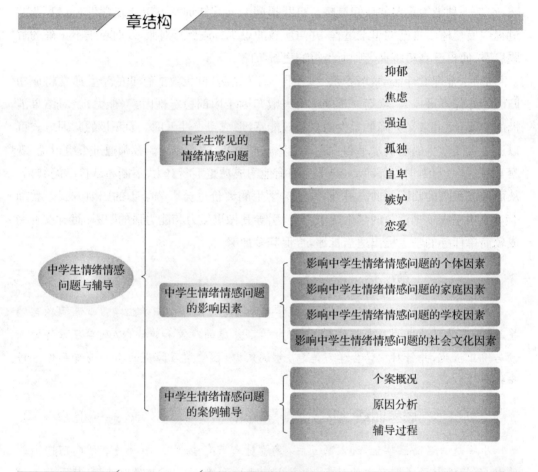

章首语

　　情绪情感是人对客观事物的态度和体验,如喜、怒、哀、乐等。它们伴有外部表情和生理基础。情绪是在社会环境特别是人际交往中发展起来的。每个人都会有苦有乐,有悲有喜,有爱有恨。中学时期是个体心理发展的暴风骤雨期,个体体貌特征及心理状态均经历着剧烈变化,然而中学生的心智尚不成熟,使得其无法很好地面对身心层面的"暴风骤雨",从而会在学习、生活、情绪调试、人际交往等方面遇到各种各样的情绪情感问题。本章将在介绍中学生常见的情绪情感问题的基础上,分析中学生情绪情感问题产生的原因,并结合相关案例,对中学生常见的情绪情感问题提出有效的辅导策略。

关键词

中学生;情绪情感问题;原因分析;辅导

情境导入

2021年5月9日,成都49中一名16岁学生小林(化名)在校内坠亡。事发后,小林的父母无法接受这个突如其来的事实,并质疑孩子的死因。但校方并未第一时间给出说法。在公众及主流媒体的压力下,真相渐渐浮出水面。据了解,小林平日与老师、同学的关系融洽,且校方的心理评测结果显示,小林并无异常。但从调取的监控视频看到,小林曾在坠楼前自残,其间还有垂头、摇脑、情绪低落的表现。此外,警方调取小林生前的手机数据发现,聊天记录中曾出现"天天想着四十九中楼,一跃解千愁"的字眼。且在坠楼前的一段时间,小林多次出现自我贬低、自我否定的言论。了解完整个事件,我们应该在关心真相的同时反思中学生的心理健康问题。

第一节 中学生常见的情绪情感问题

一、抑郁

(一)抑郁的定义

《2022年国民抑郁症蓝皮书》中的数据显示,18岁以下的抑郁症患者占总人数的30.28%,50%的抑郁症患者为在校学生。青少年抑郁症患病率已达15%～20%。抑郁是以长期而显著的心境低落或沮丧为特征,严重时这种状态不会因为环境的改变而改变,持续时间在两周以上。

(二)抑郁的分类

抑郁是一种心理问题,属于情绪、情感方面的问题,由轻及重,由抑郁情绪发展到抑郁状态直至抑郁症。

1. 抑郁情绪

当人们遇到精神压力、生活挫折、痛苦境遇、生老病死、天灾人祸等情况时,很容易产生不同程度的抑郁情绪,这是一种很常见的情绪反应。几乎我们每个人都可能在某个时候觉得情绪低落,这常常是生活中一些不如意的事情造成的。因此,正常的抑郁情绪是基于一定的客观事物,事出有因,有一定时限性,通常是短期的,人们通过自我调适,充分发挥自我心理防卫功能,就能恢复心理平稳,或当生活事件解决时自然缓解,对正常的生活、工作不造成明显负面影响。

2. 抑郁状态

抑郁状态是介于抑郁情绪和抑郁症之间的一种状态,比抑郁情绪重而较抑郁症轻,除抑郁情绪外,还可能伴有躯体不适。抑郁状态在一定时间内可有抑郁症的表现,比如可以表现为情绪低落、兴趣减退、愉快感下降、精力不足,或者是日常活动减少,有时也会伴有睡眠和食欲下降等问题,严重时也可以出现体重减轻等症状,较少或部分影响个体的工作、学习和生活等。虽然病程还没达到抑郁症的诊断标准,但如不及时调整或干预,极易加重。

3. 抑郁症

一种以显著而持久的心境低落为主要特征的心境障碍,临床上可见心境低落与其现实处境不相称,属于精神病学范畴。它是一种病理性的抑郁情绪,常伴有与异常心境相应的认知、行为、心理生理以及人际关系方面的改变或紊乱,持续时间长,通常主要表现为情绪低落、思维迟缓、意志活动减退,会较多或严重影响个体的社会功能,甚至产生严重的消极、自杀言行。

(三) 抑郁的表现

抑郁主要表现在以下几个方面:

1. 情绪方面

出现心境不良、情绪消沉或焦虑、烦躁、坐立不安;对日常活动丧失兴趣,缺乏愉悦的情绪体验,整日愁眉苦脸、忧心忡忡;精力减退,常常感到持续性的疲乏;认为活着没有意思,严重者感到绝望无助,生不如死,度日如年。除此之外,中学生还可能出现易怒、暴躁、爱发脾气的情绪症状。大部分人会有结束自己生命的想法,其中也的确有付诸行动,造成不良后果的。

2. 认知、行为方面

思考能力下降,思维变慢,联想困难,脑子不好使了;言语减少,语音低沉,行动缓慢,各方面能力都下降了;常常自疚自责,自我评价过低,明明学习工作很好,却对自己事事不满意,将自己的一些小错误、小毛病都说成是滔天大罪,时常会出现"自己做什么都不成功""活着就是个累赘"等想法;动作迟缓,有时闭门独处,淡漠亲情,无力学习,严重者不语、不动、不吃、不喝,最常见的就是躺床上玩手机游戏,或者什么都不做,只躺着睡觉;对未来充满悲观的期望,在动机上表现出对各种事物缺乏兴趣,依赖性增强,并伴有自卑、自责观念,严重者会产生自杀意念。

3. 身体方面

出现口干、消化不良、胃肠功能减弱、食欲下降、失眠等症状,或全身不定部位的疼痛,言语动作迟缓,显得疲乏无力,面容忧虑,伴有叹息、呻吟或哭泣,有时也伴有其他躯体疼痛的感觉。

测一测

请仔细阅读下面的 9 个问题,在过去的两周里,你生活中以下症状出现的频率有多少? 把相应的数字总和加起来。

题 项	没有	有几天	一半以上时间	几乎每天
1. 做事时提不起劲或没有兴趣	0	1	2	3
2. 感到心情低落、沮丧或绝望	0	1	2	3
3. 入睡困难、睡不安稳或睡眠过多	0	1	2	3
4. 感觉疲倦或没有活力	0	1	2	3
5. 食欲不振或吃太多	0	1	2	3
6. 觉得自己很糟,或觉得自己很失败,或让自己或家人失望	0	1	2	3
7. 对事物专注有困难,例如阅读报纸或看电视时不能集中注意力	0	1	2	3
8. 动作或说话速度缓慢到别人已经觉察? 或正好相反,烦躁或坐立不安、动来动去的情况更胜于平常	0	1	2	3
9. 有不如死掉或用某种方式伤害自己的念头	0	1	2	3

结果分析:1. 把各个测题中您打"√"的数字累积相加,所得结果就是测验的总分。

0~4:没有抑郁症(注意自我保重)

5~9:可能有轻微抑郁症(建议咨询心理医生或心理医学工作者)

10~14:可能有中度抑郁症(最好咨询心理医生或心理医学工作者)

15~19:可能有中重度抑郁症(建议咨询心理医生或精神科医生)

20~27:可能有重度抑郁症(一定要看心理医生或精神科医生)

2. 核心项目分项目 1、项目 4、项目 9,任何一题得分>1(即选择 2、3),需要关注;项目 1、项目 4,代表着抑郁的核心症状;项目 9 代表有自伤意念①。

---

① 秦泽慧,梁列新.中文版 PHQ-9 在不同人群筛查抑郁症的最佳截止值的研究分析[J].临床消化病杂志,2019,31(5),333-336.

知 识 链 接

《我们如何对抗抑郁》

扫描目录页二维码,了解"我们如何对抗抑郁"。

二、焦虑

(一) 焦虑的定义

我国著名心理学家黄希庭[①]认为:焦虑是个体对即将来临的、可能会造成的危险或威胁所产生的紧张、不安、忧虑、烦恼等不愉快的复杂情绪状态。焦虑大多是由于个体遭遇到威胁和内心冲突而引起的,不过这些威胁的想象成分一般多于真实成分,因此,焦虑者往往会夸大威胁的严重性。

(二) 焦虑的类型

焦虑通常可以分为两类:现实性焦虑和病理性焦虑。现实性焦虑是指个体对现实或潜在挑战、障碍或威胁的一种情绪反应,是个体在面临其不能控制的事件或情景时的正常反应,如个体对周末要进行的考试感到紧张、焦虑。个体焦虑的强度往往与现实或潜在威胁的程度相一致,即潜在威胁程度越大,焦虑程度就越高,反之,潜在威胁程度小,焦虑程度就相对较低。如果现实/潜在威胁减弱或消失,个体的焦虑程度也会随之降低或消失。例如,对于初中生而言,月考与期末考相比,前者的焦虑程度远小于后者。适当的焦虑有利于个体"唤醒"潜能和资源来应对威胁,是个体成长不可缺少的情绪,所以现实性焦虑是个体适应环境和解决问题的基本情绪反应,是人类进化的产物。病理性焦虑是指个体对无现实依据或没有具体原因的事情感到紧张不安甚至恐惧的心理。存在病理性焦虑的个体常伴有明显的自主神经功能紊乱,常常出现主观痛苦感或社会功能受损。临床和流行病学研究也表明,焦虑障碍与自杀倾向之间存在显著正相关[②]。

(三) 中学生常见的焦虑问题

中学生常见的焦虑主要有考试焦虑、学习焦虑、社交焦虑和外貌焦虑等。

1. 考试焦虑

考试焦虑是指在特定的考试情境下产生的一种以担忧为特征,紧张、焦虑为情绪特

[①] 陈本友,张锋,邹枝玲,杨勋,黄希庭.大学生时间管理倾向与焦虑的相关研究[J].中国临床心理学杂志,2005(3),307-308.

[②] 杨瑞希,唐程梦,张铭,刘琪娇,汤万杰,李诗颖,李雨辰,刘巧兰.中国西部青少年欺凌与自杀倾向的关系:焦虑的中介作用和孤独感的调节作用[J].现代预防医学,2023,50(12),2172-2178.

点,采取逃避、防御等行为方式的一种心理状态。中学生考试焦虑的影响因素包括:一是内部因素,学生的人格特质、学业效能感与成就目标等;二是外部因素,家长对孩子学习成绩的过高期望、学校对升学率的过度重视、社会以考试成绩来衡量学生的能力水平等。

2. 学习焦虑

学习焦虑是与学习有关的因素所引起的焦虑情绪,具有不安、担忧和紧张感,其原因在于害怕学习失败,担心不能完成学习任务以致随之而来的自尊丧失。学习焦虑可对学生的学习、生活和身心发育带来许多有害影响。形成学习焦虑的原因主要是来自各种压力,其来源可以归纳为两方面:一是外部因素,来自学业、考试、同伴竞争、教师、家长和社会的压力;二是个人因素,个人成就目标要求过高、自我概念差、对学习焦虑的调控不足等情况。

3. 社交焦虑

社交焦虑是指人们在社会交往和人际互动中,表现出担忧、害怕的情绪反应或回避行为。当自己成为他人关注的中心时,担心会当众出丑,出现脸红、出汗、发抖、心慌、肌肉紧张、口吃、大脑一片空白等一系列焦虑心理和回避行为。学生个体与家庭环境都是形成社交焦虑情绪的重要因素。个体易冲动、情绪不稳定等因素是导致焦虑情绪产生的主观因素;家庭氛围、父母教养方式和家庭结构的完整性对青少年的心理健康状况具有重要作用。社交焦虑问题对青少年身心健康的消极影响不可忽略。

4. 外貌焦虑

外貌焦虑是一种指向外表的社会评价性焦虑。近年来,我国社会流行一种不健康的观念,即"长相美了,人生才会美"。这是一种高颜值的正向社会评价被无限放大的结果。在这样的观念影响下,外貌焦虑逐渐成为一个普遍的社会现象。青少年群体正处于身体成长发育、自我意识增强的关键时期,在"颜即正义"的社会观念影响下,青少年的外貌焦虑问题也逐渐凸显出来。有调查指出,2018 年我国 19 岁以下医美消费者占比为 18.81%,且整形消费者的年龄呈逐年低龄化趋势。

(四) 焦虑的表现

1. 生理状态异常

焦虑产生时会引起个体交感神经系统和副交感神经系统的反应,会造成生理上的症状。如,消化系统:口干舌燥、吞咽困难、消化不良、胃口不佳、上腹部不适、腹胀等;呼吸系统:胸闷、呼气急促、过度提气等;心血管方面:心跳加快、血压升高、呼吸收缩加快等;泌尿方面:尿频、尿急、女性会引起月经紊乱等;神经系统:耳鸣、幻听、视力模糊等。此外,过度的焦虑还会导致盗汗、四肢乏力、战栗、肌肉颤动、失眠、多梦等异常的综合性生理反应。

2. 紧张与过度警惕

具体表现在个体为将来可能发生的、难以预料的某种危险或不幸事件而担心,容易紧张不安、激动、受惊吓,随时处于"备战"状态,以致终日惶惶不安,俨然一副大祸临头的样子。此时一点小小的刺激都会使焦虑者烦躁不安、不知所措、注意力难以集中,甚至出现头脑空白、失去正常判断力、行为失控、健忘等。

3. 运动性不安

焦虑者常常伴随着明显的动作特征,如搓手、顿足、吸手指、咬指甲、来回走动、唉声叹气、频繁眨眼、反复擦汗等。这些动作特征往往是焦虑者做出的一些无意识反应,在生活中较为常见。

测 一 测

请仔细阅读下面的 7 个问题,根据过去的两周的状况,请您回答是否存在下列描述的状况及频率,请看清楚问题后选择符合您的选项[①]。

题 项	完全不会	好几天	超过一周	几乎每天
1. 感觉紧张、焦虑或急切	0	1	2	3
2. 不能够停止或控制担忧	0	1	2	3
3. 对各种各样的事情担忧过多	0	1	2	3
4. 很难放松下来	0	1	2	3
5. 由于不安而无法静坐	0	1	2	3
6. 变得容易烦恼或急躁	0	1	2	3
7. 感到似乎将有可怕的事情发生而害怕	0	1	2	3

结果分析:把各个测题中您打"√"的数字累积相加,所得结果就是测验的总分。

0～4:正常水平

5～9:轻度焦虑

10～14:中度焦虑

15～21:重度焦虑

---

① Spitzer, R. L., Kroenke, K., Williams, J. B., Löwe, B. A brief measure for assessing generalized anxiety disorder: The GAD-7[J]. Archives of Internal Medicine, 2006, 166(10), 1092-1097.

三、强迫

（一）强迫的定义

国外调查显示,青少年强迫障碍的患病率为 3‰~3.4‰,年发病率为 0.7‰,亚临床强迫障碍的患病率高达 19‰,年发病率为 8.4‰。国内调查也显示,青少年强迫问题尤为突出,是影响青少年心理健康的重要问题之一。强迫症状是指以强迫为主的显著而持久的思想冲动、意向和行为症状。当强迫症状严重到了引起强烈的焦虑、不安并且(或者)显著干扰其正常的学习和生活时,就形成了强迫症。也就是说强迫症是指强迫的严重状态。

（二）强迫的表现

强迫具体表现在强迫思维和强迫行为两个方面。

1. 强迫思维

强迫思维是指反复多次出现在脑海中的难以克制的想法或念头,这种想法或念头会造成痛苦感。具有强迫思维者能够意识到强迫思维的存在,并努力强迫自己克制和压抑这种思维,这种自我强迫和反强迫表现往往会引起烦躁、焦虑等负面情绪。强迫思维又可以进一步分为强迫观念、强迫情绪和强迫意向三种。

（1）强迫观念

经常无休止地思考一些无意义的问题,自己也知道这样做没有必要,但就是控制不住。比如作业或考试后总觉得写错字或做错题,上学路上总疑惑忘带书或文具,总是担心考试失败、挨老师批评,担心自己会发胖,等等。

（2）强迫情绪

这是情绪方面的强迫。比如,寝室里有人丢了钱,患者担心失主怀疑自己,一直耿耿于怀,反复强调此事与自己无关,甚至多年后仍不能忘怀。

（3）强迫意向

在某种场合下出现的一种与当时情况相违背的想法,明知道不可能付诸行动,却感到非常紧张和担忧。

2. 强迫行为

强迫行为是为减轻强迫思维所引起的焦虑,而不由自主地采取一些顺从性行为,主要表现为重复的刻板行为或仪式性动作。强迫行为虽然可以减轻由强迫思维所引起的焦虑和紧张,但长期的强迫行为阻碍大脑对焦虑情绪的抵抗和习惯过程,使大脑对负面情绪的诱因、敏感性提高,导致个体应对负面情绪的能力降低,加剧负面情绪所产生的不良后果。以强迫检查和强迫清洗最常见,常继发于强迫怀疑。

（1）强迫检查

无论是考试还是做作业，每做一题、每写一个字都要反复检查对错，并且至少检查三遍以上，否则心里就不踏实。有时明知道自己做的是正确的、符合要求的，还是放心不下，还要继续反复检查对错。离家以后反复检查门窗是否已经关好了，洁癖、反复点数器物，等等。

（2）强迫啃手指

表现为焦虑时无法自控地啃噬指甲，一直到指甲深陷肉里也全然不顾，有时甚至会啃噬指甲周围的皮肉直至血肉模糊。

（3）强迫清洗

表现为一旦触碰了某个讨厌的人或某些物体，就觉得自己受到了污染，冲到洗手间去反复洗手，一直清洗到自己满意为止。有时会蔓延到清洗接触过的衣物。

（4）强迫整理

表现为无法克制地整理东西和归类，哪怕只是一点点的小瑕疵，都会开始整理直至自己满意。

四、孤独

（一）孤独的定义

心理学家埃里希·弗洛姆（Erich Fromm，1900—1980）曾提出"人也许能够忍受诸如饥饿或压迫等各种痛苦，却很难忍受所有痛苦中最痛苦的一种——那就是全然的孤独"。人是社会性动物，所以人离不开群体，同样也离不开人与人之间的交往。

孤独是一种封闭心理的反映，是感到自身和外界隔绝或受到外界排斥时产生的孤寂苦闷的情感。当一个人不能按照自己的意愿或计划行事；耽于梦想，而又不可能实现；内心有难言的羞耻；被排斥在想加入的团体之外；被他人嘲笑或轻视；处处和他人意见不合而不能融洽自然地相处；不敢向他人吐露心事，因为害怕会被人嘲笑；受人冷落而得不到同情；被父母限制活动和交往自由；新的环境改变了自己的生活；对别人做的一切都不感兴趣或不想去做；无聊空虚，不知该做什么；怯于和他人交谈或交往；觉得"没人理解我"时，孤独感就会悄然而至。每个人在一生中都或多或少地体验到孤独。有孤独感并不可怕，可怕的是当这种心理得不到恰当的疏导而发展成习惯时，人就会变得孤僻古怪，严重的甚至可能会变成孤独症，这就需要心理医生的治疗。

中学生正处于青春期，其心理发展具有闭锁性和开放性的矛盾性特点，即随着自我意识的觉醒，青少年开始认识到自身与外界的区别，他们开始反思自我，内心深处经常发生主体自我与客体自我的交锋。他们开始封闭自己，但同时又渴望被其他人接近和理解。因此，这个阶段的学生会有更多的孤独体验。

（二）孤独的表现

孤独具有较为典型的四个方面的症状表现。

1. 心情伤感，伴有比较明显的忧郁情绪

情绪低落，感到很压抑，因而整天闷闷不乐，很难有什么事情能让自己开心。

2. 感到无聊、烦躁，有想发泄的冲动

比如，用脚猛踢桌椅或者想找个没人的地方大声地叫喊一阵，但往往没有真的去实施。这种感觉会周期性地出现，这个时候最容易通过外界的刺激来发泄内心的烦躁，比如大量抽烟、酗酒或购物，更有甚者会做出一些违法乱纪的事情。

3. 整天被孤单寂寞的情感包围，对其他事情兴趣索然

内心非常渴望别人的关注、理解和支持，有很强的倾诉欲望，但行为上表现得不太合群，与人保持距离，在与人交往时心存戒备。

4. 常伴随一些生活上的不适应

比如，经常失眠、身体不适，饮食不规律，要么没有食欲，吃饭时常随便对付一下、草草了事；要么不断地吃零食，但多是食不知味。

五、自卑

（一）自卑的定义

自从著名心理学家阿尔弗雷德·阿德勒（Alfred Adler，1870—1937）的著作《自卑与超越》在社会上广为流传之后，"自卑"一词已经像弗洛伊德提出的"潜意识"一词一样，成为人们习以为常的用语，人们已不再对这个词感到陌生。但是究竟什么是自卑？许多词典和学者都对自卑进行了界定，归纳起来主要包括两方面：一类是从与他人的比较来定义的，如认为自己某方面不如别人等。另一类是从对自身的消极认识来定义的，如自我评价偏低等。有自卑感的人对自己所具备的条件及行为表现感到不满，对自我的存在价值感到缺乏重要性，生活中对环境的应付缺乏安全感，对自己想做的事不敢肯定。过度的自卑感还会使人脱离现实，造成生活适应困难，阻碍人格的健康发展。

（二）自卑的分类

1. 认命型

多次努力拼搏过，但都失败了，或没有达到自己心中的目标。于是便产生了深深的挫折感，这种挫折感又带来了自卑感。屡次失败后，失去了再次奋斗、改变现实的信心和勇气，便将一切归结为命运，认为自己这辈子已经是命中注定的了，而命中注定的东西是人为改变不了的,因此就心安理得地隐藏起心中的自卑感,消极被动地接受命运的摆布。

2. 孤僻怯懦型

由于深感自己处处不如别人,谨小慎微、畏首畏尾,对外界和生人、新环境有一种畏惧和不安感。为了躲避这种畏惧感和不安感,他们会像蜗牛一样畏缩在自己的壳里,不参加社会活动,不参与任何竞争,不愿冒半点风险。甚至当自己的权益受到侵犯,也听之任之、逆来顺受,不敢伸张,或者在绝望与忧伤中过着离群索居的生活。

3. 咄咄逼人型

一般以被动的角色出现,但有时却以盛气凌人的进攻形式表现,这时恰恰是他自卑到极点的时候。在采取屈从与怯懦的方式已无法排解其自卑之苦时,便转为好争好斗,表现为脾气暴躁、动辄发怒,即使是鸡毛蒜皮的小事,也要找借口挑衅闹事。

4. 滑稽幽默型

自卑者通过扮演滑稽幽默的角色,用笑声来掩盖自己内心的自卑。一些著名的喜剧演员常用笑声,尤其是开怀大笑,来掩饰角色内心的自卑。

5. 否认现实型

不愿面对导致自卑的那些不愉快的现实,不愿意对自卑的根源进行思考清理,更没有勇气和信心去改变,于是便采取回避、否认现实的方式来摆脱自卑的痛苦,如借酒消愁就是这类行为的典型。

6. 随波逐流型

没有信心,不敢有独立的主张和与众不同的行为,因而尽量使自己与别人保持一致,跟在他人后头亦步亦趋。与大家同步同调,大家做什么自己就做什么,往往会产生一种安全感和踏实感。

(三) 自卑的表现

1. 认知方面的表现

自卑的学生在认知方面存在明显的认知偏差,习惯性地贬抑自己,表现为不能客观看待自己,看不到自己的优势和长处,对自己的素质、能力等评价过低,过分关注自己的缺点。换句话说,在自卑者已有的认知模式里,只会选择性注意到自己的不足、缺陷,哪怕这些不足缺陷是他自己虚构、想象出来的,他都深信不疑,加之近乎完美的自我形象期望,使他们对在别人看来无所谓的事情依然不满意而产生自卑。如有的女同学认为自己太胖、太丑,有的男同学则常常因为自己矮小而深感自卑等。虽然事实上,这些方面并未影响到别人对他们的看法,不会觉得他们低人一等,但这些同学依然无法接受自己,进而出现严重的心理障碍。

2. 情绪情感方面的表现

第一，悲观失望，情绪低落。自卑感较重的学生倾向于追求完美或者对自己生理缺陷或者残疾进行过度补偿的高期待，使得"理想自我高高在上"，再加上自卑者习惯性的自我贬低性评价，使得理想自我与现实自我的距离向相反的两个方面急剧拉大，自卑者在自己虚构的理想与现实的巨大差距面前，对生活和前途失去希望，思想消沉、情绪低落。第二，多愁善感，敏感多疑。自卑者的个性往往具备自省内向，他们的感受性高而耐受性低，情感体验更为深刻。出于心理防御的需要，他们往往会把烦恼和忧愁深藏在自己的内心，深陷其中不能正常释放，敏感多疑，常常把别人无意的言行视为对自己的轻视，甚至别人一句揶揄的话、一个无意的眼神，都会使自卑者怀疑对方不喜欢自己或看不起自己，深深刺伤他们的心灵，使他们很难与他人建立良好的人际关系，被孤立于群体之外，常常感到孤独寂寞。

3. 行为方面的表现

第一，自我封闭，回避交往。自卑感较重的学生，担心别人在交往中看出自己的缺陷和不足，因而将自己封闭起来，回避与他人的交往。第二，行为畏缩，谨小慎微。自卑的学生由于不自信，自我效能感低，常常表现出说话办事瞻前顾后、缩手缩脚，每到选择时依赖他人做决定，遇到稍有难度的任务，很少有挑战困难的决心和勇气，大多采取逃避的态度。第三，爱慕虚荣，虚张声势。与一般人比较起来，自卑的学生比一般学生更难以忍受长相一般、家境贫寒或能力平庸等不利因素。有时他们会在言行举止间处处故意凌驾他人以显示出自己的优越来掩饰内心的自卑，表现出极端自负，严重扭曲了心灵。

测 一 测

在学习、生活中，你与同学进行比较吗？比较之后的感受是怎么样的？以下条目是你与同学进行比较时的感受，请在相应的数字上打"√"①。

	从不如此	偶尔如此	有时如此	常常如此	总是如此
1. 我为没有像他/她那样零花钱多而觉得不如他/她	1	2	3	4	5
2. 我为没有像他/她那样有优越的生活条件而觉得不如他/她	1	2	3	4	5
3. 我为没有像他/她那样被评为三好学生或获奖励而觉得不如他/她	1	2	3	4	5
4. 我为没有像他/她那样是独生子女而觉得不如他/她	1	2	3	4	5
5. 我为没有像他/她那样多的漂亮衣服而觉得不如他/她	1	2	3	4	5

① 李艺敏.我为什么不如他——学生自卑心理研究[D].华东师范大学,2008.

续　表

	从不如此	偶尔如此	有时如此	常常如此	总是如此
6. 我为没有像他/她那样好的在公共场合发言的能力而觉得不如他/她	1	2	3	4	5
7. 我为没有像他/她那样有威信而觉得不如他/她	1	2	3	4	5
8. 我为没有像他/她那样善于自我控制而觉得不如他/她	1	2	3	4	5
9. 我也讲假话	1	2	3	4	5
10. 我为没有像他/她那样多的名牌服饰而觉得不如他/她	1	2	3	4	5
11. 我为没有像他/她那样好交际而觉得不如他/她	1	2	3	4	5
12. 我为没有像他/她那样时髦的发型或打扮而觉得不如他/她	1	2	3	4	5
13. 我为没有像他/她那样成绩好而觉得不如他/她	1	2	3	4	5
14. 我为没有像他/她那样擅长交往而觉得不如他/她	1	2	3	4	5
15. 我为没有像他/她那样善于安排自己的时间而觉得不如他/她	1	2	3	4	5
16. 我真想骂人	1	2	3	4	5
17. 我为没有像他/她那样作业受到老师表扬而觉得不如他/她	1	2	3	4	5
18. 我为没有像他/她那样在比赛中取得好成绩而觉得不如他/她	1	2	3	4	5
19. 我为没有像他/她那样有高收入的父母而觉得不如他/她	1	2	3	4	5
20. 我为没有像他/她那样好的人缘而觉得不如他/她	1	2	3	4	5
21. 我为没有像他/她那样有良好的生活习惯或生活方式而觉得不如他/她	1	2	3	4	5
22. 我真想摔东西	1	2	3	4	5

注:9、16、22题为测谎题,不计入总分。本量表无反向计分题项。总分越高表明个体越自卑。

六、嫉妒

(一) 嫉妒的定义

格奥尔格·威廉·弗里德里希·黑格尔(Georg Wilhelm Friedrich Hegel,1770—

1831)曾说嫉妒是"平庸的情调对于卓越才干的反感"。嫉妒是一种心理缺陷。在日常生活中,嫉妒是很普遍的。英国科学家培根说:"在人类旳一切情欲中,嫉妒之情恐怕要算作最顽强、最持久的了。"中学生正处在发育和成长之中,这种嫉妒之心也就更多一些。我国著名心理学家朱智贤教授主编的《心理学大词典》指出,嫉妒是自我与他人比较发现,自己在才能、名誉、地位或境遇等方面不如别人而产生的一种由羞愧、愤怒、怨恨等组成的复杂的情绪状态。嫉妒的内容十分广泛,中学生的嫉妒心理主要表现在嫉妒他人学业上冒尖、嫉妒他人某一方面的专长或嫉妒他人仪表上的出众等。其中,学业上的嫉妒占有较大的比例。例如,有一位高中生,从小学到高中,学习一直名列前茅,从小在人们的赞扬声中长大。有一次考试,他的一位好友超过了他,就感到心里很不是滋味,整天闷闷不乐,动不动就朝好友发火,在好友遇到困难的时候,不但不帮助,反而幸灾乐祸,有时甚至还有意把好友的学习用具藏起来。

(二) 嫉妒的特点

1. 普遍性

嫉妒在中学生中是普遍存在的,不管是男生还是女生,也不管是低年级同学还是高年级同学,每个同学心中或多或少都有嫉妒心理,只不过有的人嫉妒心理强,有的人嫉妒心理弱罢了。

2. 潜隐性

中学生的嫉妒是一种难以发觉又不愿意被人发觉的情感。它是深藏于内心的,他们因人因事而产生嫉妒心理时,总会有意无意地将其掩盖起来。因为他们担心别人知道自己有嫉妒心理时会疏远他们,但又不服气别人的成就。

3. 临近性

中学生很难对那些离自己生活遥远的人产生嫉妒。嫉妒总是发生在自己身边,对本班同学的嫉妒要多于对同年级其他同学的嫉妒,而对同宿舍同学的嫉妒又要多于对本班其他同学的嫉妒。

4. 社会性

校园是一个浓缩的小社会,嫉妒心是在这个特殊的小社会中逐步形成和表现出来的。

5. 挫折感

嫉妒者会有一种无法摆脱、充满压抑和矛盾的挫折感,这种人不愿承认和面对现实,但他们又不甘落后,对方的任何进步对于这种人而言都是挑战,为此他们终日闷闷不乐,精神萎靡。

七、恋爱

(一) 恋爱的界定

青春期是中学生个体发展中的"暴风骤雨"期,他们的身心发展处于不平衡状态,情绪波动较大,情绪反应较强,极易出现各种各样的困惑。我国青少年儿童性意识萌发成熟的平均年龄在11、12～16、17岁,而且还有提前的趋势。身高、体重的迅速增长以及性器官的成熟促使青少年对异性产生了浓厚的兴趣和微妙的爱慕之情,于是注意自己的仪表、举止,在异性面前变得热情兴奋,或者变得羞涩不自然,许多学生把这种异性间的吸引误认为是爱情。而早恋是发生在生活、经济上尚未完全独立,同时距离法定结婚年龄尚有很长一段时间的少年群体里的恋爱行为。判断是否早恋的依据大致有两点:一是生活自立的程度;二是恋爱的年龄与法定最低结婚年龄相差的程度。

(二) 早恋的原因

早恋的原因大致可以分为两种:

1. 生理上的成熟

进入中学后,中学生身体发育发生巨大的变化。如身高、体重都有明显的生长,神经系统的发育趋于完善,第二性征出现等。

2. 心理上的因素

青少年生性好奇,具有获取知识、力争向上的求知欲望。随着生理上的发育成熟,他们由对异性的亲近期过渡到恋爱期,渴望了解异性和得到异性的爱。同时,流行歌曲、言情小说、影视媒体的推波助澜,对中学生的性心理发育来说是一种催熟剂。再加上家长、教师过于严厉的批评和监督,使学生产生了较强的逆反心理,这更容易使学生走入早恋的误区。

(三) 早恋的分类

根据影响早恋的因素,可将其进一步划分为以下几种类型:

(1) 自卑型,是指某些中学生的成绩不尽如人意,在学校得不到老师和同学的关注,缺乏成就感,由此便希望借助异性的爱慕,来提高自己的肯定度和关注度,从而达到提升自尊的目的。

(2) 虚荣型,是指中学生对与异性之间的亲密交往引以为荣,认为是他人对自己的容貌、能力等各方面的肯定,甚至以此来嘲笑讽刺没有早恋的中学生。

(3) 叛逆型,是指中学生正处于人生的关键期,他们既有成人意识但又缺乏成人资本,希望得到别人认同却又不能脱离长辈,由此产生反抗长辈和学校的心理,希望通过与异性交往来证明自我的存在,得到别人的认同。

（4）从众心理型,是指中学生在好奇心理和模仿心理的驱动下,或者在身边同伴早恋的刺激下不甘人后,而发生的早恋行为。

（5）需求型,是指中学生在家庭中缺乏正常的父母关爱,内心觉得孤独寂寞,没有安全感,希望能够在异性身上得到相应的补偿,从而引发早恋。

真题链接

1. 陈亮一想到明天要上课就坐立不安,感到心跳加快,脸红,出冷汗。这种表现属于(　　)。

A. 抑郁　　　　　B. 妄想　　　　　C. 强迫　　　　　D. 焦虑

2. 如果一个人情绪消极,对生活感到全无乐趣,觉得自己的生活没有价值。这种人患有(　　)。

A. 焦虑症　　　　B. 抑郁症　　　　C. 强迫症　　　　D. 恐怖症

3. 小燕近期非常苦闷,一提到学习就心烦意乱、焦躁不安,对老师有抵触情绪,成绩也明显下降。小燕存在的心理问题是(　　)。

A. 焦虑症　　　　　　　　　　B. 神经衰弱症

C. 强迫症　　　　　　　　　　D. 抑郁症

4. 张明近期变得不敢出门、不敢见人,尤其是一见到老师和同学就冒冷汗、手脚冰凉,甚至有些呼吸困难。他的这些表现属于哪种心理问题?(　　)

A. 抑郁　　　　　　　　　　　B. 癔症

C. 焦虑　　　　　　　　　　　D. 社交恐惧

5. 中学生小艾上学前总是反复检查书包,如果不检查,他就难受,明知该带的文具都带了,就是控制不住。他的问题是(　　)。

A. 抑郁症　　　　B. 焦虑症　　　　C. 强迫症　　　　D. 恐怖症

6. 以持久的心境低落为特征的心理问题是(　　)。

A. 焦虑症　　　　　　　　　　B. 抑郁症

C. 恐怖症　　　　　　　　　　D. 人格障碍

7. 抑郁症的主要特征是(　　)。

A. 情绪消极　　　　　　　　　B. 食欲不振

C. 悲观颓废　　　　　　　　　D. 持久性的心境低落

8. 焦虑是由紧张、不安、焦急、忧虑、恐惧交织而成的一种情绪状态。中学生常见的焦虑反应是(　　)。

A. 生活焦虑　　　　　　　　　B. 睡眠障碍焦虑

C. 交友焦虑　　　　　　　　　D. 考试焦虑

第二节　中学生情绪情感问题的影响因素

一、影响中学生情绪情感问题的个体因素

个体因素是指个体自身所具有的内在因素,包括生理因素和心理因素。

(一) 生理因素

1. 遗传因素

它是指有机体先天具有的某些解剖和生理特性,主要包括神经系统、脑的特性及感官和运动器官的特性,具有相对稳定性和不易改变性。根据调查和临床观察发现,在精神病患者的家族中,患躁狂、抑郁、性情乖僻、精神发育不全等精神疾病或异常心理行为的人占相当比例。已有研究指出,大多数精神疾病都具有中高度的遗传性,如精神分裂症、双相情感障碍、孤独症谱系障碍、注意缺陷多动障碍等,具有致病性遗传基因是导致其发生的主要原因[①]。

2. 孕期卫生及分娩

孕期营养不良、孕期患病及服用药物和孕期所处环境及情绪状态不良均会对个体的情绪情感产生不良影响。调查表明有心理问题的学生,其母亲在分娩过程中出现早产、难产等异常情况的概率明显高于正常学生。

3. 发育迟缓

发育迟缓的中学生由于在外形和智商方面都有着一定的缺陷,如外形较为矮小、行为笨拙,可能内心会有自卑、挫败、退缩等不良情绪,严重者甚至会发展为自闭症、抑郁症等。

4. 外界伤害

大脑外伤、化学物品中毒以及严重的躯体损伤等都会引起青少年产生心理障碍乃至精神失常。如暴力性伤害、意外伤害等突如其来的应激不仅会影响中学生的身体健康,还会导致他们心理异常。

5. 生理机能障碍及内分泌的影响

内分泌系统是人体内重要的调节系统之一,主要由脑垂体、甲状腺、肾上腺等内分泌腺构成。这些内分泌腺分泌出的激素能直接渗入血管影响人体的新陈代谢、生长发育以及某些身体器官的成长,尤其会影响个人的情绪。在幼年时期,如果脑垂体分泌出的生长素不足,就会影响到儿童的正常发育,导致其在青少年时期身材矮小。随着青少

---

①　Lee SH, Ripke S, Neale BM, Faraone SV, Purcell SM, Perlis RH et al. Genetic relationship between five psychiatric disorders estimated from genome-wide SNPs[J]. Nature Genetics, 2013, 45(9):984-994.

年自我意识的增强,他们就会出现自卑、紧张、烦恼和痛苦的心理问题。若甲状腺机能亢进,则容易形成紧张、烦躁的心理。而肾上腺激素分泌不足,就会导致肌肉无力、精神萎靡,也影响着青少年心理健康发展。还有研究发现,当酒精或毒品类的有害物质进入人体之后,也会损害神经系统,引起心理问题。

6. 青春期的生理发育

中学生正处于青春期这一生理发育高峰期。在这一时期,中学生的身体和生理机能发生了急剧的变化,主要表现在身体外形、生理机能、性器官与性机能,例如身材变高、声线改变、第二性征发育等。身体和生理机能的变化使中学生在心理上产生成人感,他们希望获得成人的某些权力,找到新的行为标准并渴望变换社会角色。然而由于心理水平的限制,有些期望不能实现,会产生挫折感,使得中学生内心充满各种错综复杂的矛盾,若得不到理解,便会出现心理压抑、焦虑、抑郁等不良情绪。

知识链接

盖吉的头颅骨

1848 年 9 月 13 日,25 岁的美国铁路工人菲尼亚斯·盖吉(Phineas Gage)在佛蒙特州施工,正准备爆破一块岩石,突然"轰"一声爆炸巨响,工地顿时一片狼藉。盖吉来不及掩蔽,一根约二尺七寸长的铁棍从他的左下脸颊穿过,通过左眼后方,再从额头上方的头顶处穿出脑壳,将盖吉头骨与脸射出一个大洞。几分钟后,盖吉还可起身,意识也还清醒,大伙手忙脚乱地送受伤的盖吉到附近的诊所。在哈洛医师的精心照顾下,盖吉活了下来。但原来那位生活态度严谨、谦虚、勤奋的工头盖吉却突然消失了。眼前的这个大难不死的盖吉性情大变,越来越懒惰,经常行为不检,完全不顾社会禁忌,为所欲为,且酗酒成性。

研究者一直治疗和观察盖吉足足十多年,慢慢发现,盖吉受损最严重处是脑部额叶部位。于是就确认额叶皮质能够对情绪进行加工,例如暴躁的时候,能够克制自我。从此,医学界对脑的研究跃进了一大步。今天,盖吉的头骨和那根铁棒均陈列在哈佛医学院图书馆的沃伦解剖博物馆。由此可见,大脑的损伤会对个体的情绪情感造成严重的不良影响。

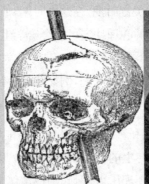

(二) 心理因素

1. 基本心理需要的满足

自我决定理论[1]指出人类有三种基本心理需要：自主需要是指个体有依照自身意愿做选择，体验到掌控感的需要；能力需要是指个体有能力完成重要任务，体验到胜任感的需要；关系需要是指个体有被他人和群体接受和尊重，体验到归属感和亲密感的需要。当基本心理需要满足程度处于理想状态时，会激发青少年的潜能与动机，使其朝着自我完善、自我提升的积极方向发展，比如能够提升个体幸福感、降低抑郁和减少冷漠行为等。反之，当基本心理需要长期得不到满足时，青少年会朝着自我挫伤、自我妨碍的消极方向发展，甚至导致自伤、自杀等不良行为的出现。当然，需要的满足并不是越充分越好，有些需要的过度满足也会导致心理发展出现问题。如在家里有求必应的孩子可能会导致其耐挫力下降。

2. 心理矛盾与冲突

心理发展中的矛盾与冲突是一种十分普遍的现象，在某些情况下，有些矛盾还是心理发展的重要动力。但是，当心理矛盾与冲突过于激烈或持久，以至于主体依靠自身的力量已无法协调和处理，就可能产生心理困扰，导致某些心理问题和心理障碍。中学生常见的心理冲突：① 认知冲突，主要是看问题的立场、观点、价值观和思维方式方面的差异而导致的内心冲突，会使人感到紧张、烦躁、焦虑等。② 情感冲突，主要是同时存在不同性质的情感体验而导致的冲突。③ 知情冲突，即认知与情感的冲突。④ 动机冲突，主要是面对多种目标可以选择时，会因需要本身的矛盾而表现出双趋冲突、双避冲突、趋避冲突和多重趋避冲突等。青少年时期是心理矛盾冲突最为集中、激烈的时期，这些心理矛盾在开展心理辅导工作中必须给予充分的注意。

3. 压力

中学生正处于认识自我的关键时期，在这个时期，他们敏感、脆弱，缺乏自我控制的能力，但又有极强的自尊心，这样的心理冲突可能会给学生带来较大的压力。如社会竞争氛围的影响，父母、老师的期望，学习成绩的压力以及同学之间的攀比等。过大的压力会增加中学生的一些非适应性行为和心理问题，例如抽烟、网络成瘾、抑郁、焦虑、自杀意念等。

4. 心理挫折

心理学中把因为各种干扰和影响而使得目标不能实现、需要不能满足的情境叫作挫折情境，人们遭受挫折后所产生的消极的情绪体验叫挫折感，也叫心理挫折。心理挫折是需求不遂的结果，是导致心理压力、引起消极情绪体验的重要原因之一。遭受挫折

---

① Deci, E. L., Ryan, R. M. The "what" and "why" of goal pursuits: Human needs and the self-determination of behavior[J]. Psychological Inquiry, 2000, 11(4):227-268.

后可能引起多种反应,从效果上看,有积极和消极之分。积极的反应包括继续努力、调整期望值、改变目标、升华行为等;消极的反应包括攻击行为、退化行为、退缩行为、固执行为等。消极的挫折反应常会成为某些问题行为的直接原因。

二、影响中学生情绪情感问题的家庭因素

(一) 家庭结构

家庭结构主要是指家庭成员的组合方式和家庭内部的构造,包括家庭的人口数、夫妇对数和代数等。在家庭结构中,十分重要的因素就是家庭结构的健全完整性。近年来,我国单亲家庭不断增加是与未婚同居现象普遍、离婚率不断上升相联系的,还有许多家长外出经商、打工而使孩子成为"留守子女(及寄养)",有些年轻夫妇为使其子女能获得较好的稳定的上学、就业条件,将其子女留在(外)祖父母身边。由于这些学生的家庭教育通常由祖辈或单亲或亲戚来进行,主要以疏于监管、过于放纵、缺少沟通和增加压力的方式来完成,再加上社会中许多不良文化和偏见的影响,导致这些学生有着比正常家庭学生更多的情绪情感问题。此外,家庭结构的破裂给中学生带来过分紧张的生活氛围和情感冲突,家庭缺乏温暖和关怀,导致其内心往往产生严重的焦虑、矛盾、多疑、孤僻、冷漠、心神不定或神经质,甚至导致心理变态,出现社会不良行为。同时,已有研究[①]指出,在控制了年龄、城乡、性别、学段及地区后,与双亲家庭青少年相比,单亲母亲家庭青少年的抑郁症状、社交焦虑及校园受欺凌发生率显著增加。

(二) 家庭氛围

由于夫妻关系紧张而造成的恶劣家庭气氛,常常会成为妨碍孩子健康发展的最重要的原因之一。生活在一个氛围紧张,父母关系不和谐的家庭里,对于还没有独立生活能力、完全依赖父母的学生来讲,很容易为父母关系失调而紧张、慌乱、憎恨;为忠实于父亲还是母亲而烦恼和疑惑。紧张的家庭人际关系破坏了应有的家庭气氛,使学生长期处在负性情绪中,极易形成孤僻、自私、玩世不恭等不良品质,进而影响学生的心理健康。事实上,学生对一种家庭气氛的心理承受力表现在他对父母形象的适应和接受,父母在家庭生活中扮演的角色最直接地影响着学生的心理健康。此外,有研究指出家庭暴力对孩子以后的情绪、行为问题也有影响,如产生焦虑、敌对心理、抑郁症,情绪波动大,缺乏同情心,自卑。

(三) 父母教养方式

父母教养方式主要是指父母在抚养子女的日常活动中所表现出来的一种对待孩子

---

① 邹超逸,郭佩融,黄建萍,杨婕,安娜,陆青云. 家庭结构和青少年心理健康与健康相关行为的关系[J]. 中国学校卫生,2023,44(5):715-719.

的固定的行为模式和行为倾向。美国心理学家戴安娜·鲍姆林德将教养方式分成四种：① 权威(民主)型,该类型家庭成员之间相互尊重,相互信任,尊重孩子,家长与孩子能相互交流各自的看法,对孩子不成熟的行为进行限制,并坚持正确的观点,平等、尊重与适当限制相结合,这有利于学生独立性、自信心与能动性的养成,具有直爽、亲切、爱社交,能与人合作、讲友谊、爱探索等个性特点；② 专制型,家长要求孩子必须一切听从家长,用权力和强制性的训练使孩子听命,孩子得不到应有的爱和尊重,长期在父母的高压下,极易形成利己、缺乏安全感、对人不能宽容等心理问题,其独立性和自主性较差,有些学生可能变得依赖性更强,有些则可能变得反抗、暴烈；③ 溺爱型,父母不懂得爱的分寸,过分包容孩子的行为要求,即使孩子犯了错误也会找出理由为他开脱责任,致使孩子形成任性、放纵等心理问题,给日后的教育带来进一步的困难,对孩子的健康发展极为有害；④ 忽视型,父母孩子往往各自为政、互不干涉、放任自流,养成孩子冷酷、自由散漫、自以为是、缺乏纪律观念等不良心理。

(四) 家庭成员的期望

"望子成龙""望女成凤"反映出中国父母对子女普遍抱有很高的教育期望。在家庭中,家长的期望值对孩子有强烈的暗示和感染作用。从心理学上讲,期望是一种心理定势,家长对子女的态度激励着孩子不断向前发展。美国著名心理学家罗伯特·罗森塔尔(Robert Rosenthal, 1933—   )的研究表明,教育者的期望对受教育者有重大影响。因此,父母对子女的美好期望是家庭教育中必不可少的,家长的期望值越高,对孩子的激励越大,就越能强化他们接受教育的主动性和自觉性,有利于他们意志品质的锻炼,并形成远大的理想抱负。需要说明的是这种期望是有一定限度的,必须符合学生身心发展的特点,适合学生个人的兴趣和爱好。如果家长盲目攀比、过分拔高对子女的期望值,不但起不到激励作用,反而会使孩子屡遭挫折、丧失信心,形成消极心理,不利于他们的心理发展。

(五) 其他因素

进化心理学家弗克兰·萨洛韦(Frank Sulloway)在《叛逆心理》中指出,出生顺序对性格是有影响的。他认为,由于父母常常偏爱长子(女),一般来说长子(女)都较为保守,有较强责任感。但是,次子(女)却需要依靠反叛行为才能获取关注或达到目的。出生顺序影响性格形成,性格又与心理健康密切相关,特别对正处于青春期的青少年而言。[1]

社会经济地位较高的家庭可以在子女成长过程中,投入更多的人力、经济或社会资本,这有助于学生获得较好的身心发展；相反,社会经济地位较低的家庭在子女的身心发展上缺乏充足的资源供应,从而在一定程度上影响了他们的积极发展。

---

① 龚文进,方欣,陆绮君,黎建斌. 出生次序对青少年心理健康的影响[J]. 中国健康心理学杂志,2012,20(9):1389－1391.

三、影响中学生情绪情感问题的学校因素

（一）学校组织管理

学校组织管理过于严格会使学生产生紧张不安、焦虑等情绪反应。若长期如此，不仅会导致学生产生厌学心理，甚至会导致学生行为异常。现阶段的教育依然是应试教育，学校最注重的依然是考试成绩。很多学校的考试频率都很高，有些学校平均每个月就会全校考试一次，平时还会掺杂一些班级内部的测试。不停的考试、排名，加上做不完的作业，使中学生感到十分疲惫，容易产生厌学、考试焦虑、失眠、抑郁等症状。另外，还有一些学校为了提高升学率，不让成绩差的学生参加中考，甚至劝其退学或者是上职高，等等。这些做法给成绩差的学生造成了很大的伤害，严重损害了他们的自尊心和自信心，使其陷入消沉之中。同时，中学生的课程几乎全都被考试科目占满，虽然也有一些学生比较喜欢的科目，如体育、音乐、美术、计算机等，但是这些课程的教学质量不容乐观。由于绝大部分时间都被用于考试科目的学习，学生注意力很难集中，产生严重的厌学情绪，甚至放弃学习。

另外，虽然很多中学都开设了心理健康教育课，但大都形同虚设，学校没有专门的心理健康老师，也没有设置心理咨询室。有些学校的心理健康课程，很多学生反映基本没用，遇到问题也不敢问老师，生怕被抓去做思想工作。这样，学生在遇到困扰的时候就少了一条科学正确的指引途径。

（二）学校人际关系

学校人际关系包括师生关系和同伴关系。师生关系是指教师是否爱护学生，是否对学生抱有期望，这对学生的学习有很大的影响。美国心理学家罗森塔尔和雅各布森的研究证明了这一点，教师对学生的期望可以起一种潜移默化的作用，从而有助于学生学习的进步。教师期望效应就是"罗森塔尔效应"，也叫"皮格马利翁效应"，这种效应对成绩好的学生来说是一种积极影响，而对成绩差的学生来说更多的就是负面影响了。这是因为大部分老师将主要精力放在成绩好的学生上，对他们期望较高，而对成绩差的学生则是置之不理。有些老师甚至在课堂上说："我对你没啥要求，允许你在上课时睡觉，只要你不影响其他同学就行了。"这对成绩差的学生的自尊心与自信心都是很大的伤害，严重影响其心理的健康发展。同伴关系对中学生有着非常重要的影响。在中学阶段，同伴关系是中学生最主要的人际关系。在遇到需要倾诉的问题时，绝大多数中学生选择同伴作为倾诉对象。有学者指出，中学时期的同伴关系对其以后的人际关系起着定型和预告的作用。研究证明，遭受同伴欺凌的中学生出现心理和情绪问题的风险显著增加，而同伴能够提供必要的情感支持，缓冲负面情绪对中学生的影响，降低中学生出现心理问题的风险。相反，同伴支持较低的中学生则容易表现出更多内化与外化的心理与行为问题。

知 识 链 接

罗森塔尔的教师期待实验

　　1968 年,美国心理学家罗森塔尔和他的同事雅各布森来到一所位于美国中部的小学,他们从一至六年级各选了 3 个班,对这 18 个班的学生进行了"未来发展趋势测验"。测验结果出来后,他们从参与者中随机抽取一些学生的名字,罗森塔尔以赞许的口吻将这一份"最有发展前途者"的名单交给了校长和相关老师,并叮嘱他们务必要保密,以免影响实验的正确性。8 个月后,罗森塔尔和雅各布森对那 18 个班级的学生进行复试,结果让人意外,因为凡是上了名单的学生,他们的智力增长比其他学生要快一些,而且更为重要的是,他们表现得活泼开朗、自信心强、求知欲旺盛,更乐于和教师打交道。

(三) 学校环境

　　学校物理环境主要包括:① 时空环境:时间分配与安排,空间组合形式及空间密度,如班级规模、座位编排方式等;② 设施环境:教学场所,场所内的通风、照明、温度、湿度、色彩、声音等,课桌椅、各种教学仪器和设备、图书资料等;③ 自然环境:学校的自然地理位置、气候条件、自然景观等。学校物理环境是学校教育工作赖以进行的物质基础,是学校生活的一种物质载体。这种物质载体是一个完备教育过程的必不可少的条件,也是对学生精神世界施加影响的手段。如果学校物理环境不能尽如人意,则将对学生的心理健康产生不良影响。研究表明,过分拥挤会给人的生理和心理造成损害,人们由于刺激过量和失去个人自由,常会表现得烦躁不安、好斗、富于攻击性,心理上产生无助感和压抑感,并因过分紧张而诱发各种疾病。在拥挤的环境中,常会使一些具有黏液质、抑郁质气质的人和性格内向的人出现社交困难,表现出孤僻、缺乏激情、缄默不语、言辞苛刻、敌视他人、丧失同情心等。

　　学校心理环境主要包括:① 人际环境:学校内部的各种人际关系,如学生之间的关系、师生之间的关系等;② 信息环境:学校内部的各种社会信息;③ 组织环境:校内各类正规与非正规团体、团体活动、团体规范、团体心理气氛——校风、班风等;④ 情感环境:课堂内的合作、竞争、期望、奖惩因素的运用及由此形成的课堂气氛等;⑤ 舆论环境:集体舆论、个体意见、个别流言等。实际上,在教学实践中,心理环境对学生学习有很大的影响力,它们与师生之间所形成的关系不仅影响学生的学业表现,也影响着学生完整个性的形成。如果我们能以学校心理环境建设为突破口,注重良好师生关系的形成和勤奋好学、积极进取的校风、班风的建设,注重挖掘和利用一切有利于学生心理健康发展的积极心理环境因素,就有可能在学校内部形成强大的凝聚力,激发起师生高度的工作学习热情,从而有效地促进学校各项工作的顺利进行。

四、影响中学生情绪情感问题的社会文化因素

(一) 社会风气

社会上充斥着许多不良思想和行为,如拜金主义、享乐主义和形式主义等都会对中学生的心理健康产生影响。目前,中学生的心理健康尚未得到应有的重视,关于中学生心理健康的政策法规不够完善,监督力度还很不够。中学生身心发展尚未完成,缺乏社会生活经验以及正确认识社会现象的意识,他们的意志品质相对薄弱,如果没有正确的教育引导,他们就极易受到不良社会风气的影响,对其心理健康带来负面影响。

(二) 网络媒体

当今社会,网络在中学生学习生活中占有重要地位。作为一种新型的大众传播媒介,网络一方面能极大满足中学生学习、娱乐和人际交往的需求,另一方面网络中充斥的大量黄色、暴力等有害信息对处于成长关键期的中学生也会产生极大的负面影响,而且网络使用不当造成网络成瘾,还会使中学生沉浸在虚拟世界之中,不仅给其身心健康造成严重损害,也严重影响其学习和生活。

(三) 社会政治、经济生活状况

社会政治、经济生活状况是决定一个人生活方式的重要基础,对个体的价值观念、需要结构、交往方式和生活态度等方面都会造成重要的影响。尤其是在社会转型时期,社会竞争加剧、收入差距拉大、社会变革频繁、不稳定因素增多(如下岗、离异)、生活压力增大等,会造成人们精神压力更大、挫折感增多、不平衡心态加剧,使得人与人之间的信任感、安全感水平下降,这都增加了人们的焦虑感,成为导致中学生情绪不稳定的因素。[1][2]

225

真题链接

1. 语文课上,张老师非常注重营造宽松的气氛,鼓励每个学生自由表达,并启发学生思考以帮助指导学生。这种课堂管理方式属于(　　)。

　　A. 民主式　　　　B. 权威式　　　　C. 放任式　　　　D. 专制式

2. 李哲爱好广泛,恰逢本周六晚上既有足球赛,又有演唱会,他都想看。由于二者时间冲突,他很矛盾。他面临的冲突是(　　)。

　　A. 双趋式冲突　　　　　　　B. 双避式冲突

　　C. 趋避式冲突　　　　　　　D. 多重趋避式冲突

---

① 王瑶. 中学生心理健康与指导[M]. 北京:北京师范大学出版社,2015.
② 高平. 影响中小学生心理健康的因素分析[J]. 天津师范大学学报(社会科学版),2002(2):76-80.

第三节　中学生情绪情感问题的案例辅导

一、个案概况

小 S，男，13 岁，七年级新生。该生是独生子，由父母亲自抚养，平时妈妈管得比较多，爸爸一般不管，但爸爸对他比较严厉，不满意或者觉得他不对的时候，就会严厉批评他，有时候甚至会打骂他。据班主任反映，该生曾担任纪律委员，好几次与其他同学发生冲突，在心情周记上的内容表述都很消极，自我评价极低，甚至表露出自我伤害的想法。该生平时很少与其他同学来往，每天戴着口罩，与老师交流的时候眼神回避，习惯自我否定。

小学四年级时，小 S 不喜欢当时的数学老师，于是慢慢用不交数学作业的方式来进行反抗，数学老师经常批评他，甚至有一次用圆规扎他的手。他当时从教学楼二楼跳了下去，幸好不是很高，底下又都是灌木丛，除了轻微的皮肉伤，没有对他造成生命危险。从此他经常失眠，每天只睡 2～3 个小时，也不再体验到快乐。跟同学发生矛盾冲突后，他会偷偷跑到高楼的角落里哭，难过的时候，好几次想过从楼上跳下去，或者拿刀割腕。现在，他的枕头下面甚至还备着一把刀，情绪特别难受时就会拿出来，想伤害自己。

九月份开学，学校对新生进行一次心理筛查，小 S 被筛选出来写在预警名单上，反馈给班主任。通过心理访谈和班主任的反馈，发现小 S 目前表现异常，情绪低落且有自杀倾向。心理老师立即对该生进行危机干预，并与班主任及时沟通，定期（每周一次）对该生进行心理辅导。同时建议班主任做好家长工作，形成"心理教师—班主任—家长"同盟体，共同帮助该生解除心理危机，走出心理困境。

二、原因分析

在对小 S 进行抑郁评估、自伤评估及自我评价的评估后，初步判定小 S 可能有抑郁倾向，并伴随社交回避、强烈的自我否定和潜在自杀风险行为。那么，小 S 为什么会产生这些问题？通过对收集到的信息进行分析，发现原因主要有三方面。

（一）家庭原因

父母感情不和，经常冷战或争吵，每次父母吵架，小 S 都觉得是自己造成的，是因为自己犯错或者没做好而让爸爸妈妈生气。当和同学出现矛盾冲突的时候，也习惯性地从自己身上找问题，总是觉得是自己的错。爸爸平时很少跟他交流，但对小 S 的要求很高，还经常发脾气。比如，只要一看到他拿手机就骂他，甚至把手机砸掉。妈妈虽然比较关心他，但总是喜欢把他跟其他人比较，经常贬低他。所以，在父母面前，小 S 总觉得自己很糟糕、一无是处，活着对父母而言就是一种负担，是累赘，所以会出现自杀的想法。

（二）学校原因

因为小学时不被老师喜欢，经常被老师批评，对当时幼小的心灵造成了很大的心理创伤，导致他对于别人的评价很敏感，尤其是对他的负面评价。进入初中后，似乎不是很受同学的欢迎，经常跟同学发生矛盾，他觉得大家都很讨厌他，无论他怎么做也没有用，在人际交往中一直受挫，形成了习得性无助。由此产生强烈的挫败感，于是戴上口罩，尽量回避与他人交往。

（三）个人原因

小S是一个自我要求比较高，规则意识、道德感很强的学生，无论是父母定的规则，还是学校班级制定的规则，他都会要求自己做到，不允许自己有丝毫的违背，不允许自己有丝毫的差错。在处理问题方面缺乏灵活性，所以常常因为直言不讳而得罪其他人。自我反思能力很强，但习惯性地责怪自己，并用自我伤害的方式来惩罚自己，还会强迫自己努力改变去满足他人的要求，导致忽略自身的心理需求，长期压抑自己的情绪。进入青春期后，更加在意他人的看法，慢慢地，小S从他人的否定转化为自我的否定，从一开始不被他人接纳逐渐转化为不被自我接纳。只看到自己不好的地方，甚至会无限放大自己的不足，看不到自己的优点，极度缺乏对自我的认可和接纳。

三、辅导过程

（一）辅导目标

（1）近期目标：了解小S的心理困扰，评估自杀风险，及时进行危机干预，减轻痛苦的情绪状态，并提供充足的心理支持，帮助他解除自杀风险。

（2）中期目标：与小S建立良好的辅导关系，给予充分的肯定和鼓励，让小S看到自己具备的优势，增强对自我的认可；改变小S对自己的不合理认知，比如以偏概全、绝对化的要求、糟糕至极的评价等。

（3）长期目标：小S能够学会接纳自己，正确对待他人的评价，能够与他人进行良好的沟通，合理表达和调节自己的情绪。

（二）辅导阶段

充分了解小S的情况并进行分析后，明确首要的任务就是进行危机干预，从而降低自杀风险，保障生命安全；再进行一些后续的心理辅导，帮助他解决目前存在的心理问题。

1. 危机干预阶段

首先，根据危机干预的六步法进行处理：① 确定问题，通过共情、倾听、真诚和接纳等咨询技术了解并明确小 S 目前存在的问题。② 保证求助者安全，通过自杀风险评估了解小 S 的生命安全状态。根据徐凯文制定的"自杀自伤评估表"进行危机评估，从自杀计划、自杀经历、现实压力、支持资源等几个方面综合评估的得分为 4 分，表明危险性不是很高，需要通知班主任和父母，让他们 24 小时密切关注小 S 的行为表现，并在后期继续对其进行心理辅导。③ 给予支持，与小 S 进行良好的沟通，建立良好的咨询关系，让小 S 能够完全信任心理老师，相信心理老师愿意理解他、关心他、帮助他。④ 提出并验证变通的应对方式，帮助小 S 看到自己的问题，引导他看到其他解决的方式和途径，而不是局限在自己狭窄的思维而陷入无法改变的绝望中，让他看到希望。⑤ 制订计划，和小 S 一同商量制订后续的安排。比如，将情况告知班主任和家长，并提议每周接受一次学校心理辅导。⑥ 得到保证，为了保证小 S 不再伤害自己，要求小 S 签订不自伤的承诺书，并给他提供联系方式，一旦出现自伤念头，及时与心理老师联系。通过及时的危机干预，降低小 S 的自杀风险。

2. 积极赋能阶段

为了给予小 S 自我改变的动力，帮助他看到自身的资源和优势，从而赋予他改变的希望和力量，心理老师始终给予小 S 心理支持，通过资源取向，不断挖掘他身上的积极资源，正面看待他的情绪和行为。一方面挖掘他的外在支持系统，比如善解人意、关心支持的班主任，班里一些友好的小组成员，还有愿意倾听和陪伴的心理老师，让小 S 看到他不是孤单一个人，有很多人可以帮助他，也愿意帮助他。另一方面挖掘他自身的优势资源，比如肯定他是一个懂得换位思考、为他人着想的好孩子，因为他每次结束辅导后都会对心理老师表示感谢，而且在很多事情上他总是站在他人的角度去理解对方，以此松动他对自己糟糕的印象。通过不断地积极赋能，小 S 的心理能量在不断地增强，强烈的情绪也慢慢有所缓解。

3. 自我探索阶段

通过深入探讨小 S 与父母、同学的人际问题，找到小 S 的错误认知，并不断和这些错误的认知和想法进行辩论。比如，小 S 认为他成绩很差，不配得到老师和父母的关心。心理老师通过现实来不断检验他这种想法的不合理性，让他明白，他的成绩没有他想象得那么差，而且成绩好坏也不是赢得他人喜欢的唯一标准。通过不断引导，慢慢消除小 S 的一些绝对化、糟糕至极的错误想法，也引导他对自我有了更加清晰的认识，使他意识到正是由于自己很在意别人对他的看法及对完美的过分追求，才导致自己的自我评价过低。这个阶段，通过布置家庭作业，要求他每天记录一件自己得到他人肯定反馈的事情，从而让他看到并不断强化自己好的地方。例如，小 S 提到，有一次他上音乐课的时候，音乐老师让他在课堂上给同学们演奏小提琴，还夸他拉得不错。慢慢地，小

S学会不过分放大自己的不足，也不排斥和否认自己的优点，逐渐开始学会接纳自己。

4. 指导训练阶段

随着辅导的不断深入，小S开始不断思考自己身上其他方面的问题，比如不知道如何与同学交往，不知道如何跟父母相处，不知道如何调节自己的情绪。针对人际沟通问题，心理老师通过角色扮演的方式，帮助小S看到自己的沟通方式存在的问题，并给予一些建议指导，然后通过模拟练习的方式，不断训练小S跟他人进行良好的沟通，避免矛盾的产生。针对情绪管理问题，虽然前期认知的改变已经让情绪有所改善，但习惯性不表达情绪是不好的，于是建议小S写心情日记，将每天的情绪体验通过文字表达出来，并提供其他一些合理的情绪管理方式，比如通过正念练习（练字或拉小提琴）来调节情绪；也鼓励小S多尝试跟一些比较信任的人表达情绪，比如关心自己的妈妈和班主任。

5. 效果评估阶段

心理辅导持续2个月后，快临近期末了，小S主动提出结束辅导。心理老师对小S的各方面状态进行评估，比如不再有自杀想法，枕头下不再藏刀，失眠问题有所缓解，情绪也从最初的2分提升到7分（分数越高代表情绪状态越好），还会主动分享日常积极的事情，与家人和同学的关系也有所缓解等。鉴于小S的状态有明显的改善，可以结束心理辅导。

新学期开学对小S进行跟踪访问，据班主任反馈，小S这个学期状态好了很多，口罩摘掉了，笑容也多了，心情周记里也会分享一些愉快的事情，即使和父母偶尔有矛盾，自己也能处理好。开学不久，本打算对小S进行随访，不承想小S主动来心理辅导室问候心理老师。一开始还没认出他来，因为现在的他已经摘戴口罩，头发也剪短了，整个人面带微笑，显得很精神、很阳光，和上个学期判若两人。随后询问了解到，现在小S和父母相处还不错，父母不再总是否定他，也会支持他做一些他想做的事情，跟同学也已经很久没有发生大的冲突了，而且现在也不像以前那么在乎别人的看法，虽然有时还会听到不好的评价，但不会像以前那样觉得自己很糟糕。临走时，小S还对心理老师之前的帮助表示感谢。这个学期，他偶尔还会来看看心理老师，校园里见到时也会问好，经常让心理老师给他推荐一些书籍，也会探讨一些书上的内容。看到他变得自信和从容，心理老师感到欣慰和开心。①

章小结

中学生的整个身心发展都处在从儿童期向成年期过渡的阶段，这种过渡的地位和发展状态决定了他们的心理特点具有明显的矛盾冲突性和不平衡性，进而会导致其有

---

① 汪倩倩. 摘下口罩，拥抱自我——初中生自卑心理的个案辅导[J]. 中小学心理健康教育，2022(35).

更多的情绪情感问题。本章首先介绍了中学生常见的情绪情感问题,在此基础上介绍了影响中学生情绪情感问题的因素,进而以案例为支撑探讨了如何从专业角度对中学生的情绪情感问题进行辅导。

课程思政

《中国国民心理健康蓝皮书(2019—2022)》显示,我国 17 岁以下青少年儿童中有3 000 万受到各种情绪、心理行为问题的困扰。本次参与调研人群中,18 岁以下青少年抑郁症患者达 30.28%,18～24 岁占比 35.32%。2023 年 4 月 27 日,教育部等十七部门关于印发《全面加强和改进新时代学生心理健康工作专项行动计划(2023—2025 年)》的通知提出,随着经济社会快速发展,学生成长环境不断变化,叠加新冠疫情影响,学生心理健康问题更加凸显。因此,进一步提出要加强心理健康教育、规范心理健康检测、完善心理预警干预等措施。

请你谈谈,作为未来的教师,你将如何站在学生的立场,做好学生的心理健康工作?

思考训练

李明学习非常用功,平时各科成绩都还不错,但每逢大考他就非常紧张、烦躁、害怕,前一天晚上睡不好觉,第二天进入考场头脑就一片空白,结果成绩总是不理想。老师与同学都认为,李明的考试成绩与平时的努力程度不相称。

请你运用本章所学相关理论分析以下两个问题:

1. 运用情绪相关知识分析李明同学面临的问题。

2. 作为教师,你会采取什么措施来帮助他?

第11章 中学生社会交往问题与辅导

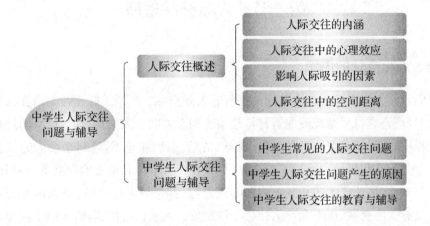

中学生人际交往问题与辅导

- 人际交往概述
  - 人际交往的内涵
  - 人际交往中的心理效应
  - 影响人际吸引的因素
  - 人际交往中的空间距离
- 中学生人际交往问题与辅导
  - 中学生常见的人际交往问题
  - 中学生人际交往问题产生的原因
  - 中学生人际交往的教育与辅导

章首语

　　人是社会性动物,不是孤立的个体。人从出生到死亡都在与他人不断地交往,与他人建立良好的人际关系是人类社会生活最为重要的任务之一。人一生的成功与失败、幸福与痛苦、快乐与悲伤、爱与恨等等,都与人际关系有着密切关联。良好的人际关系对于中学生健康成长起着非常重要的作用。掌握处理人际关系的原则,学会人际交往,建立和谐的人际关系,既是培养中学生健康心理的重要组成部分,也是中学生社会化的重要任务之一。

关键词

　　中学生;人际吸引;人际交往问题;人际交往辅导

情境导入

　　小王和小李原本是一对好朋友。平时他们一起出入教室、图书馆、食堂,可谓形影不离。他们有共同的兴趣爱好、共同的人生目标;他们互相帮助、互相关心。后来,小王被同学们推选为学生会的学习部长,这时小李的心理便失去了平衡。他认为,两人的学习成绩、工作能力等都不相上下,各方面表现也差不多,为什么小王能当学习部长,还被评为"三好生",而自己却"一事无成"呢? 小李百思不得其解,越想心情越糟糕,心中开始滋生不满和怨恨情绪。从此,两个好友开始疏远,小李还经常无中生有,造谣中伤,使小王受到伤害,两人关系越来越紧张,一对好朋友似乎变成了仇人。你认为小王和小李从好朋友变成现在这种关系的原因是什么? 如果你是小李,面对这样的问题,你会怎么办? 如果你是小王,你又会怎么解决? 生活中你有没有出现人际交往方面的问题? 你是怎么处理的?

第一节　人际交往概述

一、人际交往的内涵

我们每个人每天几乎都在与他人进行着人际交往。所谓人际交往是指在社会活动中,人们运用语言符号系统或非语言符号系统相互之间交流信息、沟通情感的过程。在这一过程中,人们彼此交流各种思想、观点、情感、态度和意见,这对于个人的社会化以及再社会化具有积极的意义。不仅如此,个人在社会群体和他人的影响下,心理活动发生变化的规律、彼此产生的相互影响和心理效应,都是以人际交往、信息沟通为前提条件的。没有人际交往,便不会产生社会心理现象。人是社会性动物,人的生存与发展都离不开人际交往。哲学家马丁·布伯曾就此问题写道:"人生存的基本事实是彼此关联着的人。人无法逃避与他人发生关系。我与你相遇,我和你彼此关联,即使我们的交往是一场相互斗争。即使在彼此的关联中,我已不完全是我,你也不完全是你,但只有在生动的关联中,才能直接认识人所特有的本性。"人们通过人际交往,形成了与他人之间的关系,构成了丰富多彩、千姿百态的人类生活。可以说,人际交往是人类社会生活的基础和起点。

二、人际交往中的心理效应

人际交往过程是人与人之间进行信息沟通、思想感情交流和行为互动的过程。在这个过程中存在着许多复杂因素,这在一定程度上影响着人际关系的发展方向。其中,人际交往中的心理效应无疑是影响人际交往过程以及人际关系的重要因素。

(一) 首因效应

首因效应又称"第一印象效应",是指最初接触到的信息所形成的印象对以后的行为活动和评价的影响。第一印象包括谈吐、相貌、服饰、举止、神态等,这些信息对于感知者来说是新的信息,因此它对个体感官的刺激非常强烈。第一印象效应是一个妇孺皆知的道理,为官者总是很注意烧好上任之初的"三把火",平民百姓也深知"下马威"的妙用,每个人都力图给别人留下良好的"第一印象"。

一位心理学家曾做过这样一个实验,他让两个学生都做对 30 道题中的一半,但是让学生 A 做对的题目尽量出现在前 15 题,而让学生 B 做对的题目尽量出现在后 15 道题,然后让一些被试对两个学生进行评价:两相比较,谁更聪明一些? 结果发现,多数被试认为学生 A 更聪明。这就是首因效应起到的作用。这表明,当不同的信息结合在一起时,我们总是先倾向于前面的信息而忽视后面的信息。即使人们同样也注意了后面的信息,但也会认为后面的信息是"非本质的""偶然的"。

在对人的知觉中,留给人们的第一印象是十分重要的,为了给他人留下一个好的印象,必须要注意自己的外表、谈吐举止及气质的培养。不过需要说明的是,仅仅依靠第一印象对他人做出评价是不客观的,因为首次见面,所得到的信息是比较少的,且往往是一些表面的而非对方内在本质的信息。随着交往双方的深入,第一印象也可能会发生改变。

(二) 近因效应

近因效应是指最近的信息对人的认知具有强烈的影响,最后留下的印象往往比较深刻。在与陌生人交往时,首因效应起的作用较大,而与熟人交往时,近因效应的作用则更为明显。近因效应在人际交往中普遍存在,如某人平时表现很好,可一旦做了一件错事,就容易给别人留下很深的负面印象。特别是平时关系很好的两个同学,因为一件小事,就闹矛盾,甚至反目为仇,根本不考虑两人平时的深厚友谊。因此,我们在人际交往中应该注意克服近因效应带来的认知偏差,要学会用动态的、发展的、历史的、全面的眼光看待他人,与他人建立良好的人际关系。

表面上看来,首因效应与近因效应是矛盾的,实则不然,只不过两者发生的事件有所差异。在某些情况下,首因效应起更大的作用,比如在与陌生人交往时,首因效应的作用更明显些。在另一些情况下,首因效应减弱,近因效应增强,特别是对某一个人的初始印象模糊,而近期又有有关此人的某种显著性特征给你留下深刻的印象时。也有研究指出,如果在测试中对被试进行预先警告,提醒被试注意"第一印象"的危险时,也会削弱第一印象的作用。所以,要辩证地看待首因效应和近因效应的关系,否认其中任何一方面的作用,都会陷入人际认知和人际交往的误区。

(三) 晕轮效应

我们第一次与一个年轻人交往,如果他长得眉清目秀,衣冠整洁,举止彬彬有礼,我们就会对他产生一个好印象,并给予他积极肯定的评价,认为他有教养、有才能、工作一定不错,并可能预言他前程似锦。相反,如果这个年轻人衣帽不整、讲话吞吞吐吐,我们就会对他产生不好的印象,给予他消极否定的评价,认为他知识浅薄、缺乏才干,甚至认

为他是一个不可信赖的人,将来也不会有什么作为。这就是经常发生在我们生活中的
"晕轮效应"。所谓晕轮效应是指在人际交往中,人们常从对方所具有的某个特征泛化
到与其有关的其他一系列特征上,从局部信息形成一个完整的印象。这就像月晕一样,
从一个中心点逐渐向外扩散成为一个越来越大的圆圈。晕轮效应是先入为主、凭第一
印象一锤定音的结果。人们常说"情人眼里出西施""爱屋及乌""一好百好""一俊遮百
丑",就是典型的晕轮效应。

"晕轮效应"是一种以偏概全的主观心理臆测,它容易抓住事物的个别特征,习惯以个
别推及一般。同时,它把并无内在联系的一些个性或外貌特征联系在一起,断言有这种特
征必然会有另一种特征。因而,晕轮效应容易给人们的人际交往带来一些认知偏差。

(四) 刻板印象

刻板印象是指在人际交往中,对某一类人或事物进行简单的、比较固定的概括而形
成的笼统的看法。即使对从未见过面的人,也会根据间接的资料与信息而产生刻板印
象。于是,有些人总是带着一定模式有选择地发现人的各种特征并期待与模式相吻合
的特征而舍弃不符合的特征。可以说,刻板印象的产生与我们在认知中的选择性有密
切的关系。人们认知的选择性使他们在对事物的认知过程中能抓住事物最明显或典型
的特征。同样,在人际认知和人际交往中,认知的选择性能使我们很快地对一个人进行
归类,判断出他的典型特征。

我们经常听人说的知识分子是戴着眼镜的"白面书生"形象,农民是粗手大脚、质朴
安分的形象,法国人是浪漫的、英国人是保守的,女性是温柔的、细心的,男性是理性的、
豪爽的、粗心的等等,实际上都是"刻板印象"。刻板印象中包含一定的真实成分,它或
多或少在一定程度上反映了认知对象的若干特点。但是,"人心不同,各如其面",刻板
印象毕竟只是一种概括而笼统的看法,并不能代替活生生的个体,因而"以偏概全"的错
误总是在所难免。如果不明白这一点,在与人交往时,"唯刻板印象是瞻",就像"削足适
履"的郑人那样,宁可相信作为"尺寸"的刻板印象,也不相信自己的切身经验,就会出现
错误,导致人际交往的失败。

三、影响人际吸引的因素

人际吸引是人际交往产生的一个重要条件,是个体双方心理互动的基础,它是人际
交往过程中人与人之间相互接纳和喜欢的现象。人际吸引现象普遍存在于各种人际交
往中。为什么我们喜欢某一些人而不是另一些人?我们依照什么标准选择朋友?社会
心理学家经过研究发现,影响人际吸引的因素主要有以下几个方面。

(一) 个人特性

一个人的某些特质会决定他是否受到他人的喜爱。一般来说,影响人际吸引的个

人特质主要包括三个：能力、外貌、人格特质。

1. 能力

我们似乎总是会钦佩、喜欢那些能力强的人，这类人在群体中是出类拔萃、引人瞩目的。因为与这一类人交往，我们可以学习到很多知识和经验。但是，能力对于吸引力的影响具有两面性，没有能力的人往往没有什么吸引力，而才能过于突出的人，又会让我们感受到比较大的压力，导致我们会敬而远之。显然，能力与被喜欢的程度在一定限度内成比例关系，超出了这个范围，能力所造成的压力就成了主要的作用因素，使人倾向于逃避或拒绝。

阿伦森等人用实验支持了上述观点。研究者给大学生被试呈现了4种人的讲话录音：第一个是能力出众的人，第二个是能力出众但是犯了错误的人，第三个是能力平庸的人，第四个是能力平庸而又犯了错误的人。能力出众的人正确地回答了难度很大的许多问题，犯错误的表现是不小心把咖啡洒在了衣服上，然后让被试评价哪一种人最有吸引力，被喜欢的程度最高。结果发现：能力出众但是犯了错误的人被评价为最有吸引力；才能平庸而犯了同样错误的人则被认为最缺乏吸引力；才能出众而没有出错的人的吸引力排在第二位；平庸但没有犯错误的人的吸引力排在第三位。可见，犯错误的表现导致人们对才能出众者更加喜欢，这一现象被称为"犯错误效应"。

2. 外貌

亚里士多德曾说道："美丽比一封介绍信更有推荐力。"虽然我们都知道"人不可貌相"，但仍很难避免在外貌认知的基础上形成对他人的印象。在其他条件都相等的情况下，我们会更加喜欢漂亮的人。

外貌之所以具有如此大的影响力，一个重要的原因是光环效应的存在，人们会认为外表美的人也会有其他的优秀品质，例如聪明、大方、活泼、更善于交际等，即所谓"美即是好"这一刻板印象。人们喜欢有外貌吸引力的人的第二个原因是"美丽的辐射效应"，人们总是认为让别人看到自己和特别漂亮的人在一起，能提升自己的社会形象。

3. 人格特质

人格特质是构成人际吸引非常重要的因素。一般情况下，我们总是愿意与具有优秀品质的人进行交往。与这一类人交往使我们具有安全感。人们一般都喜欢与具有真诚坦率、热情友好等人格特征的人交往，而不愿意与那些自私自利、冷酷无情的人打交道。

美国学者安德森（Anderson，1968）研究了影响人际关系的人格品质，结果发现，排在序列最前面、喜爱程度最高的六个人格品质是真诚、诚实、理解、忠诚、真实、可信，它们或多或少、直接或间接地同真诚有关；排在系列最后、受喜爱水平最低的几个品质，如说谎、假装、不老实等也都与真诚有关。根据安德森的研究可知，具有真诚等积极人格特质的人最受人欢迎，而具有不真诚等人格特质的人则令人厌恶。

（二）接近性

空间上的距离越小、双方越接近，则越容易成为知己，尤其是交往的早期阶段更是如此。空间上的距离越近，交往频率有可能越高，也越有可能建立好的人际关系。

有一项名为"值得纪念的人际交往"研究，证实了人际吸引中的接近性原则。在研究中，拉塔内及其同事要求被试描述他们与别人交往中最难忘的事情，同时要求其指出该事件中所涉及的人与自己当时住所的物理距离。结果证实了物理距离对人际吸引的重要影响。虽然有10％的被试回忆起的"值得纪念的人际交往"中两人居住的距离在80公里以上，但大多数情况下两人都是近邻，或者住在同一住宅区或是相距不超过16公里。这项研究结果在三个来自美国和中国的不同样本研究中得到了重复验证。

如何解释人际吸引中的接近性原则呢？第一，接近性增加了熟悉程度。相邻的人接触的机会比较多，熟悉的程度越来越高，喜欢的可能性也就比较大。第二，接近性也与相似性有关。居住在同一个地方的人，在生活方式上往往比较相似。另外，在有选择的情况下，人们往往选择和自己相似的人一起居住，空间地理位置的接近反过来又增加了人们的相似性。第三，从社会交换理论出发，人们能从居住接近的人身上以相对较少的代价获得较多的社会学报酬。我们可以很方便地和邻居聊天来维持人际关系，在需要帮助时，从邻居那里能够更方便地得到帮助。而那些居住距离远的人，要建立和维持包括友谊在内的关系，付出的代价要高很多。因此，人们倾向于和居住在周围的人发展和维持友谊。第四种解释建立在认知失调理论基础之上。人们努力维持态度间的和谐一致，以平衡、无冲突的方式表达他们的喜欢和不喜欢。如果和我们住在一起或一起工作的人是我们不喜欢的，就会引起我们的焦虑，因此认知一致性压力使我们从积极的方面去认识我们的邻居、室友或者其他与我们接近的人。

（三）熟悉性

人际关系由浅入深的发展，是从相互接触和初步交往开始的。通过不断的接触与互动，彼此相互了解之后，容易形成相互吸引。可见，熟悉对人际吸引会产生重要的影响。

事实上，仅仅经常看到某个人就能够增强对他的好感。这就是查荣克通过实验提出的单纯接触效应，又称曝光效应。查荣克向被试展示一些人像照片，有的图片被呈现了25次，有的只被呈现了一两次。然后，让被试指出他们对照片中的人物的喜爱程度。结果发现，被试看到照片的次数越多，就越喜欢这张照片和照片上的人。

熟悉为什么能增加好感呢？首先，多次接触能够提高再认水平，这对开始喜欢上某人是有帮助的。其次，当人们越来越熟悉彼此时，他们同时也能够预测对方的行为。我们见到新邻居的次数越多，我们对他的了解就越多，就越能够更好地预测他的行为。结果，他在场的时候我们就越来越感到舒适。

（四）相似性和互补性

1. 相似性

影响人际吸引的一个重要因素是相似性。我们倾向于喜欢在态度、兴趣、价值观、背景和人格上与我们相似的人,正应了那句古话:物以类聚,人以群分。相似性包括态度的相似性、行为偏好的相似性、价值观的相似性、个人建构(即个人形成问题、思考问题的方式)的相似性等。Kandel 对 2 000 名高中生的友谊关系所做的研究证明了这一点,他让每一位学生写出他在学校里最好的朋友,并详细填写有关自己的背景及态度的问卷,结果发现,大部分学生最好的朋友在性别、年级、年龄及种族、学业态度、对药物的态度等方面与自己都很相似。

为什么相似会导致吸引呢? 首先,人们愿意和那些与自己相似的人交往,因为相似使人们更加容易相互理解,有共同语言。其次,相似的人可以为我们的信仰和态度提供支持,使我们感到自己不是孤立无援的,甚至感到自己的信念和态度是正确的。这时,相似者为我们提供了社会证实的作用。最后,人们认为与自己相似的人会喜欢自己。人们倾向于喜欢与自己相似的人,因此想当然就会认为"人同此心、心同此理",他们也会喜欢自己,这样就形成了一个良性循环。

2. 互补性

交往中的互补性是指具有互补特点的双方,在交往过程中获得相互满足的心理状态。当双方的需要以及对对方的期望正好成为互补关系时,就会产生强烈的吸引力。比如说,独立性比较强的人,往往喜欢和依赖性较强的人在一起。而脾气急躁的人,往往喜欢和有耐心的人相处,从而使双方的关系更为协调,各人的特点正好适合对方的需要,各得其所。

研究表明,人际吸引中的互补因素,主要发生在交往较深的朋友、恋人、夫妻之间。克克霍夫等人研究了那些已经建立恋爱关系的大学生之后发现,对短期恋爱关系来说,熟悉、外貌以及价值观念的相似,是形成人际吸引的主要因素。而对建立了长期恋爱关系的大学生来说,互补是他们发展密切关系的一个非常重要的因素。

还有一种与互补性相似的现象是补偿作用,当别人所拥有的正是我们所缺少的时候,我们会增加对这个人的喜欢程度。例如,对一个向往某大学而又无缘考入的人来说,该大学的学生对其就具有某种吸引力。

上面两种观点提到,相似性可以产生吸引,互补性也可以产生吸引。那么,这两种观点是否矛盾呢? 对于这个问题,有以下三个基本观点:① 相似性是更为基本的人际吸引影响因素。一方面是研究支持相似性吸引的证据较多,而互补产生吸引的证据不多;另一方面,相似性涉及的范围更广,各个方面的相似性都能够产生吸引,但只是某些方面的互补会产生人际吸引。② 二者有时也是协同的。很多时候,导致吸引的互补是以基本的相似为基础的。例如,两个人性格不同时,一般情况下不一定会相互吸引,但是当他们目标相同时,也可能成为好搭档。③ 有研究发现,相似性在关系发展的早期较为重要,而互补性在关系后期的发展中更为重要。

四、人际交往中的空间距离

人与人之间有着看不见但实际存在的界限,这就是个人领域的意识。根据空间距离不同,也可以推断出人们之间的交往关系。美国人类学家爱德华·霍尔博士为人际交往划分了四种空间距离。

1. 亲密距离

45 厘米以内,属于私下情境。多用于情侣,也可以用于父母与子女之间或知心朋友间。两位成年男子一般不采用此距离,但两位女性知己间往往喜欢以这种距离交往。亲密距离属于很敏感的领域,交往时要特别注意不能轻易采用这种距离。

2. 个人距离

46 厘米~122 厘米,这是人际间隔上稍有分寸感的距离,表现为伸手可以握到对方的手,但不易接触到对方身体,这一距离对讨论个人问题是很合适的,一般的朋友交谈多采用这一距离。

3. 社交距离

1.2 米~3.7 米,已超出了亲密或熟人的人际关系,而是体现出一种公事上或礼节上的较正式的关系。一般工作场合人们多采用这种距离交谈,在小型招待会上,与没有过多交往的人打招呼可采用此距离。

4. 公众距离

3.7 米~7.6 米,一般适用于演讲者与听众、彼此极为生硬的交谈以及非正式的场合。在商务活动中,根据其活动的对象和目的,选择和保持合适的距离是极为重要的。

以上就是心理学上所说的四种空间距离。大部分时候我们都可以通过空间距离判断人们的关系。当然,有时候人们也会调整个人空间以便对环境进行支配。然而,大部分时候,当我们进入他人所能接受的距离范围时,他人往往会感觉不舒服,会想躲避,因为这个时候,他们会认为这是对他们个人空间的侵犯。我们每个人对于不同关系的人都有自己所能接受的空间距离,如果关系不是很好,尽量不要侵犯他人空间,除非你们的关系在慢慢热化。

第二节　中学生人际交往问题与辅导

一、中学生常见的人际交往问题

中学阶段是个体生理发展的加速期,也是个体心理发展的转折期。此时,中学生面临着自我认同形成与发展的重要任务，重要他人逐渐从师长、父母过渡到同伴，人际关系网络及交往对象出现了新的变化。中学生常见的人际交往问题主要表现在以下几个方面：

（一）中学生与父母交往方面的问题

1. 自主性增强，亲子矛盾凸显

中学生处于心理上的"断乳期"，生理上的迅速成熟使他们产生了强烈的成人感，希望像成人那样对自己的事情做主，独立性、自主性不断增强。中学生希望与父母平等对话，获得更多自主权，但由于控制情绪和行为的能力偏弱，父母若不及时调整亲子沟通的方式与应对的模式，很容易出现亲子代沟，形成紧张、不和谐的关系，甚至出现"限制"与"反限制"、"反抗"与"被反抗"等冲突。

2. 逆反性增强，抵触情绪增加

进入青春期之后，逆反心理在中学生中开始成为常见的社会心理现象。在此阶段，若家长只重视孩子的文化成绩，不尊重孩子的兴趣爱好，强迫孩子做不喜欢的事情，就会加重孩子的心理负担。长时间的情感不通、情绪对立就可能使孩子出现抵触情绪，甚至表现出故意逃避的行为。

（二）中学生与教师交往方面的问题

师生交往是学校生活的重要内容，师生关系不仅影响中学生的学习质量，而且影响中学生的身心健康发展。中学生与教师的关系问题，主要表现在两个方面。

1. 从"向师性"向"独立性"转变过程中对教师的矛盾心理

中学生正处于青春发育期，生理和心理上都发生着显著变化，心理发展处于半成熟、半幼稚的阶段，有着强烈的逆反心理。中学生正在经历从对教师的依附到人格独立的转变，从"向师性"向"独立性"逐渐转变。中学生不再像小学生那样把教师当作至高无上的权威，他们对教师有了新的认识，并有了更高的要求，他们对于喜欢什么样的教师也有了更明确的看法。他们既迫切渴望与教师建立平等的、朋友般的师生关系，又难以摆脱对教师的遵从甚至害怕的心理。

2. 教师干预过多而导致的反感心理

由于部分教师对中学生的心理发展特点不够了解，出现了过多干涉学生日常生活或冤枉某个学生的现象。教师对学生的过分担心导致其对学生过分干预，进而引起学生的反感。有时，教师冤枉了某个学生，也会使师生关系僵化甚至尖锐。不良的师生关系可能会使学生产生自我否定等负性归因，甚至出现一定的关系对抗，与教师关系疏远，出现交往退缩等现象。

（三）中学生与同辈交往方面的问题

1. 小团体交往增多，孤独感增强

中学生处在青春前期，随着自我意识的发展，他们逐渐摆脱对父母的情感依赖，有了交往愿望并愿意主动进行人际交往的意识，交往的动力性和主动性增强。中学生开始思考如何交朋友，积极寻求与同龄人的交往，渴望与异性交往，建立广阔的人际交往网络，尤其希望形成更为亲密的小团体，并在小团体中得到同伴的接纳、尊重、理解与支持，他们的情感、行为逐渐社会化，在小团体中也获得了相应的社会地位。然而，部分中学生难以融入"小团体"，缺乏亲密朋友，他们与大部分同伴关系比较疏远，缺乏归属感。还有学生难以与他人建立良好关系，独来独往，社会支持网络较弱。

2. 交往界限模糊，交往困境增多

恰当的人际边界是建立良好人际关系的关键。中学生对于人际交往的认知还不全面，相处过程中往往容易出现边界模糊不清、友谊中过分紧密、相见容易相处难等多种情形，导致陷入交往困境，甚至出现不爱上学、讨厌学习等影响社会功能的不良后果。同时，随着生理上的逐渐成熟，中学生产生了性意识，在与异性交往的过程中，部分学生把握不好交往的界限和尺度，出现过度亲密等问题，影响他们身心的健康发展。

（四）中学生网络人际交往方面的问题

中学生心理尚未完全成熟稳定，社会阅历及分析问题的能力还很有限，信息分辨及选择能力还有待进一步提升，因而他们在现实中还存在很多难以实现的交往需求。这就使得部分学生开始借助网络等媒介在虚拟现实中实现替代满足。中学生在网络人际交往方面存在的问题主要表现在：

1. 沉迷于网络交往，出现负面心理现象

部分中学生群体中流行"饭圈"文化，作为相同明星的"粉丝"聚在一起，因追星而开始交往，由于共同爱好某项游戏而形成网络游戏圈，在社交网络上聊天形成朋友圈等，这些网络交往形式都具有符号化、间接化、虚拟化等非现实交往特点。然而，非现实交往在满足中学生一定社交愿望的同时，也容易导致学生出现现实交往意愿降低、情感联结脆弱、过度沉溺网络、盲目攀比、身心健康受损等负面现象。

2. 沉溺于网络虚拟世界，现实人际关系淡漠

网络时代以网络为主要媒介的交往方式已获得部分中学生的青睐，越来越多的中学生开始选择在网上与人交往，从而忽视了现实中与自己周边同学、朋友之间的关系，减少了现实中自己与身边同学、老师和朋友之间的交流。部分中学生把大量的时间消耗在网络上，网上的虚拟交往代替了现实的、面对面的交往。这种交往方式拉大了人与

人心灵之间的距离,造成自身现实人际关系的逐渐淡漠。

二、中学生人际交往问题产生的原因

中学生的人际交往问题并不是由单一的原因导致的,而是由自身、家庭、学校、社会等多方面原因共同造成的。概括起来主要有以下几个方面:

(一) 中学生自身因素

1. 身心发展因素

中学生处于身心发展的关键阶段,是个体由儿童向成人的转变时期,其身心发展既具有儿童期的特点又具有成熟期的特点,处于半幼稚、半成熟的状态。

首先,进入青春期之后,中学生的自我意识飞速发展并开始出现"成人感",他们希望摆脱儿童期的一切,尽快进入成人世界,渴望独立,但其又不能完全摆脱对父母的依赖,从而在心理上产生矛盾,不能对自己形成正确、客观的评价,容易形成逆反心理。中学生在这一阶段与他人交往过程中容易忽视他人的感受和想法,以自己为中心。

其次,中学阶段也是个体情感逐渐丰富的时期,中学生渴望与家人、朋友、老师建立良好的人际关系来获得情感上的满足。然而,处于青春期的中学生容易受到环境、突发事件等方面的影响,从而出现情绪不稳定、冲动、走极端等现象。部分学生在与他人交往中容易采用消极方式来解决问题,这容易破坏其与他人之间的关系,导致一些人际交往问题的出现。

再次,中学阶段也是个体第二性征出现并快速发展的时期,中学生的性意识开始萌芽,表现为男女生对两性关系的看法发生改变,开始意识到男女生在生理和心理方面的差异,并开始对异性产生好奇心与好感,这一阶段容易出现早恋、暗恋等心理现象。

最后,中学阶段是个体世界观、人生观、价值观形成的关键时期,虽然这一时期中学生已形成了基本的是非观念,但是个体的认识还不全面,认知能力还不成熟,部分学生缺乏基本的人际交往的知识和能力、明辨是非的能力以及自我控制的能力,容易受到一些不良信息的影响,从而导致问题行为的出现。

2. 性格因素

性格因素是影响中学生能否成功进行人际交往的重要因素。一般而言,人们喜欢和个性品质好的人进行交往。许多中学生的人际关系问题都来源于其不良的个性品质。不同性格的中学生与他人交往的方式和意愿也都有所不同,性格可能会影响中学生的人际交往状况。相比于性格外向的中学生,性格内向的中学生不愿意与他人进行交流,总是沉默寡言,有事埋在心里,在人际交往中比较容易产生闭锁心理,导致其人际交往产生问题。同时,内向型性格的中学生更容易因为自身某一方面的不足而否定自己。具体来说,由于中学阶段的个体都比较敏感,这导致了部分中学生比较注重自身的内在和外在形象,在与他人交往的过程中,个体某一方面的不足会导致一些中学生产生思想负担,影响其与他人交往的能力,进而丧失对学习和生活的信心,从而产生自卑心理。

3. 过往经历

中学生的过往经历也会影响其人际交往能力,一些中学生在经历过挫折后会丧失自信心,从而产生"自己不如他人""自己很失败"等想法,并逐渐把自己封闭起来,不愿意与他人进行交流、交往。还有的中学生在过去与他人进行交往的过程中经历过朋友的背叛、与他人地位不对等后,会对与他人进行交往产生心理阴影,从而产生各种人际交往问题。

(二) 家庭环境因素

1. 家庭教养方式

家庭教养方式是影响中学生人际交往的重要因素。民主型的教养方式可以让中学生感受到父母的爱、理解、包容和支持等。在亲子互动过程中,父母采用民主型教养方式可以让中学生形成独立自主、与人友善的人格品质,促进青少年人际交往能力的发展。反之,溺爱型、严厉型以及忽视型的教养方式则会对中学生的人际交往产生消极影响。具体而言,如果父母过度溺爱子女,一味地顺从子女的想法,会导致子女形成以自我为中心的心理和嫉妒心理;如果家长过度严厉,经常责骂、否定孩子,会使其产生逆反心理或自卑心理等,从而在人际交往过程中不知如何理解他人、肯定他人,影响其人际交往能力;如果家长一直忽视子女的想法,不给其表达自我的机会,就会导致其越来越不敢表达自己的想法,影响其与他人交流的意愿,导致人际交往出现问题。

2. 家庭状况

家庭状况也是影响中学生人际交往的重要因素。不同的家庭状况会对中学生人际交往产生不同的影响,不良的家庭环境会给中学生人际交往带来消极影响。例如,一些家庭由于父母感情不和、父母离婚等原因,出现单亲家庭、问题家庭等家庭结构。一些家庭由于父母外出务工,导致了留守家庭的出现。相比于其他家庭,处于留守家庭、单亲家庭和问题家庭中的中学生更容易产生心理问题,他们可能会因为缺乏关爱或生活困难等而出现自我封闭、自卑等心理,这对其人际交往造成了负面影响,使其在人际交往过程中出现各种情绪或行为问题。

3. 父母的价值观念与处事风格

父母是孩子的第一任老师,父母的认知方式、价值取向、处事风格会潜移默化地影响子女的一生,父母的品质和素养决定了子女会成为一个怎样的人。青少年具有模仿能力,作为青少年的模仿对象与榜样,父母的认知观念、言行举止等会对子女产生潜移默化的影响,影响子女人际交往能力的发展。如果父母能给孩子创造良好的家庭氛围,树立正确的榜样作用,就能让孩子真正懂得如何与他人交往。反之,如果父母的人际交往过于功利、无礼,自己与他人相处时爱发脾气、斤斤计较,那么子女与他人交往时就容易形成自私、以自我为中心等不良的交往习惯。

(三) 学校环境因素

1. 教育思想存在偏差

虽然新课改不断强调要加强对学生进行素质教育,然而在中考高考的指挥棒下,在父母"望子成龙,望女成凤"的殷切期望下,应试教育的影响仍一定程度存在,考试成绩仍然是评定学生能力的主要标准。一些教育者仍然存在"唯分数论""重智育轻德育"的不良倾向与认知偏差。部分学校为了追求升学率,重点抓中考高考考试科目,擅自取消或压缩美术、音乐、体育等实践性与活动性课程。很多学生把更多的时间用于应付学习和考试,而体育、美术和音乐等课程则没有时间进行,这无疑减少了中学生锻炼人际交往能力的机会,导致学生个性被压抑,心理压力加大,部分学生不能很好地适应学校环境,出现人际交往中的各种行为问题。

2. 教学内容和教学方法亟须改进

在教学内容方面,目前大部分学校在教育内容上仍然注重对考试知识的灌输,忽视对学生心理健康教育的指导,忽视人际交往方面的知识、方法和技能的培养。课程内容较为死板、教学内容与现实生活脱节、学生主体性不强、没有充分考虑到学生的内在需求。此外,各科课程内容之间关联性不强,灵活性不够。在课程的结构方面,社会实践课程较少,部分的综合实践活动课被主科所占据,实践课程内容枯燥无味,学生兴趣不足,参与度低。在教育方式方面,很多学校还停留在理论宣讲的阶段,教师授课方式以单方面授课为主,较少组织同学之间的交流讨论或者开展实践性活动等。教学方法单一、机械化、缺乏灵活性,使得教育效果不佳,不利于学生人际交往能力的发展。

3. 部分教师自身问题

在一些学校,部分教师重教书、轻育人,他们只顾着完成自身的教学任务,而忽视对学生社会交往能力以及综合素质的培养。也有一部分教师的专业素养有待提升,他们只是根据教学计划实施教学,但是对于突发情况或者同学之间、师生之间的人际关系处理的能力不够,进而影响学生的人际交往能力的发展。也有一部分教师对待学生过于严厉、苛刻、没有爱心,在学生出现问题时只是通过训斥、罚写、打击、讽刺等方式对待学生,这无疑会给学生造成心理阴影,使其不敢与教师亲近,这些都会对学生的人际沟通与人际交往能力产生影响。

(四) 社会环境因素

1. 社会不良价值观的影响

当前中国仍处于急剧变化的社会转型期,西方文化中的"个人主义""功利主义""拜金主义"等价值观念仍有一定的市场,并以前所未有的强度影响着社会的方方面面,包括人们的价值观念。青少年群体由于处于身心皆不成熟的特殊成长阶段,其是非判断能力、自控能力以及选择能力还没有得到充分的发展,很容易受到不良信息的影响,使得部分青少年出现功利主义以及拜金主义的价值观念,使得人与人之间的关系也越来越看重利益而非情感,这种功利的思想会慢慢影响中学生人际交往的理念,从而影响中学生与他人的人际交往。

2. 互联网的发展对现实人际交往的冲击

网络交往作为一种全新的人际交往方式,改变了人们传统的认知和行为模式,对现实社会的人际交往产生了巨大影响。

首先,网络具有虚拟性,很多中学生会在网络上根据自身的需求与喜好塑造一个与现实生活中完全不同的角色,以此来获得现实生活中无法得到的情感体验。但是在这个过程中,如果中学生不能很好地正视网络和现实的不同,便会导致其沉迷于自己塑造的网络角色。这会使其变得更加逃避现实中的人际交往,导致其难以体察他人的情绪以及表达自己的情绪,影响其人际交往能力的发展。

其次,网络上存在很多负面信息,可能会对青少年产生不良影响。由于网络的匿名性以及监管力度不足等,现实社会的规章制度以及道德规范在网络世界的约束力得不到很好的发挥,这在某种程度上弱化了中学生对他人和社会的道德责任感,使得一些自律性、自控能力较差的学生容易在上网过程中做出不符合道德规范的行为。

最后,随着中学生各方面压力的增加,在现实生活中又没有很好的压力释放途径,加上网络的娱乐性和丰富性,导致很多中学生选择上网来缓解压力,并出现不同程度的网络成瘾,使其学习、身心健康以及人际关系等方面受到不同程度的影响。

三、中学生人际交往的教育与辅导

面对中学生在人际交往中出现的种种问题,应加强对中学生的教育与辅导,引导他们形成正确的人际交往观,帮助他们掌握正确的人际交往原则,提升他们人际沟通的技巧。同时,学校、家庭、社会等要搭建良好的人际交往平台,引导中学生在实践中提升人际交往能力。

(一) 引导学生形成正确的人际交往观

教育者可以根据不同年龄阶段的身心发展特点设置相应的人际交往心理辅导课程,采用个别心理辅导与团体辅导的方式对学生进行教育与引导,帮助学生正确地认识自我、认知他人,形成正确的人际交往观。

1. 正确认识自我和他人

中学生在认知方面还存在很大的主观性,导致其对自身和他人产生的看法不够客观、全面,容易出现认知偏差,影响其与他人交往的能力。因此,要引导学生正确地认识自我,形成正确的自我观念,同时也要辩证地评价他人,既看到他人的优点,也看到其缺点,这样才有利于青少年良好人际关系的培养。

2. 形成健康的异性观

中学阶段是个体第二性征快速发展的时期,此时的青少年会对异性产生好奇心和好感。教育者应主动揭开两性之间的神秘面纱,对学生进行性心理教育,组织学生之间进行健康的异性交往,增加他们对于异性交往的体验,满足其对于异性的好奇心,引导学生形成正确、健康的异性交往观念。

3. 形成正确的网络交往观

网络交往作为现代主流的交往方式,还存在很多问题,因此引导学生形成正确的网络交往观显得十分重要。首先,家长和教师应对学生进行网络道德规范教育,引导其形成正确的网络交往观念。其次,提升中学生的自我保护意识,防止其被不良信息和错误价值观侵害,使他们远离那些危害。最后,家长和教师应当帮助学生区分网络和现实的联系与区别,使其在两者之间达到平衡。

(二) 引导学生掌握正确的人际交往原则

为了改善中学生人际交往能力,教育者可以通过开设人际交往心理辅导课程以及相关综合实践课程,帮助学生掌握正确的人际交往原则。具体而言,中学生在人际交往中要坚持的人际交往原则主要表现在以下几个方面:

1. 平等原则

平等地对待每一个人是与他人建立良好人际关系的前提。父母和教师应该避免给中学生灌输一些歧视他人、功利化以及势利化的思想,应教育中学生一视同仁地对待他人,不因他人的家庭状况、人生经历、经济条件、外貌特征以及学习成绩等方面的状况而区别对待。只有平等地对待别人,才能赢得别人的尊重,从而建立良好的人际关系。

2. 尊重原则

尊重是人际关系的基石,它可以创造一种安全和温暖的氛围,使人们感受到被接纳和被尊重。尊重包括两个方面,即自我尊重和尊重他人。自我尊重就是在各种场合都要尊重自己,维护自己的尊严,不要自暴自弃。尊重他人就是要尊重别人的生活习惯、兴趣爱好、人格和价值。

每个人都有自己的气质和性格特点以及不同的成长背景和生活习惯,在人际交往中需要尊重他人的独特之处。教育者要引导中学生从对方的角度考虑问题和处理事情,充分考虑并关注对方在其所处环境中的感受,在与人交流时注意说话和做事的方式方法和分寸,尊重与理解对方,从而建立良好的人际关系。

3. 真诚原则

真诚是人际交往最受欢迎的人格品质,以诚待人是取信于人的最好方法。在人际交往中,只有抱着心诚意善的动机和态度,才能引起交往双方情感上的共鸣。真诚是打开他人心灵的"金钥匙",真诚待人能够使人产生安全感,减少自我防卫,增进交往双方的情感。父母和教师应该引导中学生在与他人的交际过程中抱着心诚意善的想法与动机,做到真诚待人、相互理解、相互接纳。同时,教育者应引导青少年在与他人交往时做到言行一致、信守诺言。面对他人的要求,能做到的就答应;做不到时,说话应有分寸,不应空头许诺,许诺的事情要想方设法去完成;若情况发生变化,实在无法完成,也应根据实际情况,向对方做出必要的解释与说明。

4. 互利原则

互利原则是指交往双方之间的互惠互利。人际交往是一种双向行为,故有"来而不往非理也"之说,只有单方获得好处的人际交往是不能长久的,只有双方互惠互利,交往才能持续而长久。要想得到别人的关心、帮助与支持,首先要去关心与帮助别人,互惠互利也就顺理成章地成为人际交往的必然要求。交往双方互相关心、互相帮助、互相支持,既可满足双方各自的需要,又可以促进相互之间的关系。在最需要的时候,得到朋友的帮助、关心与支持,会使对方铭记于心,加深双方的情谊。中学生在人际交往时须坚持互惠互利的原则,需要主动地向学习困难的同学伸出援助之手,当同学遭遇挫折时主动地表达安慰和支持,同时面对同学的帮助也要懂得感恩与回报,只有这样才能建立和谐融洽的人际关系。

5. 宽容原则

俗话说"金无足赤,人无完人"。世界上没有十全十美的人,每个人都有优点与缺点,每个人也都会犯错误。个体在人际交往时需要宽容与接纳别人身上的缺点。学会宽容和理解是建立良好人际关系的重要准则,宽容有助于扩大交往空间,滋润人际关系,消除人际间的紧张和矛盾。中学生在人际交往中要做到宽以待人,将宽容和理解渗透到与他人交往的过程中,对于非原则性问题不斤斤计较,对于他人的过错也不要过于纠结,做到宽容他人、尊重差异、理解他人,这样才能交到更多的朋友,获得更长久的情谊。

(三) 帮助学生掌握人际沟通的技巧

教育者应通过开设心理健康教育有关课程,开展人际交往有关的团体辅导活动,帮助学生掌握人际沟通的有关技巧与方法,主要包括以下几个方面:

1. 重视第一印象和近期印象

对于第一次交往的对象,给其留下良好的第一印象尤为重要,这会直接影响双方今后是否能够继续交往。如果首次给对方留下的是热情、大方、诚信、善良等正面印象,今后的进一步交往就有了良好的基础,而如果给对方留下的是冷漠、小气、虚伪、恶毒等负面印象,对方可能就不愿意再与其进行交往。对于交往时间较长但不经常见面的朋友来说,近期印象则更为重要。因此,在与他人交往的过程中,巧妙运用第一印象和近因效应的技巧十分重要。

2. 寻找共同话题

拥有共同的话题是与他人顺利交往的必要条件。在与他人进行人际交往时可以事先了解对方的兴趣爱好、个人经历等,尽量选择双方都感兴趣的话题,拉近与他人的距离,这是建立良好人际关系的基础。如果事先无法了解,可以尽量把话题引向自己所熟知的领域上,从中发现对方的兴趣,为今后的交往打下良好的基础。

3. 学会倾听,讲究语言艺术

倾听与表达对人际沟通有着重要影响。要提高人际交往能力,中学生就要学会倾听他人以及正确地表达自己的观点。首先,中学生在人际交往时要学会倾听。作为倾听者,个体可以通过摆正肩膀,直接面对讲话者,上身适当前倾,不玩弄手指、衣角等方式,来表示自己在认真倾听。另外,根据讲话者的动作,自然地做出恰当回应,表明自己对谈话感兴趣。倾听时,个体可以看着对方的眼睛和脸部,用眼神传达信息,表示自己在认真倾听。其次,中学生在人际交往时要学会恰当地表达。在人际沟通时,个体应注意正确地运用语言,表达观点要有条理与逻辑性,要学会用清楚、简练、生动、幽默、准确的语言表达自己的想法,同时,在表达时还要有分寸感,要保持谦虚恭敬的态度,养成使用敬语、谦语的习惯。

4. 克服心理障碍

中学生在人际交往中常见的心理障碍有闭锁心理、自卑心理、自傲心理、嫉妒心理等。对于有闭锁心理的中学生,父母和教师要引导和帮助他们调整自我认知、使其敞开心扉,父母和教师可以寻找学生感兴趣的话题,在与其交流时做出肯定与回应,增加其与他人交流的自信心与意愿,从而克服闭锁心理;对于有自卑心理的中学生,要帮助其树立自信心,家长和教师可以发掘这些学生身上的优点,帮助其认识到自己身上的闪光点,也可以通过心理疏导的方式帮助其寻找自卑的原因,并帮助其克服自卑心理;对于有自傲心理的学生,一方面要引导其进行合理的自我认知,减少身上的傲气,另一方面要让其融入集体,引导其在集体活动中加强与其他同学的交流与沟通;对于有嫉妒心理的学生,可以通过心理咨询的方式了解其嫉妒的原因,在此基础上对其进行心理疏导,引导其合理地看待自我与他人,努力提升自身能力和素质。

(四) 搭建良好的人际交往平台,引导学生在实践中提升人际交往能力

在学校方面,教育者应搭建良好的人际交往平台,引导学生在实践中提升人际交往能力。学校应为学生提供各种平台、设施和机会,组织开展多项实践活动,如生动活泼的主题班会、别开生面的团队活动、内容丰富的知识竞赛、班级之间的联谊活动、礼貌用语的词汇表演等。以这些活动为载体,培养学生的交往能力。学校还可以组织各种辩论大赛、主持人大赛等活动,引导更多学生参与到这些活动中来,通过活动锻炼学生的口头表达能力和与他人交流的能力。同时,教师应寓教育于活动之中,可以设计形式多样、内容丰富的学习活动,引导学生进行角色扮演、主题讨论等,让学生有机会说,让每个学生都有内容说、有兴趣说,从而提高学生的口头表达与人际沟通能力。

在家庭方面,父母要注重创设生活交际平台,培养子女与他人交往的能力。在日常生活中,父母要有的放矢地指导子女在家庭中的人际交往,教育他们如何与邻里相处。父母要尊重子女的想法和意愿,引导子女积极参与家庭决策以及家庭文化建设。同时,父母要对子女采用民主型的家庭教养方式,努力营造和谐民主的家庭氛围。在家庭生活中,父母要与子女平等交流,对其爱而不惯、严而不苛,引导子女在亲子互动的过程中掌握正确的人际交往原则,形成正确的人际交往观,提升人际交往能力。

在社会方面,应创设有利于青少年良好人际交往的社会文化环境,在此基础上,搭建良好的人际交往平台,促进学生人际交往能力的发展。具体而言,应大力开展社会文化宣传活动,为学生创造一个积极向上、正确价值观导向的文化氛围。同时,应着重发挥社区的教育功能和组织功能,以社区为单位定期举办青少年交流活动、亲子互动活动,使学生在实践中锻炼自身的人际交往能力。还可以安排一些专家或者教授进入社区等社会场所开展专家讲座、心理科普等社会公益活动,针对青少年在人际交往方面的问题进行专项辅导,提升青少年学生的人际交往能力。

章小结

人际交往是在社会活动中人们运用语言符号系统或非语言符号系统相互之间交流信息、沟通情感的过程。在人际交往过程中,存在着一些社会心理效应,主要有首因效应、近因效应、晕轮效应、刻板印象等。人际吸引是人际交往产生的一个重要条件,是个体双方心理互动的基础,人际吸引现象普遍存在于各种人际交往过程中,而影响人际吸引的因素主要有个人特性(能力、外貌、人格特质)、接近性、熟悉性、相似性和互补性。同时,人际交往中也存在着空间距离,主要有亲密距离、个人距离、社交距离和公众距离等。中学生常见的人际交往问题主要表现为:中学生与父母交往方面的问题、中学生与教师交往方面的问题、中学生与同辈交往方面的问题、中学生网络人际交往方面的问题。中学生的人际交往问题并不是由单一的原因导致的,而是由自身、家庭、学校、社会等多方面原因共同造成的。针对中学生人际交往中出现的问题,可以通过引导学生形成正确的人际交往观、帮助学生掌握正确的人际交往原则、提升中学生人际沟通的技巧、搭建多元化人际交往平台等方式来进行教育和辅导。

思考训练

一、简答题

1. 简述人际交往中的心理效应。

2. 影响人际吸引的因素有哪些？

3. 简述人际交往中的空间距离。

4. 人际交往原则有哪些？

5. 中学生常见的人际交往问题表现在哪些方面？

二、论述题

1. 中学生人际交往问题产生的原因有哪些？

2. 中学生人际交往的教育与辅导策略有哪些？

三、案例分析

刘某，女，17 岁，某中学高一年级学生，成绩一般，中等智商，性格内向，在人面前不苟言笑，上课时从不主动举手发言，老师提问时也总是低头回答，声音听不清，脸蛋涨得绯红。下课除了上厕所外，总是静静地坐在自己的座位上发呆，老师叫她去和同学玩，她会冲你勉强笑一下，却仍坐着不动。刘某的父亲在外地工作，较少回家与孩子交流，对孩子的学习成绩期望值过高，刘某的母亲对其非常宠爱，母亲除了对她学习要求严格外，别的方面可以说是衣来伸手，饭来张口，无忧无虑。

刘某所在的高中是一个寄宿学校，生活上的全部事情都要由自己独立完成。人生第一次的寄宿生活对她来说是一个巨大的挑战。在寄宿生活中，宿舍只有一个卫生间，由于她的动作比较慢，洗澡、洗衣服的时间很长，占用卫生间的时间比较多，这使得宿舍其他成员很不方便，有时候也会发牢骚叫她快一点。没想到她却认为宿舍成员的提醒是对她有意见，使得她对人际交往感到了压力。同时，宿舍内部又有一个人跟其他同学关系不好，这更增加了她在人际交往方面的压力，很害怕自己也跟那位同学一样让其他同学讨厌。巨大的压力让她在其他同学面前说话很不自在，生怕自己说错话或是做错事得罪其他同学，慢慢地发展到跟同学说话要深思熟虑，不敢与同学多说话，不敢与同学一起玩，完全把自己孤立起来。随着时间的推移，这种情况越来越严重，最后发展到她每天早上起床就感到巨大的压力，不知道应该怎样与同学交往，不敢来学校，甚至心跳加速，呼吸困难。

请结合案例中刘某的具体情况，分析刘某出现人际交往问题的原因并给出解决策略。

第12章 中学生行为适应不良问题与辅导

章结构

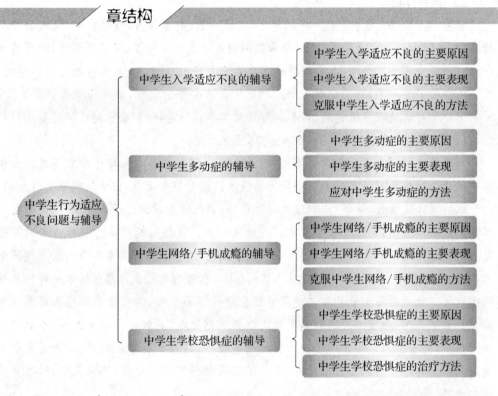

中学生行为适应不良问题与辅导

- 中学生入学适应不良的辅导
  - 中学生入学适应不良的主要原因
  - 中学生入学适应不良的主要表现
  - 克服中学生入学适应不良的方法

- 中学生多动症的辅导
  - 中学生多动症的主要原因
  - 中学生多动症的主要表现
  - 应对中学生多动症的方法

- 中学生网络/手机成瘾的辅导
  - 中学生网络/手机成瘾的主要原因
  - 中学生网络/手机成瘾的主要表现
  - 克服中学生网络/手机成瘾的方法

- 中学生学校恐惧症的辅导
  - 中学生学校恐惧症的主要原因
  - 中学生学校恐惧症的主要表现
  - 中学生学校恐惧症的治疗方法

章首语

　　中学生在日常生活及学习过程中经常会表现出适应不良、多动、网络/手机成瘾、学校恐惧等心理问题。作为教育者,我们应从社会、家庭和学校以及中学生自身等方面入手,运用相关心理治疗方法和技术帮助他们缓解或改善这些问题,以促进他们的心理健康发展。如果不能妥善处理中学生的这些心理行为问题,不仅会加重其症状表现,影响其身心健康发展,而且还会导致他们产生厌学心理,进而引发其自卑心理等,严重威胁其身心健康。为此,学校和家庭应携手合作、共同努力,帮助中学生克服行为适应不良问题,促进他们健康成长、快乐发展。本章就中学生入学适应不良、多动症、网络/手机成瘾和学校恐惧等相关问题的成因、表现以及矫治展开探讨,相信通过本章的学习,你将能够成功应对和解决这些问题。

关键词

入学适应不良；多动症；网络成瘾；学校恐惧症

情境导入

小峰，男，16岁，高一学生，身高一米七左右，相貌端正，来自农村，是家里的独生子。父亲常年在外打工，与母亲一起生活，母亲对他的学习要求较为严格，但不舍得让他做家务活。最近因琐事与同学打架，遭到老师批评，出现痛苦、情绪低落、无法安心学习、不敢与同学交往、失眠、想退学等症状。

他说自从进入高中以来，总是头痛失眠，情绪低落，上课不能集中注意力，焦虑不安，内心痛苦。开学一个多月了，仍然感觉很孤单、痛苦。虽然自己想好好学习，考上大学，报答母亲，但发现高中生活与想象中的并不一样。以前除了学习其他什么事都不用操心，现在什么事都靠自己，但是自己又做不好。不久前，偶然发现自己喜欢的一名女同学与自己的舍友坐在食堂里吃饭，心里烦，莫名其妙与舍友打了一架。为此受到班主任批评，被扣了纪律分。事后十分后悔，认为自己不该与同学打架。原本就觉得自己处处不如人，自此之后，更觉得别人看不起自己。每天睡不好觉，也无心上课，总觉得别人用鄙视的眼光看自己，害怕与同学交往，不愿参加集体活动。一想到自己不讨人喜欢，生活学习一团糟，还白白浪费爸爸妈妈辛苦赚来的钱，心里就萌发退学的想法。

案例中的小峰怎么了？如果你遇到此类问题，你将如何应对？

第一节 中学生入学适应不良的辅导

251

中学生入学适应不良，指的是中学生在入学之初，其周围的学校、学习和人际环境都发生了重大变化，但个体在主观上却没有足够的心理准备，仍用以往的经验来应对新的学校生活和新的学习任务，继而出现一系列心理困惑、挫败体验和退缩行为[①]。

课 程 思 政

习近平总书记在贵州调研时指出，当前，我国经济发展呈现速度变化、结构优化、动力转换三大特点。适应新常态、把握新常态、引领新常态，是当前和今后一个时期我国经济发展的大逻辑。要深刻认识我国经济发展新特点新要求，着力解决制约经济持续健康发展的重大问题。

① 钟志农.中学生入学适应不良及其应对[J].江苏教育，2019，1267(32):31-36.

请你谈谈，当中学生进入新学校时，如何快速地适应校园生活？

一、中学生入学适应不良的主要原因

进入与小学阶段不同的新学校环境时，中学生需要时间来适应。由于个体的适应能力不同，所处环境和所获得的支持不同，因而其入学适应情况也不同。一般来说，个体、家庭和学校等因素都对学生的学校适应产生重要影响。

(一) 个体因素

1. 认知发展水平

中学生自身的发展水平会影响其入学适应水平。研究发现，学生执行功能的发展有利于其更好地适应学校的学习生活，具有较高控制能力的个体更能够接受新的环境，适应新的学习生活，调整学习节奏，接受新知识[1]。高自尊的个体可以妥善处理生活中的问题，更好地适应环境的变化；高自我效能感的个体更能够应对现实中突如其来的挑战，因而对其入学适应具有一定的促进作用。

2. 知识技能发展

学生已有的知识技能会对其入学适应水平产生影响，具有足够知识储备的学生相比于知识薄弱的学生更不易产生学习压力，在新学校中更能适应教师的教学方法和教学节奏，更能接受学习方式和方法的变化；具有良好学习习惯的学生在入学后更容易拥有较为愉快的学习经历，增强学习兴趣，也更容易适应新的学习环境。

(二) 家庭因素

1. 家庭教育理念

家长总是望子成龙、望女成凤，但家长的过高期待会给青少年带来巨大的压力。因害怕达不到家长的要求，再加上新学校的陌生感以及与新同学、新教师的距离感对学生造成的双重压力，进而加重了他们的入学适应不良。在青少年进入新学校时，家长不应给他们施加过多的压力，而应帮助他们尽快地适应新环境、新学校，帮助其克服入学适应问题。在此基础之上，再要求其保持良好的学习成绩等。

2. 家庭教育方式

父母是孩子的第一任老师，家庭是孩子的第一个学习场所，家庭教育在学生成长和

---

[1] 盖笑松,张向葵.儿童入学准备状态的理论模型与干预途径[J].心理科学进展,2005(5):614-622.

发展过程中具有举足轻重的作用。家长的教育理念、教育方式及行为表现都会影响到孩子的发展。研究表明，家庭条件较好的学生，其学校适应能力较好[①]。不同的家庭教养方式对学生的入学适应也存在影响，民主型教养方式下的孩子在学校的适应能力更好，而严厉型教养方式下的孩子更容易表现出适应不良[②]。

（三）学校因素

1. 学校环境

进入中学时期，学生大都面临全新的学习场所。因而，充分的入学准备有助于学生快速适应中学阶段更快的学习节奏。在开学前的暑假，应该督促学生了解新的学习环境，做好新学期的衔接准备工作，提前了解学校的校园风格、校风校纪以及学习氛围、教师的教学风格。学校应该在发放录取通知书的同时，告知学生学校的基本情况，以使学生对学校有更多的了解。

2. 教师教育方法

教师不应仅仅为了完成教学进度而让学生适应学习节奏，还应关注学生的人际交往和心理健康。开学之始，教师应该拉近与学生之间的距离，获得学生的信任，保持良好的师生关系。教师还应该通过主题班会等活动拉近学生与学生之间的距离，提高班级凝聚力，增加同伴的接纳，这都有利于学生更快更好地适应环境。教师在建立良好的班级学习氛围之后，再逐步提高学生学习强度、增加学习任务以提高学生的学习成绩。学校也可以通过举办一系列的活动来增强学生的意志力以帮助学生更快地适应新环境、新集体，如通过军训锻炼其意志力，通过团体游戏增强学生的集体凝聚力等。

二、中学生入学适应不良的主要表现

中学生的入学适应不良主要表现在环境适应不良、人际交往适应不良以及学习适应不良[③]等方面，具体如下：

（一）环境的适应不良

中学生在进入新校园后，需要面对新的环境，适应新的情况。随着自我意识的苏醒，中学生还面临新角色的转变。这一系列的变化使得他们需要改变已有的生活及学习习惯。中学生的认知发展水平并不成熟，其身心发展水平尚不完善，因而即使其自主性和独立性有所增强但仍具有依赖性，其独立处理事情的能力还很不足。进入中学之

---

① 赵燕鹰，张东生，白波，吉如河.大学新生学校适应与家庭环境关系研究[J].中国学校卫生，2005（2）：147－148.

② 曾琦，芦咏莉，邹泓，董奇，陈欣银.父母教育方式与儿童的学校适应[J].心理发展与教育，1997（2）：47－52.

③ 张海燕，李春媚.大学新生入学适应不良的表现及消除对策[J].考试周刊，2010（13）：198－200.

后,校园环境、学习节奏、教师的教学方式等都需要中学生适应,但由于个体差异,每个人需要适应的时间并不一致,因此就会拉大学生间的差异。适应较慢的学生的主要表现为:手足无措,在课堂上的注意力减弱,沉默寡言,学习成绩下降,严重的还会自卑。中学生本身因缺乏相应的问题处理能力、经验不足,又因强烈的自尊心以及独立意识的影响,很难向他人吐露心声,如果不对适应能力较差的中学生进行适当的干预和指导,就会加重他们的心理负担,使其变得苦恼、痛苦、焦虑和抑郁。

(二) 人际交往关系的适应不良

人际关系指的是人与人之间通过交往及相互作用而形成的直接心理关系。人类的适应,最主要的是人际关系的适应。良好的人际关系会让人感受到更多的社会支持,具有较高的归属感和安全感,有利于中学生身心健康发展;而不良的人际关系会让人感到紧张,不利于学生的人际适应。中学生在刚进入新学校时往往需要面对更多的陌生人,需要重新建立与他人的关系,如师生关系和同伴关系。虽然说中学生的首要任务是学习,但人是群居性的动物,自然免不了要与他人相处。中学生在告别了昔日的老同学,在新的环境中寻找新伙伴、新朋友的过程当中并非一帆风顺。由于缺乏相应的人际交往技能,中学生在新的交往过程中容易产生误会和隔阂。进入中学,部分学生因为学校与家庭的距离较远而选择住宿,此类学生因为第一次离开家庭独立生活而表现出较为严重的宿舍适应不良。由于缺乏独立自主能力,因而他们在与舍友相处的过程中难免会出现以自我为中心的情况,而且由于生活习惯不同,在日常生活中,相互之间难免出现摩擦。近距离的接触难免会放大同学之间的缺点,若总是默默忍受对方的缺点而不沟通,则会影响同学之间的关系,加深彼此之间的误解,影响宿舍关系,还会影响睡眠质量,进而影响个体的学习状态。

(三) 学习方面的适应不良

学习是中学生的首要任务,初中生为了准备中考、高中生为了高考而战,其目的都是考取心仪的大学,学自己喜欢的专业,获得较好的工作机会。家长及学校为中学生提供舒适的生活和学习环境,可让他们免除学习外的后顾之忧。刚进入中学,他们总是信心满满,但由于个人能力、基础不同,因而学习成绩也会有较大差异。那些一直受到表扬的学生如果没有考好,就会表现得较为失落、彷徨,开始羡慕他人、怀疑自己的能力,产生迷茫和困惑,进而丧失学习的兴趣和动力。中学生的学习适应问题,主要有以下方面:

1. 对教师教学方法的不适应

小学阶段,学生接触的任课老师数量有限。但是步入中学之后,学科数目增加,教师也随之增多,不同的科任老师往往都有其不同的教学理念、教学风格和教学方式,要让中学生一下子适应这么多各具特点的教师的教学方法,是一件相当困难的事情,因而出现对教师教学方法不适应的现象也是一种正常的现象,这就需要中学生及时进行调整,主动适应各种新的教学方法。只有这样,他们才能顺利度过中学阶段,在知识、能力等方面都获得发展。

2. 对学习方法和学习策略的不适应

每个学生都想取得好成绩,但这不是一件容易的事情,中学生在进入中学大门的那一刻就应该调整自己在小学阶段已经形成并熟悉的学习方法和学习策略,并需要付出大量的时间和精力,只有这样才能适应中学阶段的学习生活。但是有些学生却意识不到这一点,依然采用小学阶段那一套学习方法和学习策略,结果导致学习效率降低、学习成绩下降,进而表现出消极、负面的学习态度。为了解决这一问题,就需要中学生根据中学课程的具体特点和规律,适时改变和调整自己的学习方法和学习策略,只有这样才有利于其之后的学习与生活。

三、克服中学生入学适应不良的方法

(一) 家庭层面

1. 完善家庭教育

教育不仅仅只存在于学校中,教育体现在生活中的方方面面[1]。家庭是教育的第一场所,家长的教养方式、教育观念和教育方法不仅会影响到学生的学习态度、学业成绩,还会影响到学生的人际交往方式及人际交往能力。家长在中学生的教育过程中起着重要作用。健康正确的家庭教育也会提高青少年的自信心,使其有信心处理好自己与周围环境的关系,进而更好地适应新环境,即使他们在适应新环境的过程中遇到阻碍,他们也能通过寻求家庭支持而妥善解决。

2. 加强家校合作

家庭还应该和学校达成共识,探求更协调的教育方法,共同促进学生的健康成长。加强家校合作,学校可以通过组织家庭活动,指导家长掌握正确、科学的家庭教育方法。让家长从只看重学业成绩的怪圈中跳出来,把重心放在学生健康成长上,让学生体会到父母对自己无条件的爱,使父母的爱成为引导学生茁壮成长的积极力量。

(二) 学校层面

1. 学校开展相关活动

学校应开设相关课程和活动,帮助新入学的中学生适应环境;学校还应完善心理健康教育,在心理辅导课程中对中学生的入学适应进行辅导;学校还应加强校风、班风、学

---

① 惠金萍."孩子又生病了!"——试析学生"入学适应不良"现象[J].吉林教育,2010,550(14):121.

风建设,积极开展丰富多彩的活动,陶冶学生的情操,帮助学生适应新的校园、新的环境,使学生养成良好的行为习惯和学习习惯;学校应积极鼓励中学生参加各种各样的活动,并在活动中加强学生之间的联系,从而帮助学生克服入学适应问题,使其形成良好的心理状态。

2. 提高教师综合素质

首先,教师应该提升自己的综合素质,不断更新自己的专业知识,增强自身的道德修养,用自己的学养和行为去感染和熏陶学生。其次,教师应学习优秀的教学经验,优化自身的知识结构,提升自己的教育能力。再者,教师也应该加强心理健康教育。教师学习心理学专业知识和技能有助于其更好地了解学生,促进学生的身心健康发展。最后,教师应及时关注新生的状态,在新生表现出入学适应困难时及时干预,帮助他们适应新的学习环境。教师的教学工作可以由简到繁,慢慢增强教学难度,让学生逐渐适应教学节奏。教师还应及时和学生进行沟通,根据学生的学习结果适当地调整自己的教学方式和方法,以使学生更好地适应教师的教学。

(三) 个体自身层面

1. 提高中学生的认知水平

步入中学之后,中学生应该正确认识自己身份的改变,学会为自己的行为负责,学会独立自主地完成力所能及的事情。

在进入新环境之后,部分学生因为学校与家庭距离较远而选择寄宿学校,因此要逐步养成生活自理能力,形成良好的生活习惯,自觉遵守学校的管理规定,爱护公物,维持干净整洁的生活环境,注重个人卫生,保持乐观平稳的心态,遇到问题及时沟通,保持和谐的人际关系。

2. 建立和谐的人际关系

建立良好的人际关系需要遵循基本的人际交往原则:平等原则、真诚原则、宽容原则[①]。在与新同学、新教师的交往中,应该尊重对方的人格、爱好和习惯,不应该嘲笑或贬低自己不喜欢的人,应做到"对事不对人",而非孤立、排斥某个人。以诚待人是人际交往中最重要的原则。中学生无论与何人交往,都应表里如一,如此才能延续和他人的交往,使人际关系得到巩固和发展。宽容是个体意志和胸襟宽广的体现,在尊重自己和尊重他人的基础上,以宽广的胸怀与周围的人进行交往,做到关心他人、考虑他人的需求,而非我行我素、以自己为中心,只有这样才能找到自我与他人之间和谐相处的平衡点,更好地适应新的人际关系。

---

① 张海燕,李春媚.大学新生入学适应不良的表现及消除对策[J].考试周刊,2010(13):198-200.

3. 完善学习方法和学习策略

中学生还应该调整自己的学习方法和学习策略。首先要学会预习,课前浏览全文,熟悉教材内容。但是预习并不意味着看一遍即可,而应对新内容、新知识、新问题有所思考,并记录自己难以理解的内容,以便上课时认真听讲。在听课时应该专心听讲,全神贯注,积极与教师互动,没听懂的问题要及时问或课后请教教师。在听课的过程中,不能只听不记,而应及时记录教师所讲的重点难点,以便课后复习。课堂笔记应精炼、详略得当,如果课堂上没有记录全面,则在课下进行补充。最后,就是要及时复习,在复习的过程中要学会抓重点、寻找适合自己的复习方法,如可以使用思维导图、谐音记忆、口诀记忆、纲要记忆等方法。

第二节 中学生多动症的辅导

多动症全名为注意缺陷多动障碍(Attention Deficit and Hyperactivity Disorder, ADHD),这是一种较为常见的心理障碍,指的是表现出持续的与年龄不相符的注意力不集中及多动、冲动的心理障碍。

> **课 程 思 政**
>
> 近年来,党中央、国务院高度重视农村留守儿童和困境儿童关爱服务工作,习近平总书记多次就困境儿童保障工作作出重要指示批示。
> 请你谈谈,如何帮助患有注意力缺陷障碍的中学生摆脱困境。

一、中学生多动症的主要原因

ADHD儿童容易受到外界环境的影响,难以集中注意力,通常表现为不能独立地完成事情,或是做事有始无终,或是做事总是三分钟热度、粗心大意、虎头蛇尾。注意缺陷多动障碍形成的原因至今尚不明确,但在以下几个方面基本形成共识。

(一) 遗传因素

遗传是儿童产生注意缺陷多动障碍的主要原因之一[①]。研究发现,若个体在童年时期患有多动症,其后代患有多动症的可能性也会增加。若母亲在孕期心理压力过大、饮酒、吸烟或吸食毒品,也可能会增加儿童多动症的患病率。家族病史也会影响多动症

---

① 祁建梅.注意缺陷及多动障碍症的诊断与治疗的发展[J].沧州师范专科学校学报,2006(4):72-73.

的产生,母亲在妊娠期患病会影响婴儿的健康发育,从而增加婴儿对多动症的易感性。新生儿窒息和早产会影响多动症的发生,婴儿早期营养的摄入也会对多动症产生影响。研究发现,母体孕期和婴儿早期叶酸和维生素 B6 的摄入有利于促进儿童神经系统的发育成长,降低多动症的患病率。

父母患有精神类疾病和患多动症的家庭,其子女出现多动症的可能性比父母正常的家庭的子女大。研究发现,多动症是由多种基因共同决定并受各种因素共同影响的疾病,每个人的易感基因都对多动症的产生具有作用。还有研究发现,不良的心理及社会因素会导致多动症的产生,甚至还会加重多动症的程度,因而保持良好的心理状态有利于缓解多动症的症状。

(二) 个体自身因素

多动症的产生也受到儿童自身因素的影响[1]。例如,母亲在孕期若因为高血压及贫血等因素而导致儿童脑组织损伤,那么儿童脑神经递质数量就会减少,中枢神经系统的抑制活动就会减弱,出现多动症的可能性就会增大。再者,相关研究发现,中毒致使儿童的脑组织产生器质性损害或者长期的不良生活习惯造成儿童大脑发育滞后等,都会导致儿童产生多动症。

研究发现,外向型多动症儿童总是充满精力,积极主动,容易受到周围环境的影响,其注意力难以长时间集中;内向型多动症儿童的孤独感较重,容易焦虑、紧张,难以融入集体。也有研究发现,若铁蛋白含量摄入较低则易增加儿童患上多动症的概率;微量元素(血铜、铁、钙、锌)和维生素 D 的缺乏也可能导致儿童患上多动症。研究表明,不健康的饮食模式也会增加罹患多动症的风险。

(三) 家庭因素

家庭也是儿童形成多动症的重要因素之一。在家庭环境中,父母关系不良或父母存在问题行为,容易加剧孩子的多动症症状。父母的知识水平也会影响学生的多动症程度,若父母的知识水平较低,就难以认识和理解患有多动症的孩子,形成教育困难。若多动症患者总是难以与父母沟通,则会加重其多动症的程度。研究发现,多动症患者比正常儿童感受到更多的心理虐待。国外研究发现,若家庭社会地位良好、家庭和睦,就能够帮助多动症儿童在成长过程中获得更多的家庭支持,降低多动症的负面影响,有助于减轻多动症症状。

严厉的家庭教育方式会让多动症孩子缺乏安全感,可能会加剧其多动症症状。由于缺乏安全感,他们会表现出谨小慎微、内心敏感、不自信,产生过度的自我防卫,有时还会冲动,有较强的攻击力。如果儿童总是表现出多动行为,如做事马虎、三分钟热度、小动作不断,即使家长耐着性子对其进行教育也于事无补,而严厉易怒的家长则更倾向

---

① 马超.儿童多动症产生的原因及表现[J].新课程·教师,2010,165(7):65.

于采用简单粗暴的教育方式,对其进行批评、指责、贬低甚至是体罚,更会加剧多动症儿童的不安全感,进而造成恶性循环。

(四)学校因素

学校教育是家庭教育的延伸,是学生迈入社会的基础。学校教育观念是影响中学生多动症发展的重要因素之一。如果学校强调素质教育,以提高学生的综合素质为目标,关注学生的身心健康和全面发展,则会降低中学生罹患多动症的概率,减轻多动症的症状。研究发现,近半数学校存在着对多动症学生教育不当的现象。

良好的师生关系及同伴关系有助于减轻学生多动症症状。但如果教师、同学或其他人因对多动症缺乏了解而嘲笑、歧视、挖苦、讽刺、孤立或冷暴力患有多动症的学生,则会加重多动症学生的症状。

二、中学生多动症的主要表现

多动症的基本临床特征主要有三个:注意力缺陷、活动过多和行为冲动。而中学生多动症的表现主要有:学习成绩较差、社会功能不完善,行为较冲动,甚至还会表现出攻击、违反纪律规定等行为。通常情况下,患有多动症的个体还存在共病现象,如伴有抽动障碍、沟通障碍等。

(一)注意力缺陷

注意力缺陷主要表现在患有多动症的中学生常常受到外界环境的影响,难以集中注意力或者是集中注意力的时间较短。例如,在课堂上,很容易被从班级路过的教师或是其他同学无意中发出的声音所吸引而忘记听课。注意力的集中困难易导致个体成绩下降,因而多动症学生通常伴有学习困难。

研究表明,多动症中学生的注意力会过于频繁的分散,他们通常难以在某一件事情上保持较长时间的专注力,即使在面对新异刺激或事件时集中注意的时间也较短,其注意力很容易再次被其他新事物所吸引。而且,多动症学生的注意力也并不稳定,很容易分心。学生只有保持较高的专注力,才能具有良好的学习状态和学习成绩,但多动症学生因难以集中注意力,注意的稳定性较差,通常表现出一定的学习困难,学习成绩较差。

(二)活动过多

活动过多是多动症的又一临床表现,患有多动症的学生在上课时总是小动作不断,如总是敲打桌面或与他人打逗等[①]。即使教师已明确要求在课堂上不许做与学习无关的事情,但是患有多动症的学生仍然难以改变自己的行为,总是发出一些响动,如发出

---

① 兰公瑞.国内注意缺陷多动障碍干预效果的元分析研究[D].东北师范大学,2007:1.

怪声或是挪动座椅、敲击桌子等。

多动症学生好像总是充满无尽的精力,难以在安静的场合中安静下来,总会表现出很多无目标的行为,总是视规则于无物,难以遵守规则规定。如多动症学生总是在课堂上左摇右摆,很容易被窗外的景色或门外的声响所吸引,无法专心听讲,还会做出其他动作,影响周围学生的学习。即使教师一再警告,他们仍难以控制这种行为,甚至还会对教师的提醒产生对立情绪或是做出对立行为。

(三)冲动行为

冲动行为是多动症患者的另一种行为表现。主要表现为做事冲动、不计后果或是做事总是敷衍了事。无论做什么事情总是三分钟热度,难以坚持到底,缺乏耐心。总是随心所欲地做事,想一出是一出。具体表现为,在与他人交往时,患有多动症的学生总是不顾他人感受,打断别人的谈话,行为缺乏边界感、总是随意侵入他人空间或突然缩短人际安全距离;总是以自我为中心,难以觉察他人的情绪感受,同理心较差,很难进行换位思考。当他们的某些想法、愿望未被满足时,就会表现出暴躁不耐烦,甚至做出偏激行为,如出现攻击性语言或攻击性行为。

最后,多动症学生的精细协调动作比较笨拙,可能会表现出系鞋带困难,同时还会伴有言语发育迟滞、言语异常等。虽然多动症的具体病因尚不明确,但也并非不可治愈,有些注意缺陷多动障碍学生的症状会随着年龄的增长而自行消失,但也有研究发现,此种异常会延续到成年期。且研究发现,患有多动症的学生在成年之后,出现反社会行为及其他心理健康问题的概率更高,影响其自身的身心健康,加重家庭负担,甚至挑战学校的管理制度,造成学校管理的困难,严重的可能还会危及社会。

三、应对中学生多动症的方法

关于多动症的治疗方式并不完善,但是可以通过药物以及其他干预措施来帮助患有多动症的学生减轻多动症的症状,或是通过纠正人们对多动症的认知,正确看待多动症,以使多动症学生获取更多的支持,缓解其症状。

(一)药物治疗

药物疗法指的是通过使用西药或中药,来治疗多动症症状。药物治疗可有效缓解多动症学生的急性症状,但是长期服用药物也会对个体的身体产生一定的负面影响,因为过多服用药物的安全性和有效性尚需进行深入研究。

多动症学生的病因是大脑某些区域的化学物质减少,管理控制能力降低,如对运动、注意等行为的控制力降低,表现出异常行为。服用兴奋型药物的目的是提高大脑的兴奋性,保证大脑对行为的控制,从根本上减少冲动行为,进而达到集中注意力的目的。目前国内用于治疗多动症的西药主要有中枢兴奋剂和非中枢兴奋剂,这两类药物临床疗效较好,安全性高,可以有效改善多动症学生的社会功能和情绪,不会影响其生长发育和智力发展。

研究表明,辨证论治的中医理念结合针灸法等治疗方式对多动症群体的治疗效果较好[1],而且中医治疗的副作用较小且复发率较低,但其缺点在于难以进行临床推广。韩新民指出,中医在治疗多动症时有一定的效果,但缺乏科学的对照设计实验,大样本实验研究不足,而且还缺乏医学的相关证据[2]。最新研究表明,中医对多动症的治疗研究不足,而且还存在复方安全性的隐患[3]。

药物治疗可以增加多动症学生注意力的持久性,帮助其改善书写和运动的协调性,提高其学习效率,改善其情绪控制能力,提高其自尊心和自信心,即药物治疗可改善多动症学生的注意缺陷,改善其人际关系,提高其学习成绩等。通过药物治疗可有效控制多动症学生的多动症状,但药物治疗并非适用于所有患有多动症的学生。虽然绝大多数多动症学生需要药物治疗,但对于多动症状较轻者,医生应根据其具体情况,在征求家长意见的基础上,制定适合患者的最佳个性化治疗方案。即使是多动症状较重者,若想用药,也必须经过正规医院的医生诊断后,方可服用。

(二) 行为干预疗法

多动症症状不仅可以通过药物来缓解,还可通过行为干预来改善。行为干预指的是在心理学家的指导下对多动症患者进行家庭、学校干预的一种综合治疗方式。通过这种行为干预方式,缓解多动症患者的症状,使其学会与他人和谐共处。

在进行行为干预之前,家长、教师和学生应该正视多动症学生,认识到他们是因为患病而表现出的行为异常,应该理解他们,并采用合适的方法让他们意识到自己行为的失当性,进而帮助改善其行为。学校和教师可以根据专业人员的指导创设特殊的教学环境,如通过重复指令来指导他们的行为,要求他们完成相应的功课任务;心理咨询师可以通过指导他们的父母及教师采用强化正性行为、弱化负性行为的方法来矫正多动症学生的行为问题,如表扬其认真完成作业的行为,负强化或惩罚其在课堂上敲击桌面的小动作等行为。

家长需改变不良的教养方式,如不应通过打骂等方式来教育患有多动症的孩子,而应通过口头或物质表扬的方式强化其正确行为,批评其不良行为,从而达到改善其不良行为的目的。父母还可以通过改变其教养方式以缓和家庭关系和亲子关系,从而达到缓解多动症孩子多动症状的目的。父母可以在专业人士的指导之下建立合适的家庭奖惩制度,巩固多动症孩子的良好行为,批评其不良行为。代币法是家长引导和约束多动

---

① 周腊梅.儿童多动症中医诊疗研究进展[J].世界最新医学信息文摘,2019,19(59):132-133.
② 韩新民.儿童多动症中医学研究现状[J].中国中西医结合儿科学,2016,8(5):465-467+460.
③ 王颖,周玥,张立石,高焕,柏冬.中医药治疗注意缺陷多动障碍的药理研究进展[J].中药新药与临床药理,2020,31(10):1256-1263.

症孩子行为的方法之一。心理咨询师可以指导家长采用合适的技术来帮助多动症学生控制自己的冲动行为,以改善其不良行为。

家长及教师还可对多动症学生进行感觉统合训练,如让他们学习滑板、跳绳等来帮助他们进行形体协调训练。如滑板训练是由多动症孩子俯卧在滑板上,从滑梯上自然下滑,在下滑的同时伸手去拿放置在旁边的小球,以促进其前庭神经和脑干体系的激活,强化刺激儿童前庭器官,以使其达到身体平衡协调。感觉统合训练可以改善多动症孩子的注意力和运动协调能力,还能提高其言语能力、记忆能力和推理能力。

第三节　中学生网络/手机成瘾的辅导

网络/手机成瘾又称互联网成瘾综合征,是指个体由于过度使用互联网而表现出明显的社会、心理功能损害的一种现象。随着手机及网络的普及,网络成瘾问题屡见不鲜,影响着中学生的身心健康发展。

一、中学生网络/手机成瘾的主要原因

随着手机、网络的普及,人们上网的频率显著上升。相应地,中学生接触网络的机会也逐渐增加,但因其自控能力未发育成熟,极易形成网络或手机成瘾。中学生网络或手机成瘾主要受到外部环境因素和个体自身因素的双重影响。

(一)家庭因素

家长缺乏网络安全知识、信息更新速度较慢,而中学生的学习能力较强,因而家长易在孩子的蒙骗之下给他们更多接触网络的机会。例如,有些孩子使用父母的身份信息以增加玩游戏的时长。而在日常生活中,家长为控制子女的网络/手机成瘾问题,多会采用打骂或指责的方式,这不仅会破坏亲子关系,还可能导致孩子出现人际交往问题[①]。由于他们在现实世界中难以获得心理安慰与支持,因而他们转而在网络世界中寻求情感支持,进而陷入恶性循环。

(二)学校因素

学校和教师如果总是唯成绩论,就会给中学生带来更多的学业压力,影响其身心健康,不利于他们的全面发展。而且,接受能力较差的学生更可能因为跟不上教师的教学节奏,导致其学习成绩下降。此时,如果教师总是一味地批评学生,则会加重学生的压力,挫伤他们的自信心,增加他们网络/手机成瘾的可能性。中学生正处于青春期,处理

---

① 刘婷婷,任丽英,杨莹.青少年网络成瘾研究进展[J].中国药物依赖性杂志,2015,24(5):396-400.

和解决问题的方式方法并不成熟。繁重的学习导致他们心理压力变大，如果缺乏可倾诉的对象以及正确的排解、释放压力的方法，他们则会借助网络向陌生人倾诉或者从游戏中获取慰藉和自信，进一步加重他们对网络的依赖，甚至出现网络/手机成瘾。

（三）社会因素

网络给社会带来进步的同时，也带来了危害。过多地使用网络会导致个体过度依赖网络，进而形成网络成瘾。虽然我国颁布的《预防未成年人犯罪法》明令禁止在中小学附近开办营业性歌舞厅、营业性电子游戏场所，但大部分娱乐场所并没有真正执行，学校周边仍有网吧等电子游艺场所，这在无形中增加了中学生接触网络的机会[①]。

学生在家、在学校上网会有家长和教师的管制，在网吧却无人监管，他们在网吧上网可以随心所欲，自由浏览任何内容，且只要资金充足，他们想玩多久就能玩多久。而且，由于国家和社会对网络监管的力度不够，仍有部分网吧诱使学生上网，进而加重学生对网络的依赖。

（四）个体内部因素

中学生的心理发展并不平衡，自我意识的觉醒导致其渴望自由、渴望独立，却又难以真正独立生活，因而变得更加迷茫与彷徨。由于中学生很容易出现心理矛盾，如果不能及时、适时地给予帮助和指导，就会造成他们更大的心理困惑。如果他们不愿意与家长、教师交流遇到的困惑与问题，他们就会通过其他途径寻找解决问题的方法，如网络。但网络上的信息良莠不齐，中学生辨别是非的能力又不成熟，因而极易受到不良网络信息的影响。研究发现，在现实中性格内向、不善于与人交往、想获得关注但又孤僻的学生更容易网络/手机成瘾。这类学生在现实生活中很难找到志同道合的朋友，于是他们就通过网络寻找支持，以此来缓解自己在现实生活中的孤独感。长此以往，就会形成网络依赖，沉溺于虚拟的网络世界。

研究发现，男生网络/手机成瘾者高于女生，男生更容易沉迷于电脑等电子设备。经常体验到孤独、抑郁的中学生，更容易产生对网络的依赖[②]。通常情况下，具有吸烟或打架等不良行为的中学生更有可能形成网络/手机成瘾，相较于行为不良的学生，行为及学习表现良好的中学生行为控制能力较强，能够控制对网络的使用欲望，网络/手机成瘾的概率较小[③]。

---

① 范小芳.中学生网络成瘾心理问题初探[J].才智，2020(14)：208.

② Lee C & Kim O.Predictors of online game addiction among Korean adolescents[J].Addiction Research & Theory,2017,25(1)：58-66.

③ 陈春雁，罗美琪，岳玉川.我国中学生网络成瘾影响因素 Meta 分析[J].中国初级卫生保健，2023,37(4)：81-84+92.

二、中学生网络/手机成瘾的主要表现

中学生网络/手机成瘾通常表现为：① 网络交际成瘾。中学生在网络和现实中的表现截然不同，如有些中学生在现实中沉默寡言、不善交际，但在网络世界却交友广泛、与网友相谈甚欢。② 网络游戏成瘾，随着网络游戏的发展，越来越多的中学生沉迷于网络游戏，网络暴力游戏成为他们发泄对现实不满的途径。③ 网络色情成瘾也是中学生网络/手机成瘾的表现之一。随着中学生身心的发育发展，他们逐渐产生了对自我身心的探索以及对异性的好奇，如果不加以妥善引导，则会加重他们的好奇心，他们就会通过网络等途径解决自己的困惑。网络中很多不堪入目的内容极易吸引中学生的眼球，对他们的身心健康造成严重不良影响。

（一）生理表现

网络/手机成瘾对个体生理健康的影响，主要表现为视力下降、暗适应能力降低、"鼠标手"、肩颈酸痛等。中学生长期注视手机及电脑屏幕，易导致视力下降，形成近视；长期玩手机、电脑，不运动，容易加重颈椎压力，造成肩颈酸痛。

（二）情绪表现

中学生网络/手机成瘾会引发情绪障碍，主要表现为在被允许上网时感到愉快、满足，但在被禁止上网时则会感到难受紧张、焦躁不安，变得暴躁易怒、焦虑、抑郁。已经形成网络/手机成瘾的中学生只有通过延长上网时间，才能达到已有的满足感。过度沉迷网络，导致中学生与周围环境产生冲突。中学生处于虚拟的网络世界中，会减少与家庭成员、同学和老师的交流，忽略现实生活中的亲人、朋友，从而导致社交范围变窄，产生人际交往问题。相关研究发现，具有网络成瘾倾向的学生，其情绪稳定性较差，焦虑水平显著高于正常学生。

（三）日常表现

日常行为表现异常也是中学生网络/手机成瘾的一个重要方面。如果中学生经常通过网络来逃避现实生活中的烦恼和困苦，那么他们就更不愿与别人进行真实的人际交往。在日常生活中，即使在没有接触网络的情况下，他们仍有可能表现出上网的动作与行为，如手指不自觉地做出敲击键盘的动作。有些学生甚至因为长期使用手机而导致手指变形。更为严重的是，某些学生还会因为未能即时上网而变得食不知味、寝食不安。总而言之，网络/手机成瘾的中学生总是沉迷于虚拟的网络世界，对现实生活毫无兴趣，人际关系淡漠，严重影响其身心健康发展。

三、克服中学生网络/手机成瘾的方法

中学生的网络/手机成瘾问题应以预防为主,下述方法有助于减缓和消除中学生网络/手机成瘾现象。

(一)营造健康和谐的网络环境

国家应完善网络安全法,加强相关网络管理制度建设,切实落实网络实名制,规范网民言论,在此基础上,还要营造健康和谐的网络环境。具体为:国家制定相关法律法规保护未成年人合法权益,政府不断完善相关政策,引导学生正确、科学地使用网络。相关部门规范网吧的审批制度和审批程序;严格监督禁止未成年人上网规定的实施;加大对学校周边网吧的审查力度。还可以通过惩罚性的方式削减某些不健康网络游戏的收益,以降低学生对网络游戏的沉迷,使其能够合理安排学习和休闲娱乐。

教育及相关部门应利用自身优势,根据中学生身心发展特点,共同建立和完善可供中学生使用的网站,为中学生提供一个具有科学性、知识性、趣味性的网络天地,让中学生在这样的网站上发现使用网络的真正乐趣。

家长和教师应关注中学生的上网动态,通过控制上网时间、定时筛查网络信息等方式合理监督他们的上网行为,以免他们受到不良网络信息的影响。再者,家长和教师还可通过提升自身的网络信息知识来对中学生进行教育,提升其对信息的鉴别能力,帮助其树立排斥不良信息、杜绝网络糟粕的网络认知观。

(二)养成良好上网习惯

家长和教师应引导中学生正确上网,使其养成良好的上网习惯,以帮助其树立正确的网络观念,形成健康的网络使用行为。家长与教师应指导中学生做到明晰上网目的,有计划地合理安排上网时间,做到有节制地上网。如果学生不加节制、漫无目的地上网,就会在不知不觉中浪费大量时间。在家庭中,父母应控制孩子的上网时间;在学校中,要做到同学之间相互约束上网时间。

(三)加强体育锻炼

家长及学校还可通过鼓励中学生进行适当的体育锻炼,帮助其消除心理压力,降低其抑郁焦虑水平,加强他们与现实生活的连接,降低他们对网络世界的依赖,有效预防和干预他们的网络/手机成瘾现象。相关研究发现,适当的体育锻炼可以帮助中学生形成良好的生活习惯,增强中学生心理健康水平,让中学生的生活重心从网络世界转向现实世界[1]。

---

① 阎静.中学生网络成瘾的心理原因及应对策略[J].中小学心理健康教育,2020,454(35):63-65.

（四）提高自身素质水平

在树立正确的网络观和形成良好的上网习惯后,还可以通过提升中学生的网络道德水平来预防网络/手机成瘾。提高中学生的道德素养是促进其个性健康发展,避免网络成瘾的必要条件之一。家长及教师应通过加强中学生的自我约束意识,使其能够在上网过程中做到自觉维护网络秩序,遵守网络道德,增强自我防范能力,抵制不良信息诱惑等。中学生也应该有意识地提高自身素质,在遇到难题时不应总是一味地寻求网络解决,也可以通过寻求家长、教师或同伴的帮助来解决,从而避免因寻求网络支持,自己又控制不当而陷入网络沉迷。简言之,每个人都应该勇敢地面对自己在现实生活中遇到的困难,积极寻找解决问题的方法,促进自身的健康成长和发展。学校及家长应该切实落实素质教育理念,通过开发高品质的教育资源,健全中学生的人格,预防中学生网络/手机成瘾[①]。

（五）积极参与实践活动

积极参加实践活动也可帮助中学生有效预防网络/手机成瘾。学校可以通过定期举行社会实践活动,提高中学生的实践应用能力。引导中学生投身于真实的社会实践,增加其社会实践活动的参与度,可有效帮助中学生走出虚拟的网络世界,提高人际交往能力以及社会适应能力。

社会实践活动在丰富学生业余生活的同时,还可使其学到书本中未提及的内容,有助于培养其兴趣爱好。学校可以通过鼓励中学生积极参加各种实践活动,使学生感受到生活的充实、体验到生命的价值和意义。家长可以在力所能及的范围内,通过旅游等让中学生感受不同地区的人文环境,让他们感受大自然的美好,陶冶自己的性情。这些措施都可以有效引导中学生远离网络虚拟世界,使其真正融入火热的社会现实之中。

第四节　中学生学校恐惧症的辅导

学校恐惧症是指学生因恐惧学校环境而表现出拒绝上学的现象,这是一种情绪性障碍[②]。虽然学校恐惧症在现实生活中较为普遍,但对学校恐惧症的研究相对较少[③]。

---

① 胡珊,范会勇.中学生网络成瘾症状、归因及教育对策探析[J].现代中小学教育,2015,31(5):59-63.
② 静进.儿童青少年厌学和拒绝上学的诊断与治疗[J].中国实用儿科杂志,2007(3):172-174.
③ 陈华,吕彦梦.学校恐惧症的临床特征及病因学研究[J].心理月刊,2021,16(22):235-237.

一、中学生学校恐惧症的主要原因

(一) 遗传及神经生理因素的影响

遗传影响个体身体素质的同时也加强了个体对某些疾病的易感性。研究发现，患有学校恐惧症的父母所生子女罹患学校恐惧症的概率较高。在患有学校恐惧症的儿童中，半数以上的家庭存在精神障碍史[①]。

神经发育异常说认为，神经发育异常、脑结构或脑功能受损都会导致重大精神障碍的产生。研究发现，患有学校恐惧症的学生，其 5 - HT 受体、NE、多巴胺等神经递质都发生了改变。还有研究发现，学校恐惧症患者的下丘脑-垂体-肾上腺（HPA 轴）有所增强，脑功能水平较低[②]。

(二) 家庭因素

父母的期望过高，会导致青少年更加在乎自我形象，对自我评价较为敏感，他们在遇到人际问题或学业困难时，由于自尊心作祟而拒绝上学。研究发现，父母对青少年的过度评价，会让其变得胆小、任性、固执，增加学校恐惧症的患病概率。而且，父母的婚姻关系也会影响孩子学校恐惧症的产生，夫妻双方沟通困难或总是产生家庭冲突，其子女更容易表现出拒绝上学的行为。

和谐恰当的亲子关系是减少中学生出现学校恐惧症的重要条件之一。如果父母总是过度控制、过度保护或者溺爱孩子，子女就会表现出恐惧、胆小、过分依赖家庭、缺乏独立性，还可能表现出对环境的适应困难，增加罹患学校恐惧症的概率。再者，父母教养方式也会影响青少年的身心健康。严厉型教养方式的父母总是批评、否定子女，易引发子女的焦虑、冷漠、恐惧情绪，表现出攻击、逃学甚至反社会倾向的行为；而民主型的父母则倾向于为孩子提供温暖舒适的环境，其子女更可能拥有民主自由的权利，有助于青少年形成稳定的个性、较高的自我认同感以及更少的问题行为。

(三) 学校因素

学校是学校恐惧症的应激源，学校中的具体应激事件容易引发学生恐惧上学的行为。中学生可能会因为学校环境、学习问题、同学或师生矛盾等表现出学校恐惧症。

1. 学校氛围

学校氛围会影响青少年的行为表现。比如学生因对急促的上课铃声或是其他刺激

---

① 钱昀，施慎逊，杜亚松.学校恐惧症的研究进展[J].上海精神医学，2005(2)：112 - 114.

② Tomoda A, Miike T, Honda T, et al. Single - photon emission computed tomography for cerebral blood flow in school phobia[J].Current therapeutic research,1995,56(10):1088 - 1093.

形成特质恐惧而拒绝上学。紧张的学校氛围和"唯成绩论"的集体认知会加重学生的焦虑水平，导致其产生焦虑情绪，进而演变成对学校的恐惧。

2. 师生关系

一成不变的教学方式和教育方法，也会让学生对学习丧失兴趣，导致心理疲惫，进而讨厌上学、拒绝上学，从而形成学校恐惧症。教师枯燥无趣的教育方式也是引发学生学校恐惧症的重要原因。研究发现，不同的教学方式会影响中学生的心理健康水平。严厉型的教师脾气暴躁，喜欢惩罚学生，容易造成学生恐惧，导致学生产生学校恐惧症。当学生成绩差或者违反管理规定时，教师可能通过批评、讽刺，甚至体罚等方式管理学生，从而挫伤学生的自信心，出现自卑心理和问题行为，甚至自暴自弃。优秀的教师总是对学生充满耐心、循循诱导，进而拉近师生之间的距离，建立和谐的师生关系，降低学生对学校的恐惧感。

3. 同伴关系

如果中学生在学校中总是被某些同学嘲笑、挖苦、讽刺、欺负，甚至是受到校园霸凌，他们就会产生厌学心理，表现出对上学的抗拒，形成学校恐惧症。通常情况下，中学生与同学发生冲突较为常见，但是频繁出现此类情况，则会妨碍学生心理的健康发展。不良的同伴关系会成为学生上学的阻碍，导致学生出现拒绝上学的行为，形成学校恐惧症。

（四）自身素质

中学生在遇到学业失败或人际交往困难时，也会通过拒绝上学等行为来维护自尊心。就中学生个体而言，具有某类特质的中学生更易罹患学校恐惧症。例如，性格内向、心思敏感的中学生通常更看重学习成绩，他们承受的心理压力更大，他们害怕考试失败、焦虑恐惧心理强烈，表现出明显的考试焦虑或学校恐惧症状。同时，中学生正处于青春期，其"自我概念"正在迅速发展，过分关注自己的身体意象，有些学生会因为自己的外貌和身材不尽如人意而拒绝上学。

研究发现，学校恐惧症与神经质个性及适应障碍有关，罹患学校恐惧症的学生一般更容易表现出自卑、敏感、多疑、易怒的特点，还会表现出适应性障碍。在面对压力事件时，往往采用回避、退缩等消极应对方式。

二、中学生学校恐惧症的主要表现

（一）生理及行为异常

患有学校恐惧症的中学生会表现出一定的身体症状，如口干舌燥、多汗、头晕、胸闷、腹痛、发烧等，有些还会出现记忆减退、注意力不集中、失眠、厌食等。部分患有学校恐惧症的学生,还会表现出喘不过气、吃不下饭、浑身无力,希望由此获得家人的理解和认同,以达到不去上学的目的。如果家长并没有顺其心意,继续要求他们去上学,他们就可能会出现哭泣、干呕等较为严重的症状。即使他们勉为其难地来到学校,也会出现行为异常,如不敢与他人对视,总是沉默低头、畏畏缩缩;上课时不敢正视教师、提心吊胆、害怕教师提问;被提问时,手心出汗或面红耳赤、回答问题吞吞吐吐、闪烁其词。个别学生在遇到训斥或变相体罚等强烈刺激时,还会出现暂时性休克[①]。

(二) 拒绝上学

拒绝上学是学校恐惧症的主要症状之一,患有学校恐惧症的学生总是以各种理由拒绝上学,如拖延起床时间、装睡、吃饭或收拾上学物品时磨蹭,在去学校的途中哭闹不止、发脾气甚至试图逃跑,即使已经到达学校仍然拒绝进入校园,甚至采用暴力行为以达到不去学校的目的。即使他们来到学校,也会反感上课,想尽一切办法回避上课、在课堂上打瞌睡、课下和同学或教师发生矛盾,表现出攻击性行为,甚至做出自伤、自残等行为。

(三) 焦虑

学校恐惧症患者较为突出的情绪症状表现是焦虑、恐惧,有些患有学校恐惧症的中学生还会出现抑郁。在学校时,他们容易出现紧张、害怕、恐惧、烦躁不安等情绪,甚至一触即怒,其注意力、记忆力也会随之下降。较为严重的还会产生行为异常,如坐立不安、运动性较差、平衡力差、冲动行为等[②]。

学校恐惧症不仅危害到学生自身的身心发展,影响其人际交往能力、学业成绩以及个性发展,还会对家庭、社会和学校造成影响,妨碍其他学生的正常学习和生活,严重影响中学生的心理健康。

三、中学生学校恐惧症的治疗方法

(一) 家庭教育

家庭是孩子的第一所学校,家庭教育在中学生的发展过程中起着重要作用[③]。如果家长只关注青少年的学习成绩而忽视其心理健康,会对青少年的健康发展产生严重的负面影响。

家长应注重对青少年能力和人格的培养,以免让孩子养成自卑、孤独、自大、自负、难以

---

① 谢念湘.青少年学生学校恐惧症的原因及调适策略[J].学术交流,2013,228(3):220-223.
② 陈华,吕彦梦.学校恐惧症的临床特征及病因学研究[J].心理月刊,2021,16(22):235-237.
③ 谢念湘.青少年学生学校恐惧症的原因及调适策略[J].学术交流,2013,228(3):220-223.

接受负面评价的性格。家长应采用正确的教育方法,适当表扬孩子,提高其自信心,培养其问题解决的能力和抗挫折力。当学生恐惧上学时,家长不应一味地迁就,放宽对学生的要求或者要求教师降低标准并给予特殊照顾。如果家长真的这样做了,反而会加重学生学校恐惧症的症状,学生对家长的心理依赖会更加强烈,也更不愿意面对学校环境。当学生出现学校恐惧症时,家长不应该批评或忽视他们不想上学的需求,而应该与他们进行有效沟通,了解其不愿上学的原因,并采用适当的方法消除其恐惧感,减轻其对学校的恐惧。

(二) 学校教育

学校应积极落实素质教育政策,注意学生全面综合的发展。教师在教育教学的过程中应该关心、鼓励和理解学生,根据学生的特点及时改变教学方式。学校及教师应为学生创造和谐、美丽、自由、愉快的校园环境,为学生创造开放、多元的学习环境,降低学生对学校的恐惧。

学校在强调学生学业成绩的同时,还应重视对学生进行心理健康教育。学校应切实落实心理健康教育,不得以任何理由占用心理健康教育课程时间,及时了解学生的心理状况,真正发挥学校心理咨询室的作用,在学生患上学校恐惧症之前及时进行辅导。

教师应保持健康、稳定的心态[1],通过家校合作共同促进学生的健康发展。家长及教师应关心学生,及时发现并有效预防学生的异常行为。教师也应该争取家长的支持与帮助,与家长联手共同帮助学生养成良好的生活学习习惯和行为习惯,提高学生的学校适应能力。

(三) 个体认知行为调节

中学生因学习压力而易表现出恐惧上学的行为,但当他们听到放假等消息时却表现得欣喜异常。因此,可以通过调整中学生自身的认知水平来达到干预学校恐惧症的目的。罹患学校恐惧症的中学生更应该学会自救,通过获取家庭支持、同伴支持的方式,适应周围环境,克服对学校的恐惧。中学生还可通过观察学校环境,寻找自己喜欢的人或物,以此作为上学的原因,慢慢适应学校氛围,减轻学校恐惧症的症状直至消除对学校的恐惧。

(四) 综合治疗

通过药物治疗和心理治疗等综合治疗的方式治疗中学生的学校恐惧症。

1. 药物治疗

患有学校恐惧症的学生若伴有焦虑、抑郁等症状,药物治疗是较为有效的方法。但是药物治疗不能单独使用,必须与心理治疗相结合,才能达到最佳的治疗效果。研究发现,患有学校恐惧症的个体在使用药物治疗的同时,接受认知行为治疗,效果会更好。

---

① 冒慧芳.小学生学校恐惧症形成原因及教育对策[J].中国校外教育,2009(S3):563.

总之,采用认知行为治疗和药物治疗相结合的综合治疗可有效帮助学生缓解焦虑、抑郁症状,减轻或消除其学校恐惧。

2. 心理治疗

心理治疗是治疗学校恐惧症的重要途径之一,主要包括认知治疗、行为治疗、认知行为治疗、家庭治疗、暴露冲击疗法和团体心理辅导等。

(1) 认知疗法

认知疗法认为个体的认知过程影响其情绪和行为。心理咨询师通过使用认知技术改变患者的不良或错误认知,重建患者的认知结构,改变其原有的对自己、他人或某些事物的认知。患有学校恐惧症的学生之所以表现出拒绝上学,在学校时表现出焦虑、抑郁、恐惧等行为,是因为此类学生并未对学校形成正确的认知。心理咨询师可以通过认知疗法探索学生罹患学校恐惧症的原因,在此基础上帮助其重建对学校的认知,使其适应学校环境,进而缓解或消除其学校恐惧。

(2) 行为疗法

行为治疗认为,可以通过学习来建立或更改、增加或降低个体某种行为的发生概率。通过使用行为治疗,心理咨询师可以帮助患有学校恐惧症的学生掌握社会交往技巧,减少对学校或学习的恐惧、焦虑,帮助其适应学校环境。如果学生害怕完成作业,教师可通过先减少作业任务量或是让家长陪其一起完成学习任务,再要求其独立完成作业等方式逐渐降低其对完成作业的恐惧。在教学过程中,教师适当降低对患有学校恐惧症学生的要求,如当他们按时完成作业时,不论其完成结果如何,都应真诚地表扬其认真完成作业的态度,进而再要求其提高作业质量。教师还可以通过减少学生的学业压力及心理压力等方式,改善师生关系,缓解学生的学校恐惧。

系统脱敏法是行为疗法中较为常用的方法,可以通过学校和家长的配合,制定一定的计划逐渐减轻学生的学校恐惧心理。心理咨询师可先让学生列出其学校恐惧的具体情境,让学生面对并克服刚刚能够引起最小焦虑、恐惧的事件,直到再次面对该事件学生不再感受到任何焦虑和恐惧时,方可进入下一阶段。即让学生面临更高一级的能够引发其学校恐惧的情境,并逐渐提升引起其学校恐惧事件的等级,直至其最后不再焦虑、恐惧。在心理咨询师的指导下,通过家长、教师以及同学的帮助,患有学校恐惧症的学生不断提升自我效能感、改善人际关系,进而缓解或消除学校恐惧心理。

(3) 认知行为治疗

认知行为治疗也是治疗学校恐惧的主要方式之一。在正式实施认知行为治疗之前,心理咨询师首先需要对患有学校恐惧症的学生做背景调查,如了解其生长环境等,还需要对其情绪和行为状况进行评估,之后通过指导、行为示范等方式帮助其识别错误的认知模式,重新建构并运用新的正确的认知模式,通过强化正性行为、弱化负性行为等帮助其养成良好的行为习惯,降低其焦虑、恐惧和抑郁水平。认知行为治疗不仅适用于患有学校恐惧症的学生,还可通过对家长及教师进行行为训练,使其共同参与到消除学生学校恐惧症的过程中,以达到最佳治疗水平。

（4）家庭治疗法

家庭是孩子的第一所学校,家长是孩子的第一任老师,因而改善中学生的学校恐惧自然离不开家长的参与。家庭治疗法是矫正中学生学校恐惧的重要方法之一。家庭疗法认为,家庭是一个系统,每个家庭成员都是系统的组成部分,系统中某个个体的病态行为,会形成连锁反应,进而影响到整个系统中其他人的病态反应。心理咨询师可以通过家庭访谈,解决已有的家庭矛盾,帮助家庭建立和谐稳定的关系,指导家长和学生共同探寻学校恐惧的原因,从而改善学生的社会功能,减轻其学校恐惧等异常情绪。

（5）暴露冲击疗法

暴露冲击疗法,又称满灌疗法,指的是将病患暴露于其所害怕、恐惧的情境中,并逐渐提高其耐受性直至使其适应的治疗方法。即将患有学校恐惧症的学生放到学校环境中,以迅速校正他们对学校恐惧的错误认识,并消除由学校刺激所引发的焦虑或恐惧反应。在使用暴露冲击疗法之前需经过患者本人的同意,还需要取得家长、学校和教师的同意与帮助,要与患者一起制定治疗计划。具体方法为:如果学生拒绝去学校,家长和教师应要求其留在学校,调整其对上学的认知,使其慢慢适应学校并逐渐习惯上学。但是,暴露冲击疗法在使用的过程中存在一定的安全隐患,在使用暴露冲击疗法时,患者会感受到强烈的刺激,严重的甚至会发生休克,因而在实施过程中要时刻关注学生的状态,避免学生发生过激反应,在出现严重问题时须及时就医。

（6）团体心理辅导法

团体心理辅导法同样适用于治疗学校恐惧症。前述心理治疗方法虽然可以缓解学校恐惧症症状,却不能从根本上治愈学校恐惧症,其根本原因在于学校是动态的,学校中的环境及人群是不断变化的。因此,患有学校恐惧症的学生在接受个体治疗之后,还应该接受团体治疗,即咨询师可以创造一个类似于学校的团体平台,为学生提供一个模拟的学校环境及人际交往空间。咨询师及时关注个体在团体中存在的问题,及时发现并适时调整,以帮助个体更快更好地适应学校环境及学习生活。

总之,学校恐惧症的治疗需要家庭、学校和教师的通力合作,也需要患者自身的不懈努力,还需要综合治疗的干预,只有这样才能帮助学生克服对学校的恐惧。

章小结

中学生行为适应不良问题的辅导包括入学适应不良的辅导、对多动症学生的辅导、网络/手机成瘾的辅导以及学校恐惧症的辅导。引发中学生入学适应不良的因素主要有个体、家庭和学校等因素,通过完善家庭教育、加强家校合作、开展相关活动、提高教师综合素质、提高中学生的认知水平、建立和谐的人际关系以及完善学习方法和学习策略等方式可有效缓解中学生入学适应不良问题。多动症大多源于遗传、个体自身以及家庭因素,可通过药物治疗和行为干预疗法进行治疗。中学生网络/手机成瘾则是受家庭、学校、社会以及个体内部因素的影响,可通过营造健康和谐的网络环境、养成良好的上网习惯、提高中学生的素质水平以及鼓励他们参与实践活动来减轻网络/手机成瘾。中学生之所以患上学校恐惧症,大多是受遗传及神经生理因素、家庭因素、学校因素以及个体自身因素的共同影响,可以通过家庭教育、学校教育、个体认知行为调节以及综合治疗的方法缓解或消除个体的学校恐惧症。

思考训练

一、简答题

1. 中学生多动症的主要表现有哪些?

2. 中学生网络/手机成瘾的主要表现是什么?

3. 中学生学校恐惧症的主要表现是什么?

二、讨论题

1. 中学生如何克服入学适应不良?

2. 中学生如何克服网络/手机成瘾?

参考文献

［1］邱莉.中学生认知与学习[M].北京:北京师范大学出版社,2013.

［2］林崇德.发展心理学[M].3版.北京:人民教育出版社,2018.

［3］朱智贤.中国儿童青少年心理发展与教育[M].北京:中国卓越出版公司,1990.

［4］叶奕乾,何存道,梁宁建.普通心理学[M].上海:华东师范大学出版社,2016.

［5］贾林祥.心理学基础[M].南京:南京大学出版社,2018.

［6］傅小兰.情绪心理学[M].上海:华东师范大学出版社,2016.

［7］李丹,刘俊升.健康心理学[M].上海:上海教育出版社,2014.

［8］贾林祥,张新立.心理学基础[M].南京:南京大学出版社,2014.

［9］周冠生.审美心理学[M].上海:上海文艺出版社,2005.

［10］桑标.儿童发展[M].上海:华东师范大学出版社,2019.

［11］贾林祥.小学生认知与学习[M].北京:北京师范大学出版社,2022.

［12］刘金花.儿童发展心理学[M].上海:华东师范大学出版社,2013.

［13］燕良轼.教育心理学[M].上海:华东师范大学出版社,2018.

［14］白学军.心理学概论[M].北京:北京师范大学出版社,2015.

［15］何宁.中学生心理辅导[M].西安:陕西师范大学出版社,2016.

［16］华东师范大学心理学编写组.基于教师资格考试的心理学[M].上海:华东师范大学出版社,2018.

［17］姜淑梅.中学生心理辅导[M].北京:清华大学出版社,2015.

［18］伍新春.中学生心理辅导[M].北京:高等教育出版社,2010.

［19］许艳.心理咨询与治疗[M].合肥:安徽人民出版社,2007.

［20］张彦云.中小学生心理发展与教育[M].北京:北京师范大学出版社,2016.

［21］钟志农.心理辅导课:操作指南与范例[M].北京:中国人民大学出版社,2022.

［22］王瑶.中学生心理健康与指导[M].北京:北京师范大学出版社,2015.

［23］张文新.青少年发展心理学[M].济南:山东人民出版社,2002.

［24］李伯黍,燕国材.教育心理学[M].上海:华东师范大学出版社,2001.

［25］林崇德.心理学大辞典[M].上海:上海教育出版社,2003.

［26］刘翔平.学习障碍儿童的心理与教育[M].北京:中国轻工业出版社,2010.

［27］莫雷,张卫.学习心理研究[M].广州:广东人民出版社,2005.

［28］张春兴.教育心理学[M].上海:上海辞书出版社,1992.

［29］张鹏程.学习心理研究:理论与实践[M].长春:吉林人民出版社,2020.

［30］张薇.学习障碍的评估与矫正［M］.武汉:华中师范大学出版社,2013.

［31］劳伦斯·斯滕伯格.青春期:青少年的心理发展和健康成长［M］.戴俊毅,译.上海:上海社会科学院出版社,2007.

［32］理查德·格里格,菲利普·津巴多.心理学与生活［M］.王垒,等译.北京:人民邮电出版社,2003.

［33］池晓月.初中生认知方式与学习焦虑、学习成绩的关系的研究［D］.内蒙古师范大学,2011.

［34］戴育红,熊少严.中小学生学习焦虑的现状与对策研究——以广州市为例［J］.广东教育(综合版),2015,762(6):35－38.

［35］顾宇莲,何成森,张玉.初中生感觉寻求、学习焦虑及其相关研究［J］.中国健康心理学杂志,2012,20(6):897－899.

［36］何先友.学业自我效能与学业成绩不良关系初探［J］.湘潭师范学院学报(社会科学版),1995(2):93－96.

［37］黎亚军.初中生数学学习策略、数学焦虑对数学成绩的影响研究［J］.教育与教学研究,2016,30(5):118－122.

［38］李莹仰.高中生感知教师学业业压力对学习焦虑的影响机制研究［D］.广西民族大学,2022.

［39］梁净.初中生父母教养方式、心理弹性与考试焦虑的关系［D］.河北师范大学,2014.

［40］刘思含,伍新春,王歆逸.父母教养方式的潜在类别及其与青少年学习投入和焦虑症状的关系［J］.心理发展与教育,2023(5):673－682.

［41］罗荣,陈京军.初中生成就归因、学业自我效能感对外语焦虑的预测模型［J］.中国临床心理学杂志,2013,21(2):300－302＋305.

［42］孟祥芝,周晓林.发展性阅读障碍的生理基础［J］.心理科学进展,2002(1):7－14.

［43］潘峰,孔祥静.居家学习对大学生焦虑的影响:家庭沟通和心理弹性的链式中介作用［J］.温州大学学报(自然科学版),2023,44(1):54－62.

［44］师永谨.青少年学习焦虑的成因及对策［J］.中小学心理健康教育,2022,524(33):60－62.

［45］隋光远.中学生学业成就动机归因训练效果的追踪研究［J］.心理科学,2005(1):52－55.

［46］张彩,江伊茹,朱成伟,邵婷婷,王海涛,陈福美.学校归属感与青少年手机依赖的关系:学习焦虑的中介效应与同伴关系的调节效应［J］.心理发展与教育,2022,38(6):848－858.

［47］张彩娟.引导学生自主学习的调整策略［J］.上海教育科研,2007,233(3):56.

［48］张德甫,吴敏,胡巧云,陈姜,娄晓民,冷冰.学习焦虑的影响因素分析［J］.中国公共卫生,2001(6):73.

［49］张瑞平.行为矫正——儿童问题行为常用辅导方法［J］.中小学心理健康教育,2008,103(8):22－24.

［50］张育铭.中学生体育锻炼对学习成绩影响研究——以学习焦虑为中介效应［J］.当代体育科技,2021,11(2):244－247.

［51］赵学众,周雷,李明婷.城乡结合部留守儿童心理健康状况研究［J］.临床医学研究与实践,2017,2(28):95－96＋101.

［52］邹超逸,郭佩融,黄建萍,杨婕,安娜,陆青云.家庭结构和青少年心理健康与健康相关行为的关系［J］.

中国学校卫生,2023,44(5):715－719.

[53] 陈华,吕彦梦.学校恐惧症的临床特征及病因学研究[J].心理月刊,2021,16(22):235－237.

[54] 陈春雁,罗美琪,岳玉川.我国中学生网络成瘾影响因素 Meta 分析[J].中国初级卫生保健,2023,37(4):81－84＋92.

[55] 钟志农.中学生入学适应不良及其应对[J].江苏教育,2019,1267(32):31－36.

[56] Ausubel, D. P. (1968). Educational psychology: a cognitive view. New York: Holt, Rinehart and Winston.

[57] Berlyne, D. E.(1965). Structure and direction in thinking. New York: John Wiley.

[58] Bruner, J.S.(1960). The Process of Education. Cambridge: Harvard University Press.

[59] Dweck,C.S.(1986). Motivational processes affecting learning. American Psychologist, 41(10): 1040－1048.

[60] Grenner, E., Johansson, V., van de Weijer, J., Sahlen, B. (2021). Effects of intervention on self-efficacy and text quality in elementary school students' narrative writing. Logopedics Phoniatrics Vocology, 46(1): 1－10.

[61] Kersh, B. Y. (1962). The motivating effect of learning by directed discovery. Journal of Educational Psychology, 53(2): 65－71.

[62] Klingberg, T., Forssberg, H., Westerberg, H. (2002). Training of working memory in children with ADHD. Journal of Clinical & Experimental Neuropsychology, 24(6):781－791.

[63] Schunk, D. H.(1991). Self-efficacy and academic motivation. Educational psychologist, 26(3－4): 207－231.

[64] White, R. W. (1959). Motivation reconsidered: The concept of competence. Psychological Review, 66(5): 297－333.